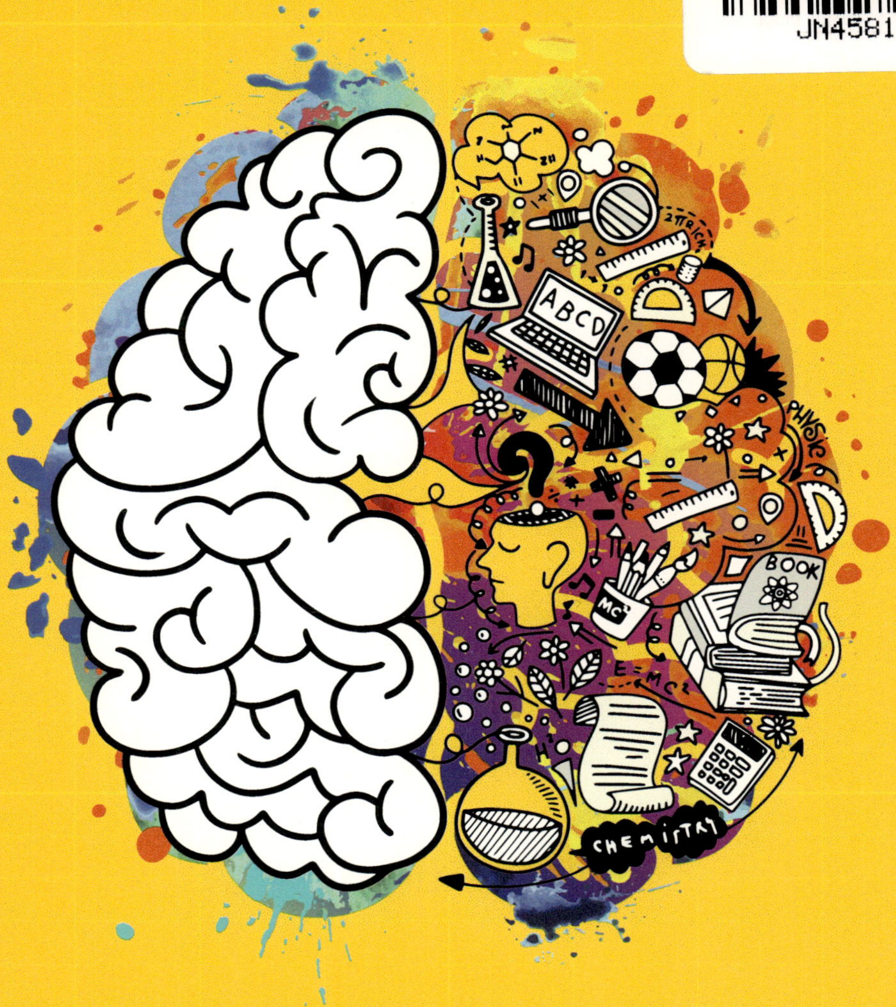

영재교육원 · 영재학급 담당 선생님이 쓴

창의 · 감성을 키우는 영재교육

강호감 · 강명구 · 김남훈 · 김성진 · 김한샘 · 서재희 · 안태훈
유새로미 · 이시영 · 이준원 · 전경필 · 조영석
삽화가 김서리 지음

휴먼북스

서문

이 책은 영재교육원, 영재학급 담당 선생님들이 그 동안의 영재교육 경험을 바탕으로 영재학생들의 창의·감성을 키우기 위해서 중요하다고 생각되는 여섯 가지 항목을 뽑아 집필한 것이다. 여섯 가지 항목은 관찰, 시각적 사고, 단순하게 생각하기, 패턴, 하나되기, 다른 시각으로 생각하기이며 이론과 실습을 겸할 수 있도록 하였다. 그리고 문제에 대한 해설을 달아 자신의 생각과 비교해볼 수 있도록 제시하고 있다.

초등영재교육에서 중요한 것이 무엇인가를 고민하면서 선생님들과 의논한 결과 초등학생들은 아직 과목별로 분화가 덜 된 영재가 많기 때문에 이들에게 교과목의 내용을 선정하여 수업하기 보다는 영재아들이 앞으로 공부를 해나가는 데 기초가 되는 역량을 개발할 수 있도록 해주는 것이 중요하다고 합의를 보았다

현대 사회에서 가장 중요한 역량이 무엇일까를 논의하면서 우리는 당연히 창의력과 인성을 갖춘 인재가 중요하다는 데 의견의 일치를 보고 창의·감성을 동시에 길러주기 위해서는 어떻게 할 것인가를 서로 고민하게 되었다. 많은 항목보다는 6개 정도의 항목을 선정하고 무엇이 중요한가를 논의하였고, 그 결과 무엇보다도 제일 중요한 것이 관찰이라는 것에 의견의 일치를 보았다. 다음으로 중요한 것은 아이들이 자신의 생각을 시각적으로 표현하고, 정리하는 것이 중요하다고 생각하였다. 다음으로 디지털 시대에 효과적으로 살아가기 위해서는 개념을 추상적으로 묶을 수 있는 추상화가 중요하다고 생각하였다. 이를 제목으로 쓰기보다는 초등학생에게 좀 더 친숙한 용어인 단순하게 생각하기로 정하였다. 다음으로 중요한 것이 무엇일까를 고민하다가 우리 주변에서 흔하게 볼 수 있는 반복현상에 관심을 갖게 되었다. 학생들이 이와 같은 반복현상에 익숙해지면 많은 문제를 해결할 수 있을 것이라고 생각되어 '패턴'이라는 주제로 다루기로 하였다. 지금까지는 주로 학생들의 창의력을 기르는 데 초점을 맞추어 생각을 했다면 인성적인 면을 길러주기 위해 어떤 것이 있을지 고민을 하게 되었다. 학생들의 인성적인 면과 창의력을 같이 기르기에 효과적인 방법으로 감정이입을 생각하게 되었고 이를 초등학생에게 거부감이 덜한 '하나되기'로 주제를 정하였다. 다

음으로 혁신적인 아이디어를 내기 위해서는 남들과 다르게 생각하는 것이 중요한데 이 중 '역발상'이 중요하다고 생각하게 되어 훈련하는 프로그램을 가지게 되었다. 제목은 초등학생들이 쉽게 이해할 수 있도록 다른 시각으로 생각하기로 정하였다. 이제 책에 쓸 주제가 정해지고, 이 주제를 쓸 선생님은 영재교육원에서 학생들을 지도하면서 유사한 활동을 한 선생님들이 집필을 하기로 하였다.

큰 틀을 제시하고 집필을 시작하였지만 따로 집필을 하다 보니 선생님들 마다 생각하는 것이 조금씩 달라 교정을 보면서 체제를 통일하려다 보니 상당한 시간이 걸려 완성을 하게 되었다. 이 과정을 묵묵히 지켜봐주신 출판사의 관계자 분들께 감사의 말씀을 드립니다.

이 책에서 제시한 여섯 가지 능력은 학생들이 학교에서 배우는 여러 교과와 독립적인 능력이 아니고 학교 학습에 도움이 될 수 있도록 가능한 한 교과 관련 내용을 제시할 수 있도록 노력하였다. 그래서 학생들이 이 활동을 익히면 학교의 성적 향상에도 도움을 받을 수 있을 것이다.

이 책은 이론을 간단히 소개하고 학생들이 직접 해볼 수 있는 과제를 제시하였다. 학생들이 혼자서 하는 경우 과제를 해결하기 어렵다고 바로 뒤의 해설서를 바로 보지 말고 스스로 해결하려고 노력하는 과정에서 학생들의 기초 능력이 많이 향상될 수 있을 것이다. 현장에서 선생님들이 학생을 지도할 경우 해설서를 봉하도록 하여 학생들이 많이 생각해볼 수 있도록 지도하는 하는 것이 바람직할 수 있다. 부록으로 제시한 해설서는 또래의 다른 학생들이 했던 풀이를 제시하여 본인의 생각과 다른 점을 확인해볼 수 있도록 구성하였다.

이 책이 나오기까지 인내를 가지고 지켜봐주신 휴먼북스의 김재호 대표님과 편집진에게도 감사의 마음을 전합니다.

목 차

Ⅱ. 시각적으로 생각하기 ••• 53

Ⅴ. 하나되기 ··· 221

Ⅵ. 다른 시각으로 생각하기 ··· 255

관 찰

제 I 장

1. 관찰은 무엇이고 왜 중요할까?
2. 관찰을 살펴보기
3. 내가 관찰해보기

1. 관찰은 무엇이고 왜 중요할까?

가. 관찰이란?

우리는 '관찰'이라는 말을 주로 언제 사용할까요? 아마 필요한 물건을 잃어버렸을 때 주변 사람들로부터 "잘 찾아봐" 또는 "잘 살펴봐."라는 말을 들은 적이 있을 것입니다. 또는 학교에서 과학실험을 할 때 선생님으로부터 '관찰해 보세요.' 라는 말을 들었을 때 실험 결과에 대해 말한 기억들이 한 번쯤은 있을 것입니다.

실제로 학교에서 학생들에게 '관찰'이 무엇인지를 물어보면 많은 친구들이 "눈으로 보는 거요."라고 대답합니다. 물론 눈으로 보는 것도 분명히 관찰이지만 그것만이 관찰의 모든 것은 아닙니다.

아래의 그림을 살펴볼까요? 그림은 눈으로만 관찰했을 때 나타나는 문제점을 표현한 것입니다. 우리가 눈으로만 관찰하려고 한다면 어떤 문제점이 생길까요?

시각적으로만 하는 관찰의 문제점은 무엇일까?

질문 : 그림 속의 사람들은 왜 서로 다른 숫자를 이야기했을까요?

그림 속의 두 사람은 똑같은 물건을 관찰하고 있습니다. 하지만 그때마다 다른 숫자를 서로 말합니다. 왜 서로 다른 이야기를 할까요? 그것은 관찰하는 위치나 생각과 입장에 따라 서로 다른 관찰결과를 이야기하기 때문입니다. 그러나 누가 옳고 누가 틀리다 말할 수는 없습니다. 사람은 누구나 자신이 가지고 있는 생각으로 세상을 바라보는 것이 당연하기 때문입니다. 다만 우리는 관찰을 하고 결과를 이야기할 때 옳고 그름을 판단하는 것보다는 얼마나 정확한지에 대해 판단하는 것이 더 중요합니다.

우리가 관찰할 때 시각으로만 관찰한다면 정확하지 못한 상황에 마주쳐서 혼란스러울지도 모릅니다. 인간은 단지 시각만 가지고 있는 것은 아니기 때문입니다. 우리는 관찰을 할 때 의식하든 의식하지 못하든 시각 외에 여러 가지 다른 감각들을 사용합니다. 예를 들어 부엌에 있는 물건들을 관찰한다고 생각해 봅시다.

부엌에 있는 물건을 관찰할 때 필요한 감각들은 무엇이 있을까?

질문 : 부엌을 관찰할 때 사용하는 감각은 무엇이 있고, 어디에 사용할 수 있을까요?

부엌을 관찰할 때는 시각, 청각, 촉각, 후각, 미각의 다섯 가지 감각을 모두 사용해야 할 것입니다. 이 다섯 가지 감각을 오감이라고 하고 관찰할 때는 안전한 범위 내에서 오감을 모두 사용하여야 훌륭한 관찰을 할 수 있는 것입니다. 그런데 관찰할 때 우리가 깊이 생각해 보아야 할 것은 이것만은 아닙니다.

아래 그림을 살펴보도록 하겠습니다. UFO 중 앞쪽에 있는 것은 어느 것일까요? 가장 큰 UFO일까요? 가장 작은 UFO일까요?

질문 : 어느 UFO 가 앞에 있을까요?

여러분은 어느 쪽을 선택하였나요? 동양 사람들은 대부분 아래쪽에 있는 가장 큰 UFO를 앞쪽에 있다고 생각하고, 서양 사람들은 위쪽에 있는 가장 작은 UFO를 앞쪽에 있다고 생각한다고 합니다. 대부분의 서양 사람들이 위쪽의 UFO가 앞에 있다고 이야기하는 것은 무엇 때문일까요? 그것은 오랜 기간 축적된 문화의 차이로 나타나는 현상입니다. 이처럼 같은 것을 관찰해도 문화가 다르면 다르게 이야기할 수도 있습니다.

인간은 감각의 한계도 가지고 있습니다. 작은 생물의 세계를 관찰하거나 아주 멀리 떨어진 별들을 관찰할 때 맨눈으로만 관찰하기는 어렵습니다. 우리가 듣지 못하는 초음파의 소리는 또 어떻게 들을 수 있을까요? 그러나 인간은 감각의 한계를 갖고 있긴 해도 뛰어난 지혜로 자신들의 한계를 극복하기 위하여 여러 가지 관찰 도구들을 만들며 살아왔습니다. 지금으로부터 무려 400년 전인 1610년 천문학자 갈릴레오 갈릴레이는 32배까지 크게 볼 수 있는 망원경을 만들어 천체관측에 이용했습니다. 그 당시로는 놀라울 만한 관찰결과인 목성과 목성의 위성 4개, 토성의 고리를 망원경으로 발견하여 사람들을 놀라게 했습니다.

갈릴레오와 망원경

질문 : 우리 주변에서 관찰을 도와주는 기구는 무엇이 있을까요?

"관찰에 있어서 준비된 자에게만 기회가 온다."
- 루이 파스퇴르-

나. 보는 것과 관찰하는 것은 다르다

이삭 줍는 여인들, 장 프랑수아 밀레, 1857

질문 : 위 그림을 관찰해 보고, 무엇을 관찰할 수 있는지 모두 써보세요.

위 그림을 어디선가 본 적이 있나요? 미술 시간 선생님이 그림을 최대한 관찰해보고 설명하는 과제를 내주었습니다. 그림을 보면서 잘 설명하는 친구들도 많지만 지루해하고 싫어하는 친구들도 있습니다.

미술은 우리의 관찰력을 높여주는 매우 중요한 도구입니다. 다시 한번 그림을 살펴봅시다. 그림은 너무나 유명한 밀레의 〈이삭 줍는 여인들〉 입니다. 우리 친구들은 이삭을 주웠던 경험이 있나요? 아마 대부분은 없을 것이란 생각이 듭니다. 관찰하기 전 여인들이 이삭을 주워야 하는 이유를 먼저 생각해보는 것이 매우 중요합니다. 혹시 그림 뒤편 마차 위에 있는 땅 주인이 농부들을 지켜보고 있는 모습을 발견한 친구들이 있나요? 그동안 우리는 왜 마차 위의 땅 주인을 보지 못했던 것일까요? 그 이유는 그림을 보기는 했지만 적극적인 관찰을 하지 않았기 때문입니다. 대충 훑어보면 보이지 않는 것들이 적극적으로 관찰한다면 새롭게 다가올 수 있습니다.

땅 주인이 있는 들에서 여인들의 어두운 표정은 그들이 이삭을 왜 주어야 하는지에 대한 이야기를 만들었고, 화가 밀레는 숨겨진 이야기들을 그림으로 표현하고 싶었을지도 모릅니다. 이삭 줍는 여인들만 있다면 평온한 시골 마을의 풍경이지만 마차 위에 올라탄 땅 주인이 등장한다면 감시를 받고 있는 여인들의 힘든 삶이 드러나는 거니까요.

우리 친구들은 그동안 보기만 했나요? 적극적으로 관찰했나요? 관찰했다는 친구들이 많다면 정말 칭찬을 해주고 싶고, 그렇지 않다고 하더라도 전혀 걱정할 필요는 없습니다. 지금부터 이 책을 통해 차근차근 배워 나가면 충분하니까요.

"다른 사람을 감동하게 하려면 먼저 자신이 감동하지 않으면 안 된다."
- 장 프랑수와 밀레 -

다. 관찰은 풀리지 않는 사건을 해결한다

질문 : 위 그림에서 어느 쪽이 엄마일까요? 왜 그렇게 생각했나요?

미국에서 FBI 특수요원이 된다는 것은 매우 어려운 일입니다. 미연방을 대표하는 수사관을 뽑는 만큼 어려운 시험문제들이 잔뜩 기다리고 있기 때문입니다. 통계에 따르면 평균적으로 희망후보자의 5%만 FBI 요원이 될 수 있다고 합니다. 어려운 시험문제 중에는 희망후보자의 창의적 사고와 관찰을 통한 추론 능력을 테스트해보는 시험도 있습니다.

그러면 FBI 관찰력 문제에 도전해 보도록 하겠습니다. 위의 그림을 살펴보세요. 어느 창문이 달린 방에 두 명의 여자가 마주 보고 앉아 있습니다. 그리고 어린아이는 바닥에서 놀고 있습니다. 아이의 엄마는 둘 중 누구일까요? 그림을 잘 관찰하여 판단해 봅시다.

이 문제에서 답은 왼쪽에 앉은 여자입니다. 그 이유는 첫 번째 왼쪽 여자의 다리가 아이를 향하고 있습니다. 언제든지 아이를 보호하려고 하는 마음이 있어서 다리가 아이 쪽을 향하고 있는 것입니다. 두 번째는 여자의 자세를 보면 알 수 있습니다. 조금 구

부정하게 앉아 있는 것은 몸의 방향을 아이 쪽으로 향하다가 아이에게 무슨 일이 발생했을 경우 바로 의자에서 뛰쳐나갈 수 있도록 준비상태에 있는 것입니다. 세 번째는 마주 보고 있는 오른쪽 여자와 이야기를 하고 있어도 얼굴 방향은 아이를 보고 있는 것을 보면 알 수 있습니다. 아이의 엄마가 아이를 쳐다보는 것이 자연스러운 일이기 때문입니다.

이번에는 오른쪽 여자의 자세를 자세히 살펴봅시다. 왼쪽 여자와 비교하여 보면 다리를 모은 자세로 앉아 있습니다. 아이가 무슨 일이 생기더라도 즉시 뛰쳐나갈 수 없습니다. 더군다나 허리를 꼿꼿이 세우고 있어서 빠른 대처는 불가능해 보입니다.

여기에서 중요한 점은 두 여자만 보아서는 제대로 된 추측을 할 수 없다는 것입니다. 아이가 장난감을 가지고 놀고 있다는 상황도 추측을 할 때 중요한 단서가 됩니다. 가지고 놀고 있는 장난감은 앉아서 가만히 가지고 논다면 전혀 위험하지 않을 장난감이지만 뛰어다니다가 밟는다면 넘어지거나 다칠 수 있는 장난감이라는 점도 힌트가 될 수 있습니다.

우리 친구들은 첫 번째 문제를 풀어보면서 그림을 관찰하고 어떤 생각들을 하였는지 매우 궁금합니다. 제대로 추측해서 기쁜 친구들도 있을 것이고 비교적 가깝게 추측한 친구들도 있을 것입니다. 혹은 전혀 생각하지 못하여 실망하는 친구들도 있을 텐데 그럴 필요까지는 없습니다. 관찰이 무엇인지 조금씩 훈련을 하면 됩니다.

또 다른 추리문제 입니다. 이번에는 한 여자가 다른 여자를 식사에 초대했습니다. 무서운 일이 일어났습니다. 한 여자는 아무렇지도 않았지만 다른 여자는 죽고 말았습니다. 내용은 다음과 같습니다. 한 여자가 피해자를 집으로 초대했습니다. 그들은 함께 저녁을 먹었고 피해자에게 후식으로 사과를 칼로 잘라서 나누어 주었습니다. 피해자는 이미 배가 불러서 못 먹겠다고 말했습니다. 여자는 그 말을 듣고 사과를 반으로 나눠서 나누어 주었습니다. 한 여자는 죽지 않고 초대받은 여자만 사과를 먹자마자 죽었습니다.

질문 : 어떻게 사과를 먹은 한 여자는 살고 다른 여자는 죽지 않았을까?

'두 사람 모두 똑같은 사과를 나누어 먹었는데 왜 한 사람은 죽고 다른 한 사람은 살아남았을까요?' 그림을 잘 관찰하여 생각해 봅시다. 사건 해결의 실마리는 모두 그림 속에 담겨 있습니다. '칼에 독을 묻혔다.'가 힌트입니다. 나머지 이유는 스스로 생각해서 적어보기 바랍니다.

"지식을 얻으려면 공부를 해야 하고, 지혜를 얻으려면 관찰을 해야 한다."
- 마릴린 보스 사반트 -

2. 관찰을 살펴보기

가. 인간이 지닌 감각의 한계

질문 : 박쥐는 어떻게 어두운 동굴 속에서 부딪치지 않고 날아다닐까요?

인간이 귀로 들을 수 있는 음의 주파수 영역은 보통 30에서 2만 헤르츠(Hz) 사이입니다. 헤르츠는 소리의 높고 낮음을 뜻합니다. 코끼리와 호랑이는 초저주파인 20 헤르츠(Hz) 이하의 사람이 들을 수 없는 소리를 내서 멀리 떨어진 동료들에게 자신의 위치를 알리는데 사용하기도 합니다. 한편 사람이 들을 수 없는 고주파의 소리를 내는 동물들도 있습니다. 박쥐는 메아리로 돌아오는 음파를 이용하여 어두운 동굴 속에서도 바위나 벽에 부딪치지 않고 움직일 수 있으며 나방은 반대로 박쥐를 피하려고 초고주파를 반대 방향으로 발사합니다. 마치 레이더를 이용한 전투처럼 말이죠.

호랑이 - 초저주파 소리
상대방의 근육을 긴장시켜 얼어붙게 만든다.

박쥐 - 초고주파 소리
물체를 피하는데 사용하는 소리는 사람이 들을 수 없다.

후각이나 미각, 촉각도 마찬가지로 우리 몸에서 반응할 수 있는 영역을 벗어나면 자극을 느끼지 못합니다. 예를 들어 인간의 눈은 1만 7000가지 색깔을 구별할 수 있지만 가시광선 영역에 한정됩니다. 뱀은 가시광선의 붉은색 바깥쪽에 있는 적외선을 감지하기 때문에 열을 볼 수 있고, 꿀벌은 자외선 영역을 감지할 수 있어서 꽃 속의 꿀을 밝은 빛처럼 볼 수 있다고 합니다. 만일 사람이 맨눈으로 밤하늘을 본다면 감각의 한계 때문에 깜깜한 하늘 외엔 보이지 않을 수도 있지만 우주 망원경으로 보이는 깊은 우주의 별들은 인간이 그 수를 가늠하기 힘들 정도로 많이 존재한다고 할 수 있습니다.

이러한 이유로 인간은 관찰을 위한 여러 기구들을 만들고, 이를 통해서 보다 정밀한 관찰을 하게 되었습니다.

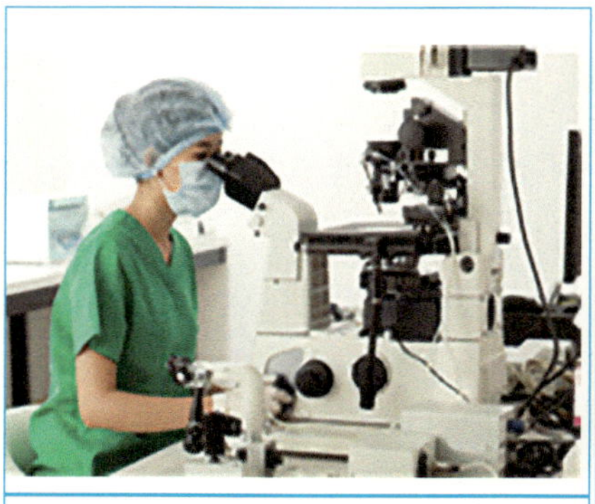

전자현미경으로 연구하는 연구원

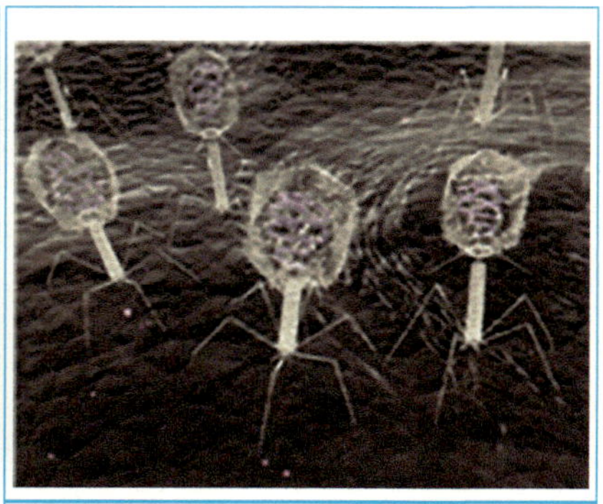

박테리오 파지 바이러스

질문 : 인간의 감각 한계로 인해 탄생한 발명품에는 어떤 것들이 있을까요?

인류 역사상 과학의 혁명적 발전은 새로운 측정 도구의 발명에서 이루어진 것이 대부분이고 새로운 개념과 이론에 의해 만들어진 것은 얼마되지 않는다."

나. 관찰의 이론 의존성

이론 의존성이라는 말은 생소한 단어이지만 차근차근 알아보도록 하겠습니다. 아래 그림은 미국에 설치된 해시계의 원리를 이용한 맥도날드 햄버거 가게의 광고판입니다. 아침에는 맥모닝, 점심은 맥런치를 광고하는 그림입니다. 보기만 해도 맛있는 생각이 머릿속에 떠오르며 햄버거 가게에 달려가고 싶습니다. 하지만 그 맛있는 생각이 광고판에 대한 과학적인 관찰을 무심코 지나치게 해버릴 수 있다는 생각을 할 수 있는 친구들이 있을까요?

A 광고판(오전 8시 무렵)

B 광고판(정오 12시 무렵)

맥도날드 옥외 광고판

질문 : 위 그림에서 맥도날드 건물을 중심으로 동서남북의 방향은 어떻게 될까요?

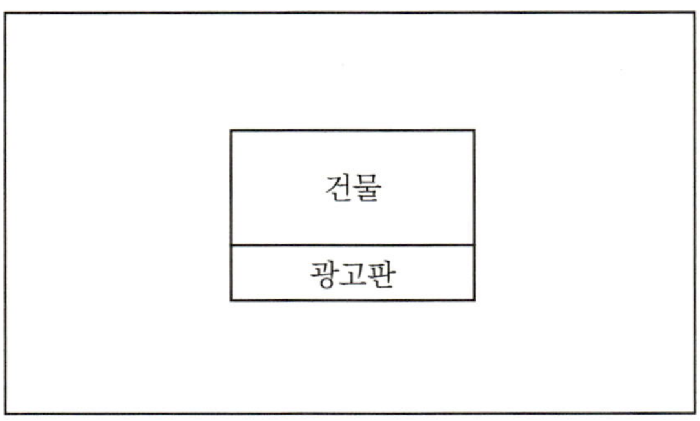

두 장의 사진을 자세히 관찰하고 과학적인 관점에서 동서남북을 찾아보세요. 먼저 A 광고판의 그림자 방향을 관찰했을 때 태양은 오른쪽에 있다는 것을 알 수 있고, 그

림자는 맥모닝을 가리키고 있는 것으로 보아 아침입니다. 따라서 태양이 정상적(?)으로 떠올랐다면 오른쪽은 동쪽이라는 것을 알 수 있고, 정오에 태양은 남쪽 하늘에 있어야 합니다. 하지만 B 광고판에서 태양은 정오에 북쪽 하늘에 위치하게 되어 틀린 그림이 되고 말았습니다. 그 이유는 눈이 바라보는 방향을 기준으로 했을 때 오른쪽이 동쪽이면 눈으로 보는 방향은 북쪽이 되고 뒤통수 방향은 남쪽이 되어야 하는데 북쪽 하늘에는 태양이 위치할 수 없기 때문입니다. 지구라는 공간에서 보이는 태양의 움직임을 평면상으로 옮겨서 설명하려면 A 광고판의 그림자 방향을 바꾸어야 합니다. 어떻게 바꾸면 그림자 표시를 바르게 할 수 있을까요?

아침부터 정오까지 태양의 움직임과 그림자

위의 그림과 같이 평면에서 태양의 움직임을 제대로 표현하기 위해서는 왼쪽이 동쪽이 되어야지만 정오의 태양이 남쪽에 올 수 있게 표현할 수 있습니다. 그런데 눈치가 빠른 친구라면 잘못된 부분을 한 가지 더 발견할 수 있을 겁니다. 바로 그림자는 광고판이 아니라 건물 바닥에 생겨야 한다는 것입니다. 그 이유는 빛의 직진성 때문입니다. 빛은 직진하다가 빛이 통과하지 못하는 물체를 만나면 진행방향과 나란하게 그림자를 만들게 됩니다. 과학 시간에 관찰하였던 하루 동안 태양의 고도와 그림자의 길이 측정 실험에서 막대기의 그림자가 어디에 생겼었는지를 생각해본다면 그림자의 위치가 틀린 이유를 쉽게 알 수 있을 것입니다.

문제의 광고판처럼 우리가 관찰을 하면서도 정확하게 판단하지 못하게 된 이유는 무엇 때문일까요? 지도의 방위를 배울 때 오른쪽은 동쪽, 왼쪽은 서쪽, 위쪽은 북쪽, 아래쪽은 남쪽이라는 고정관념이 내가 관찰하고 있는 것에 영향을 주지는 않았을까요? 다른 경우를 더 살펴보겠습니다.

아래의 두 그림은 하나의 그림을 멀리서 보았을 때와 가까이서 보았을 때 동물의 모습을 나타낸 그림입니다. 각각 어떤 동물의 모습을 나타내는지 생각해 봅시다.

질문 : 같은 그림이라도 다른 모습을 떠올리는 까닭은 무엇일까요?

1976년 화성탐사선 바이킹 1호가 찍은 사진을 관찰했을 때 전 세계의 많은 사람들이 인간의 얼굴을 떠올리며 외계인의 존재를 기대했었지만 지금은 아무도 그렇게 생각하지 않습니다. 오른쪽 그림처럼 최근에 인공위성이 보낸 사진을 보면 모래언덕에 지나지 않는데 과거에는 많은 사람들과 과학자들조차 화성에 인간과 비슷하게 생긴 '외계인이 살고 있지 않을까?' 하고 추측하기도 하였습니다.

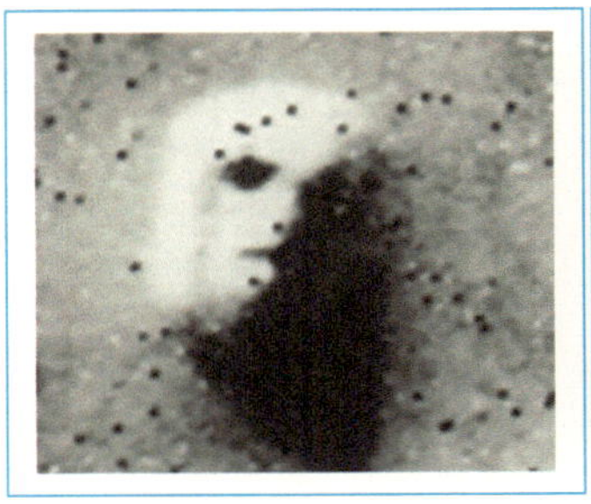

1976년 바이킹 1호, NASA

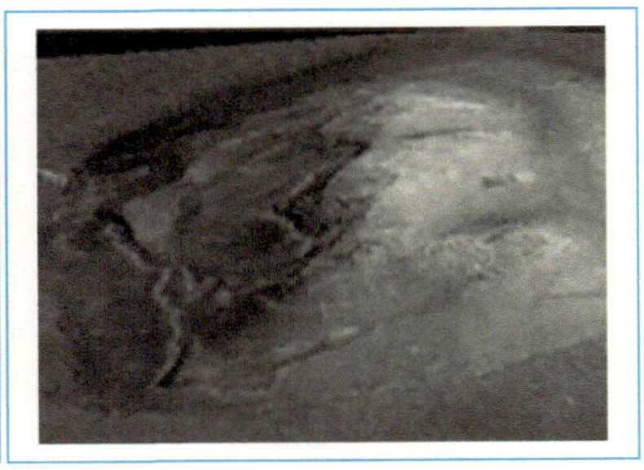

2015년 리코네상스, NASA

관찰을 할 때 우리는 머릿속에 가지고 있는 지식의 영향을 받습니다. 그림에서 화성의 모래밖에 없는 언덕에서 사람의 얼굴을 떠올리는 까닭은 우리 머릿속에 얼굴에 대한 지식이 들어있기 때문입니다. 만약 처음부터 사슴이나 오리를 모르는 나라에 사는 사람들이 그림을 보고 사슴이나 오리를 관찰할 수 있을까요? 관찰을 할 때 내 머릿속의 지식에 의해 조종받는 현상을 관찰의 이론 의존성이라고 합니다. 아래의 두 그림을 관찰해 봅시다.

정육면체와 삼각형을 나타낸 그림이 아님에도 불구하고 도형에 대한 지식이 우리의 머릿속에 들어있기 때문에 쉽게 각각의 도형을 생각해낼 수 있습니다. 이러한 현상은 우리의 일상생활에서도 많이 일어나는 현상입니다.

어둠 속에서 유령을 관찰하려고 시도하는 동물은 사람밖에 없습니다. 어두운 숲속에 사는 동물들은 유령에 대해서 모르기 때문에 유령의 모습을 전혀 떠올릴 수 없습니다. 동물들에게 숲은 집일 뿐입니다.

다시 처음으로 돌아가서 맥도날드 광고판에 대해 생각해 봅시다. 광고판을 관찰할 때 우리 머릿속에는 어떤 지식이 들어와서 관찰을 방해했을까요? 나도 모르게 햄버거를 먹고 싶다는 생각이 관찰을 방해하고 있었던 것은 아닐까요?

"진정 진리를 추구하려면 최소한 인생에 한 번은 가능한 모든 것에 대해서 의심을 품어봐야 한다."
- 르네 데카르트-

다. 평범한 일상 속에서 특징을 찾아내기

담쟁이 덩굴과 벽

질문 : 덩굴식물은 어떻게 벽을 타고 올라갈까?

평범한 하루를 보낼 때 대부분의 사람들은 똑같이 발생하거나 관찰되는 것들을 아무 생각 없이 지나쳐 버리기 십상이지만 과학자들과 예술가들은 그 속에서 특징을 찾아내고, 멋진 작품을 만들어 낼 수 있습니다. 과학자들과 예술가들이 어떤 특별한 능력을 가지고 있기 때문일까요? 그렇지 않습니다. 그것은 능력이라기보다는 익숙한 것을 새롭게 바라보려고 하는 노력이라고 할 수 있습니다.

우리가 흔히 보는 담쟁이덩굴은 벽을 어떻게 타고 올라갈까요? 그 이유는 덩굴손 끝부분 둥글고 납작한 빨판에서 마치 시멘트와 같은 접착물질을 분비하면서 벽에 단단하게 고정되기 때문이랍니다. 무심코 지나치면 갈고리 같이 뾰족하니깐 붙어 있는 게 아닐까? 하고 그냥 넘겨버릴 수도 있지만 자세히 관찰해보면 새롭고 신기한 발견을 할 수도 있는 것입니다.

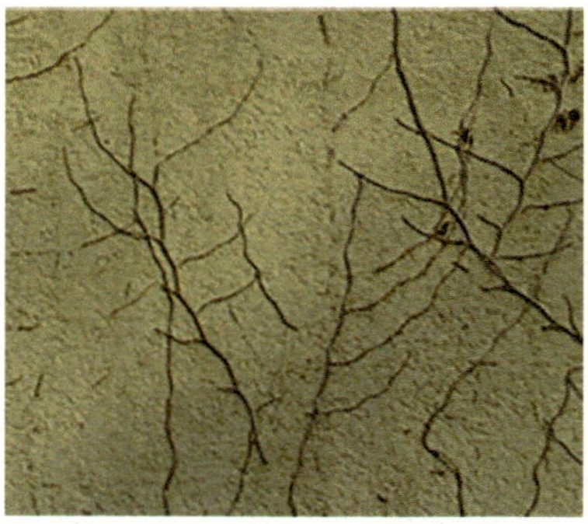

담쟁이덩굴의 흔적

white06, 구본창, 1999

예술가들도 마찬가지입니다. 오른쪽 사진은 색깔을 없애고 오직 식물에만 집중할 수 있게 표현한 사진입니다. 무엇일까요? 바로 담쟁이덩굴의 흔적입니다. 사진의 작가는 아무도 관심을 가지지 않을 법한 담쟁이덩굴의 흔적을 멋진 예술작품으로 남겼습니다.

어느 추운 겨울날 길을 걷다가 담벼락을 지날 때 담쟁이덩굴이 남긴 흔적을 보고 멋진 사진 작품이 될 수 있을 것이라고 생각할 수 있는 친구들이 있을까요? 만약 그렇다면 대단한 관찰력을 가지고 있는 것입니다. 혹시 아무것도 모른 상태에서 사진을 보고 담쟁이덩굴의 흔적이라고 추측을 한 친구도 멋진 관찰력을 가지고 있는 것입니다. 추측하지 못했다고 실망할 필요는 없습니다. 관찰능력은 훈련으로 얼마든지 계발할 수 있기 때문입니다. 누구나 알고 있는 천재 스티브 잡스는 아래의 말을 남겼습니다.

"창의적인 사람과 그렇지 못한 사람의 차이는 보는 능력 (the ability to see)이다."
스티브 잡스 -

라. 호기심으로 주변 세상을 눈여겨 관찰하기

산우엉 열매	벨크로의 확대 사진

질문 : 벨크로는 어떻게 붙였다 떼었다 할 수 있을까요?

"스위스의 메스트랄은 1935년 사냥을 갔다 돌아오는 길에 옷과 사냥개의 털에 산우엉 열매가 붙어서 떨어지지 않는 것을 발견하였습니다."

옷에 붙은 잘 떨어지지 않는 가시에 일반적인 사람이라면 짜증이 나겠지만 관찰을 통해 위대한 발명품을 만들어 큰 돈을 번 사람이 있습니다. 바로 스위스 사람 메스트랄입니다. 그는 사냥 중 산토끼를 잡으려다가 산우엉 열매가 옷에 덕지덕지 붙어있는 것을 발견하고 그냥 지나치지 않고 호기심을 가지고 확대경으로 자세히 관찰했습니다. 그러자 열매의 갈고리 모양을 발견할 수 있었습니다. 이후 10년 가까운 연구 끝에 붙였다 뗐다가 할 수 있는데 벨크로를 발명하였습니다. 이 벨크로를 가지고 세계 100대 기업 중 하나인 벨크로사를 탄생시켰고, 현재 벨크로는 신발과 옷부터 가방이나 우주복까지 아주 폭넓게 사용되고 있습니다.

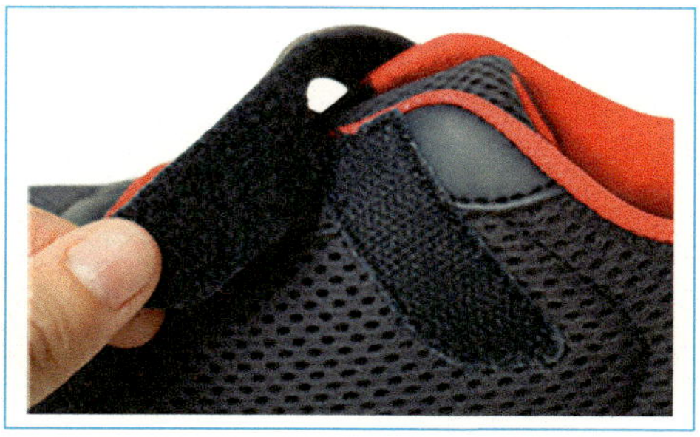

벨크로 테이프와 신발

벨크로가 발명된 이야기를 들어보면 새로운 발명은 아주 먼 곳에 있는 것이 아닙니다. 우리가 익숙해진 나머지 쉽게 지나쳐버리는 주변을 호기심을 가지고 새로운 시각으로 눈여겨 살펴보는 습관이 위대한 발명을 가져온다고 할 수 있습니다. 그러면 이번에는 주변을 눈여겨 관찰한다는 뜻이 무엇인지 미술 분야를 살펴보겠습니다.

패션이나 미술 감각이 뛰어난 사람은 무엇이 다를까요? 바로 관찰력입니다. 세계적으로 매우 유명한 미술가이자 패션디자이너인 앤디워홀은 아주 뛰어난 관찰력을 가지고 있었습니다. 그는 남들이 눈여겨보지 않는 주변을 이용하여 작품을 만들었고, 할리우드 스타들의 사진을 가지고 옷을 만들었습니다. 또 토마토 통조림을 관찰하여 그린 그림이 아주 유명하여 우리나라 학생들의 미술교과서에도 그림이 실려 있습니다.

마릴린 먼로, 앤디워홀, 1962

앤디워홀 협업 가방, 리노스 이스트팩, 2018

앤디워홀이 유명한 아티스트가 된 이유는 호기심 많은 관찰자로서 주변 세상을 눈여겨 바라보는 관찰을 했기 때문입니다.

실제 캠밸사의 토마토수프 통조림

캠밸수프, 앤디 워홀, 1968

영화나 TV에서 무서운 장면을 본 경험이 우리 친구들에게 한 번 쯤은 모두 있을 겁니다. 그 때 눈을 가리거나 채널을 다른 곳으로 돌려버리는 경우가 있지요. 그것은 사람은 누구나 본능적으로 기분이 나빠지는 상황이 오면 피해버리고 싶은 마음을 가지고 있기 때문입니다. 하지만 앤디워홀은 그렇지 않았습니다. 신문에 실리는 헤드라인의 끔찍한 사건 사고 뉴스가 있으면 피하지 않고 꼼꼼히 관찰하였으며 TV와 영화, 장난감이나 만화까지 그냥 흘려버리지 않고 모두 관심 있게 살펴보는 관찰자였습니다.

만약 길거리에 떨어진 음료수 캔이 있다면 대부분은 무시하고 지나갈 것입니다. 지저분하기도 하고 줍는 것도 싫고 줍지 않아도 양심이 찔리는 일이기 때문입니다. 만약 앤디워홀 이라면 이런 상황을 놓치지 않고 머릿속에 깊이 기억하여 작품으로 남길 것입니다. 그에게는 그러한 장면들이 상상하게 해주는 이야기들이기 때문입니다. 아래 그림의 코카콜라병은 아무도 관심을 주지 않았지만 앤디워홀이 주변을 눈여겨 관찰하여 그린 그림은 세계적으로 유명한 그림이 되었습니다. 세상 사람들이 그 가치를 인정하여 상상할 수 없는 금액으로 경매장에서 팔렸습니다. 오른쪽 바나나 그림도 마찬가지입니다. 대부분의 사람들에게는 그냥 많이 익은 바나나일 뿐이지만 앤디워홀의 세심한 눈에는 새로운 작품의 소재였습니다.

코카콜라, 앤디워홀, 1962 소더비 경매에서 395억원에 판매대량생산과 대량소비를 풍자	바나나, 앤디워홀, 1967

"시간이 해결해준다는 말이 있지만 실제로 일을 변화시켜야 하는 것은 시간이 아니다. 바로 당신이다."

-앤디 워홀-

마. 관점을 바꾸어 관찰하기

(가)

(나)

질문 : 같은 다비드의 얼굴인데 느낌이 다른 까닭은 무엇인가요?

매일매일 보던 물건이라 하더라도 위치가 달라지면 전혀 다른 모습으로 다가올 수 있습니다. 유명한 미켈란젤로의 다비드 조각상을 떠올려 봅시다. 흔히 다비드 조각상을 인간을 아름답게 표현한 훌륭한 작품으로 보지만 다른 각도에서 관찰하여 본다면 색다른 모습으로 관찰할 수 있습니다. 그 이야기는 뒤에서 다시 하도록 하고 먼저 우주여행을 떠나봅시다.

달 정착 상상도

아래 사진은 지금으로부터 무려 50년 전 아폴로 8호에서 찍은 달에서 본 지구의 사진입니다. 우리가 알고 있는 푸르고 아름다운 지구는 낯설게 느껴지죠? 왜 낯선 모습의 지구처럼 보일까요? 당연한 이야기이지만 관찰하는 위치가 달라졌기 때문입니다. 달에서만 지구를 바라볼 때도 지구의 푸른 빛이 잘 나타나기는 하지만 조금은 낯선 지구의 모습을 직면할 수 있습니다.

달에서 본 지구, NASA 아폴로 8호, 1968

화성에서 본 지구, NASA, 2012

하지만 지구에서 달까지의 거리는 약 40만Km인 반면에 지구에서 화성까지의 거리는 약 8,000만Km입니다. 그러니깐 200배 더 멀리 떨어져 있는 것이죠. 화성에서 본 지구의 모습은 마치 산속에서 찍은 밤하늘의 작은 별처럼 보입니다. 상당히 낯설게 보이는 것을 알 수 있습니다.

명왕성, NASA 허블 망원경, 2010

명왕성, NASA 뉴호라이즌, 2015

낯선 모습은 명왕성도 마찬가지였습니다. 달보다도 크기가 작은 명왕성은 지구에서 가장 성능이 좋은 망원경으로 관찰을 해도 정확한 모습을 알 수 없었습니다. 2010년 가장 선명한 이미지로 관찰을 했을 때 검은 띠를 두른 무시무시한 모습만이 있었습니다. 명왕성의 영어이름 'Pluto'의 뜻처럼 마치 저승의 지배자처럼 보였었죠. 그러나 2015년 뉴호라이즌스호가 지구에서 9년이나 날아가 명왕성을 가까이서 관찰했을 때 우리가 알던 이미지와는 완전히 다른 모습으로 다가왔습니다. 가슴에 하트 모양을 품은 아기자기하고 귀여운 모습의 명왕성이 사람들 앞에 등장했습니다.

이미지 출처: With Love Pluto, VIA9GAG.COM, 2015

이번에는 다시 다비드상의 이야기로 돌아가겠습니다. 즉각적으로 떠올릴 수 있는 다비드에 대한 이미지는 잘생기고 매끄러운 얼굴에 미소를 짓고 있는 모습일 것입니다. 이것이 틀렸다고 하는 이야기는 아닙니다. 분명히 얼굴의 윤곽이 뚜렷하고, 미소를 띠고 있기 때문입니다. 하지만 관찰 위치를 조금만 바꾼다면 우리가 알던 다비드의 모습과는 다르게 어딘가 모르게 무서운 얼굴을 한 낯선 사람이 나타나게 됩니다.

처음 질문을 한 사진은 우리가 둘 다 모두 우리가 잘 알고 있는 다비드 조각상입니다. 오뚝한 코와 멋진 옆선은 잘생긴 연예인을 비유할 때에도 쓰이곤 합니다. 하지만 관점을 바꾸어 늘 보던 옆에서 다비드 조각상을 관찰하지 않고 정면에서 똑바로 관찰한 결과 우리가 알던 잘생긴 사람은 온데간데없고, 화난 얼굴, 삐뚤어진 코, 초점이 안 맞는 눈을 가진 심지어 눈동자의 모양도 평범한 사람과 다르게 하트모양을 가진 다비드가 나타납니다. 우리 친구들은 앞으로 관찰을 할 때 어떻게 해야 할까요?

다비드의 옆 얼굴, 미켈란젤로, 1504

질문 : 자신 주변의 물건 중 하나를 골라 위치를 변화시키면서 자세히 관찰해 보세요. 이전에 보던 것과는 색다른 점은 무엇이 있나요?

3. 내가 관찰해보기

가. 사실정보 관찰하기

누구나 한 번쯤은 셜록 홈즈에 관한 소설도 읽어보고, 멋진 탐정이 되고 싶다는 꿈을 꾸어본 적이 있을 것입니다. 여러분도 탐정의 자질을 가지고 있을까요? 아래의 그림을 보고 사실 그대로의 정보를 최대한 많이 찾아내 봅시다. 이때 주의할 점은 있는 그대로의 정보를 찾아야 한다는 것입니다. 누구한테 얘기해도 알 수 있는 사실들 말이죠. 예를 한 가지 들어보면 '벽난로에서 기차가 나오고 있다.'는 정보는 누구도 아니라고 말할 수 없는 정보입니다. 자 그럼, 시작해 볼까요?

고정된 시간 (Time Transfixed), 1939 , 르네 마그리트, 시카고 미술관

구 분	관찰한 사실
1	시계의 뒤편이 비치는 것으로 봐서 시계 뒤는 거울인 것 같다.
2	
3	
4	
5	
6	
7	
8	
9	
10	

여러분은 몇 가지나 적을 수 있었나요? 한 가지 정도는 빠뜨려도 된다고 생각했다면 셜록 홈즈가 되기는 힘들 것 같습니다. 왜냐하면 범죄현장에서 작은 단서를 놓치지 않았기 때문에 아무도 해결할 수 없는 사건을 해결할 수 있었던 사람이 바로 셜록 홈즈 탐정이었으니까요.

"이 사건에서 만약 그 범행을 저지른 사람은 밤에 저질렀기 때문에 불이 필요했을 거야. 그런데 주변에 마을 사람들이 발견할 수 있으니 큰 불은 못쓰고, 작은 불을 썼을 거야. 그러면 아마 성냥이 있어야 할 것 같은데 경찰이 찾은 증거물에는 없었지."

- 코난 도일의 셜록홈즈 시리즈 중에서-

그림에서 틀린 부분을 찾는 방법은 재미있기도 하고, 관찰력을 높일 수 있는 도구입니다. 아래 그림들에서 서로 다른 부분은 어디일까요?

틀린그림 출처: kr.vonvon.me 그림원본: 신뢰, 르네 마그리트, 1964-1965

틀린그림 출처: kr.playbrain.me 그림원본: 우는여자, 리히텐슈타인, 1964

두 그림에서 틀린 부분을 찾는 것이 너무 쉬웠다면 같은 그림에서도 서로 다른 부분을 비교하며 찾을 수 있습니다. 아래 그림은 여행 친구라는 작품입니다. 두 사람의 비슷한 점과 다른 점을 최대한 많이 관찰하여 써보세요

여행친구, 오거스터스 레오폴드 에그, 1862, 버밍엄 박물관

구 분	비슷한 부분	서로 다른 부분
1		
2		
3		
4		
5		

나. 오감을 통하여 관찰하기

관찰은 과학에서 가장 기본이 되는 것입니다. 과학 시간에 알에서 배추흰나비가 탄생할 때까지 기다리면 관찰한 경험을 우리 친구들은 한 번쯤 가지고 있을 것입니다. 인내심을 가지고 꾸준히 관찰할 때 놀라운 세계가 우리 앞에 펼쳐지는 것입니다. 하지만 관찰을 단지 눈으로만 하는 것은 아닙니다. 아래의 그림은 1882년 마네가 그린 그림입니다. 사람과 사물이 아주 빼곡하고 복잡한 그림입니다. 먼저 눈으로만 그림을 관찰해 보세요.

폴리베르제르의 바, 1882
캔버스에 유채, 96×130㎝ 에두아르 마네 作
<런던 코톨드 인스티튜트 갤러리 소장>

다음은 시각, 청각, 후각, 촉각, 미각을 총동원해서 관찰해 보세요. 그 동안의 경험으로 우리들은 이미 머릿속에 레몬의 향기와 맛을 가지고 있습니다. 오감에 관한 자신의 지식을 잘 떠올리며 관찰해 보세요.

구 분	눈으로만 관찰한 정보	오감으로 관찰한 정보
1	여자가 한가운데에 서 있다.	작품에 연기가 많은 것처럼 보이는데 통풍이 되지 않고, 음식 냄새가 날 것 같다.
2		
⋮		
9		
10		

관찰한 사실의 개수 차이는 몇 가지나 날까요? 눈으로만 관찰할 때와 오감을 총동원하여 관찰하는 것은 아주 큰 차이를 만들어 냅니다. 마네의 그림은 거울에 비친 여자의 모습을 그대로 드러내고 있습니다. 아래의 사진을 보면 더 잘 이해가 갈 것입니다.

마네 그림에 대한 사진으로의 관점 재구성, 말콤 파크, 2000

작품을 보고 거울에 여자의 뒷모습이 비치는 것을 발견하였거나 왼쪽 상단 공중에 매달린 광대의 발을 보았다면 벌써 굉장한 관찰력을 가지고 있는 것입니다. 자, 다시 한번 오감을 총동원하여 그림을 관찰해 봅시다.

이번에는 미술관을 방문하여 그림을 통한 훈련을 한 번 더 해보겠습니다. 다음 그림을 살펴보고 오감을 동원하여 관찰하여 발견한 것을 최대한 많이 적어봅시다. 그림을 전체적으로 살펴보고 기록해 봅시다.

굴이 있는 점심식사, 장 프랑수아 드 투루아, 1735

①

②

③

④

⑤

둘째, 가운데 쟁반을 들고 있는 사람을 위주로 주위를 집중해서 살펴봅시다. 새롭게 관찰할 수 있는 내용들이 있으면 다시 적어봅시다. 그림을 볼 때 특정한 부분을 집중적으로 살펴보는 것은 새로운 내용을 발견할 수 있는 좋은 기회가 될 수 있습니다.

굴이 있는 점심식사의 일부분, 장 프랑수아 드 투루아, 1735

①

②

③

④

⑤

쟁반을 들고 있는 사람의 시선은 어디를 향하고 있는 것일까요? 식탁 위에 놓인 음식들은 무엇이 있나요? 와인이 잔 속으로 떨어질 때 기포들이 발생하지는 않았을까요? 집중해서 한 부분을 살펴본다면 전체적으로 볼 때와는 달리 많은 새로운 것들을 발견할 수 있을 것입니다.

다. 주변을 눈여겨 관찰하기

정교하고 적극적인 관찰은 단순히 눈으로 바라보는 행동에서 끝나는 것이 아닙니다. 사소한 것들이라도 자세히 바라보고 오감을 총동원하여 관찰할 수 있어야 적극적인 관찰이 이루어질 수 있습니다. 이번에는 빠른 속도로 지나가는 물체를 이용해 관찰 훈련을 해보겠습니다.

활동 : 빠르게 달리는 자동차를 관찰하고, 기억할 수 있는 모든 것을 적어 봅시다.

도로 위를 달리는 스포츠카

도로 위를 달리는 자동차를 한 번 떠올려 볼까요? 우리가 평소라면 사소하게 지나치기 쉽겠지만 사고의 현장에 있었다면 많은 것을 기억해야 할지도 모릅니다. 만약 번호판을 외워야 하는 상황이 생겼다면 차량의 번호판을 어떻게 관찰하고 기억하면 좋을까요? 차량의 색깔이나 모양은 어떻게 해야만 정확하게 기억할 수 있을까요? 답은 바로 평소의 관찰훈련에 있습니다. 예를 들어 번호판의 숫자를 관찰하고 기억할 때는 계산식을 사용하거나 차량의 색깔을 기억할 때는 자신이 좋아하는 과일의 색깔과 연관을 짓는 관찰훈련을 한다면 보통사람들보다 훨씬 예리한 관찰력을 가질 수 있을 것입니다.

다음으로 평소 주변에서 무심코 지나쳤던 나무와 나뭇잎을 가지고 오감을 이용한 관찰훈련을 해보겠습니다. 오감(시각, 청각, 촉각, 후각, 미각)을 활용한다면 새롭고 폭넓게 사물을 바라볼 수 있게 될 것입니다. 학교 주변에 있는 나무들과 나뭇잎들을 관찰하여 봅시다. 먼저 눈으로 살펴본다면 꽃의 색깔이나 나무색의 진하고 연한 정도 등을 관찰할 수 있을 것입니다. 손으로 만져본다면 나뭇잎의 앞면과 뒷면, 나무마다 다른 나무껍질의 감촉을 느낄 수 있을 것이고, 청각을 사용한다면 바람에 나부끼는 나뭇잎과 꽃잎의 소리는 나무마다 어떻게 다른지 관찰할 수 있을 것입니다. 마지막으로 열매의 냄새나 맛을 관찰할 수도 있을 것입니다. 이처럼 오감을 사용하여 나무를 관찰하였을 때 평소에 보아오던 나무들과 다른 점을 발견해 보세요.

질문 : 오감으로 관찰했을 때 그동안 무심코 봐왔던 나무에 숨겨진 모습들은 어떠한 것들이 있었나요?

이번에는 손쉽게 구할 수 있는 땅콩을 가지고 관찰훈련을 해보겠습니다. 땅콩을 관찰할 때 안전하게만 관찰할 수 있다면 시각, 청각, 후각, 미각, 촉각의 다섯 가지 감각을 모두 사용할 수 있습니다.

땅콩

질문 : 새로운 마음으로 오감을 총동원하여 땅콩을 관찰하여 보세요. 관찰한 특징은 어떤 것들이 있나요?

땅콩 속껍질

땅콩의 겉껍질을 까고 나서 관찰을 해도 좋습니다. 오감을 총동원하여 빠뜨리고 있는 것은 없는지를 생각하며 다시 한번 관찰하여 보세요.

다음으로는 조금 쉬어가는 훈련으로 자연을 이용하여 재미있는 훈련을 해보도록 하겠습니다. 동물들은 자신의 몸을 보호하기 위해 진화하였고, 숲속에 들어가면 눈에 잘 보이지 않습니다. 숨어 있는 동물들을 관찰을 통해 찾아보세요. 어떤 동물들이 숲 속에 숨어 있나요?

사진 출처: slightlywarped

사진 출처: slightlywarped

이번에는 조금 어렵습니다. 어떤 동물들이 숲속에 숨어서 우리를 지켜보고 있을까요? 찾을 수 있다면 이미 관찰 실력이 많이 향상된 겁니다.

사진 출처: slightlywarped

사진 출처: slightlywarped

관찰력을 높이는 방법에는 같은 사물을 시간에 따라 계절에 따라 반복하여 그리는 것도 큰 도움이 됩니다. 모네라는 화가는 건초더미를 꾸준히 관찰하여 빛의 변화에 따라 달라지는 모습을 묘사하여 당대의 걸작들을 남겼습니다.

건초더미, 모네, 1890~1891

자신이 관찰하고 싶은 사물을 하나 선택하고 매일매일 관찰 결과를 남겨 보세요. 계절의 변화나 빛에 따라 색깔이 변화하는 사물을 선택하면 더욱 훌륭한 관찰결과를 남길 수 있을 것입니다. 우리 친구들이 관찰을 통해서 새롭게 발견한 사물의 변화는 무엇이 있을까요?

클로드 모네- 수련 연작

출처: KTV스콘

미스터리 박스를 이용하여 관찰하는 방법도 관찰력 향상에 큰 도움을 줄 수 있습니다. 주변 사람과 함께 자신이 모르는 사이 물건을 담게 한 다음 상자를 열어보지 않고, 무슨 물건이 들어있는지 알아맞혀 보는 활동을 해보세요.

미스터리 박스, 롤스트릿, 2012

질문 : 상자를 열지 않고 상자의 물건이 무엇인지 알 수 있는 관찰 방법은 무엇이 있을까요? 떠올릴 수 있는 관찰 방법을 모두 써 보세요.

관찰하는 방법을 떠올렸다면 오감을 총동원하여 미스터리 박스 속에 들어있는 물건의 정체를 맞혀 봅시다. 이때 상대방은 답을 맞히지 못하였더라도 즉각적으로 답을 알려주지 말고, 조금씩 힌트를 주면서 맞힐 수 있도록 도움을 주어야 관찰력이 향상될 수 있습니다.

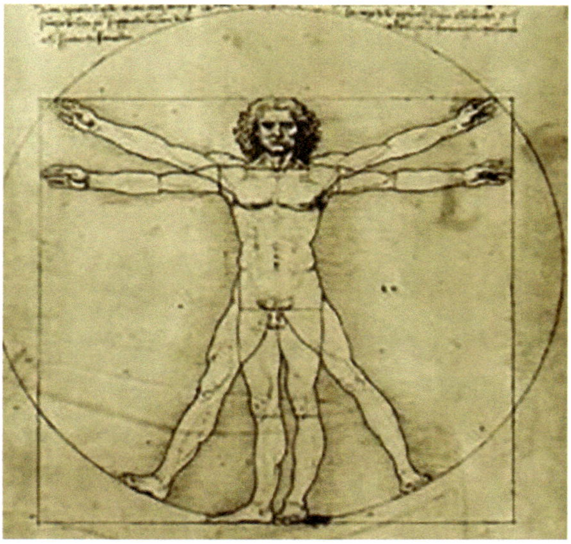

시각적으로 생각하기

제 II장

1. 왜? 시각적으로 생각해야 할까요?

가. 천재는 시각적으로 생각한다.

창의적인 사람이 되고 싶은 지예는 창의적인 사람들은 자기만의 비밀노트가 있다는 이야기를 들었습니다. 노트를 구해 정리를 하던 중 유명 창의력 전문가들의 노트는 어떻게 정리되어 있는지 궁금해 인터넷을 검색하던 중 재미있는 사실을 발견했습니다.

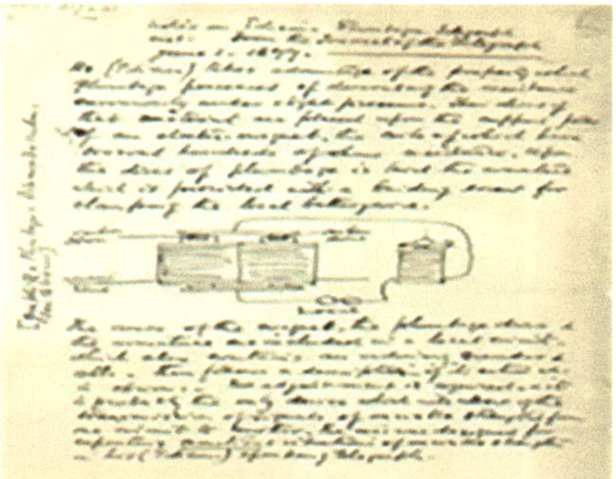

에디슨의 노트

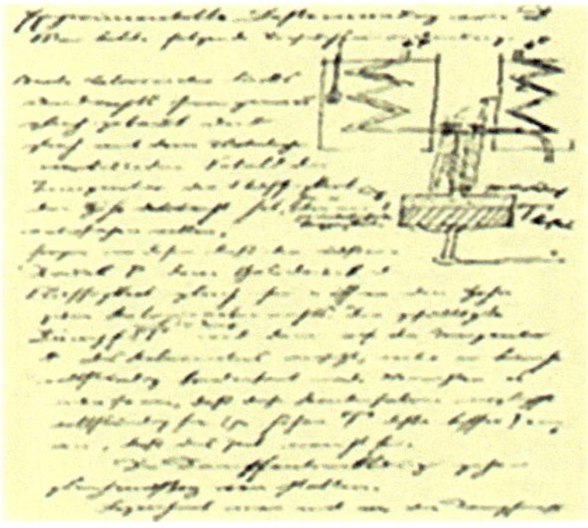

아인슈타인의 노트

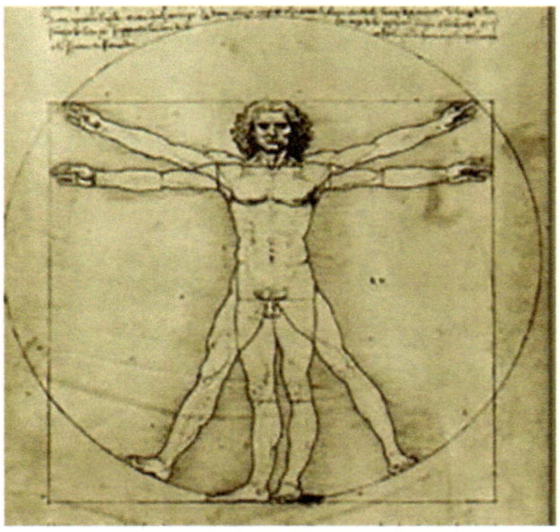

레오나르도 다빈치의 노트

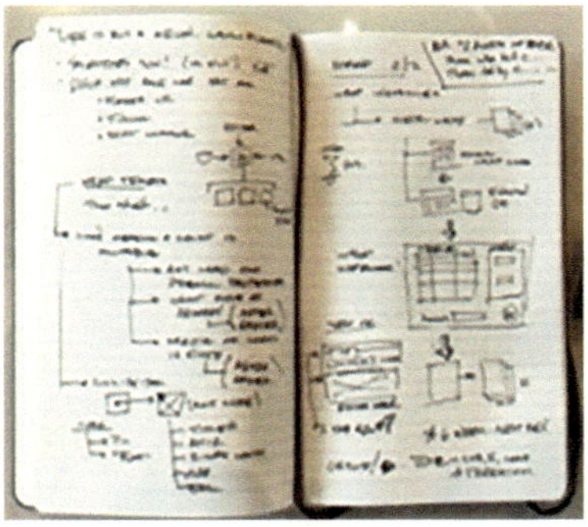

이미지 출처
https://www.fastcodesign.com/3056991/16-famous-designers-show-us-their-favorite-notebooks

마크 롤스톤의 디자인 노트

유명 창의력 전문가들은 자신의 생각을 정리하기 위해 글로도 기록을 남겼지만 위의 예 같이 그림을 이용해 표현하는 것을 즐겼습니다. 이에 지예도 생각나는 아이디어를 그림을 이용해 기록을 남기려고 합니다.

창의력 노트 속 숨은 그림 찾기-1

에디슨의 노트

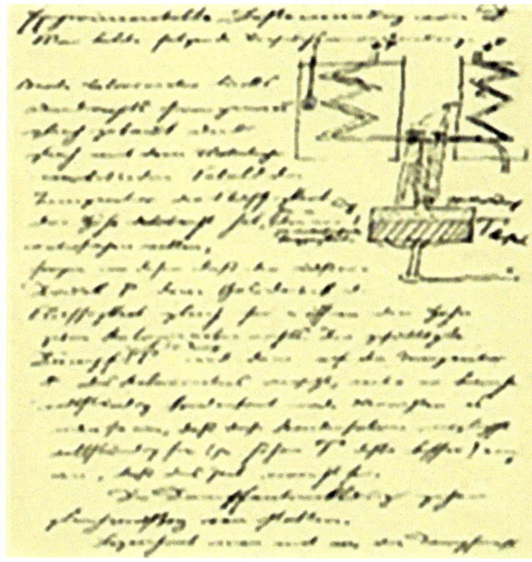

아인슈타인의 노트

질문 1. 에디슨과 아인슈타인의 노트에서 주로 사용한 도형 또는 기호는 무엇인지 찾아 그려 보세요.

질문 2. 각각의 노트는 무엇을 위한 노트라고 생각이 드나요?

창의력 노트 속 숨은 그림 찾기-2

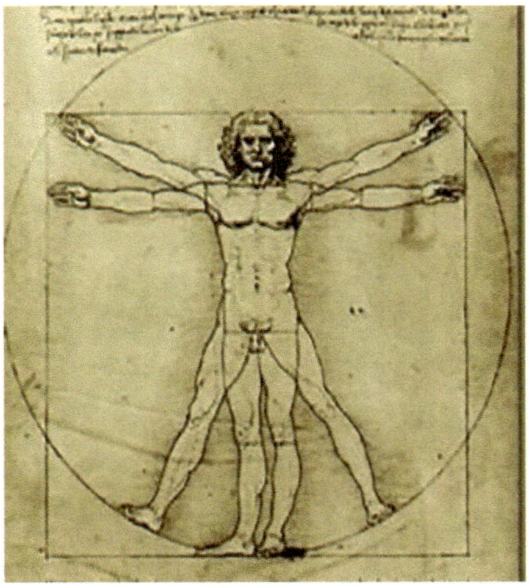

레오나르도 다빈치의 노트

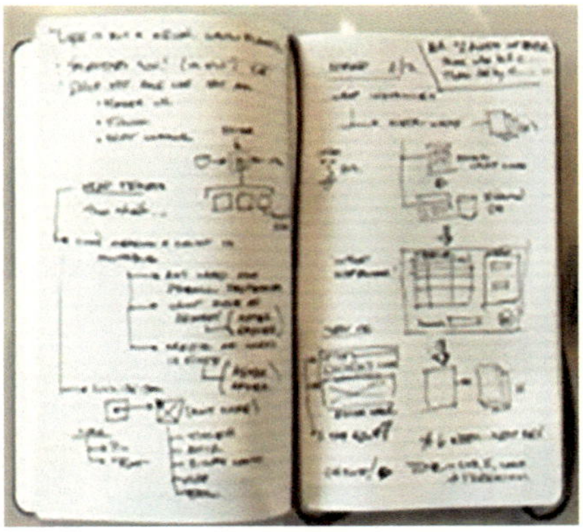

이미지 출처
https://www.fastcodesign.com/3056991/16-famous-designers-show-us-their-favorite-notebooks

마크 롤스톤의 디자인 노트

질문 1. 레오나르드 다빈치와 마크 롤스톤의 노트에서 주로 사용한 도형 또는 기호는 무엇인지 찾아 그려 보세요.

질문 2. 각각의 노트는 무엇을 위한 노트라고 생각이 드나요?

나. 이제는 글보다 그림으로 이야기합니다.

어제 처음 알게 된 친구에게 개톡(talk)을 보내게 된 영재는 몇 가지 재미있는 생각을 하게 되었습니다. 친구에게 “어제 놀아줘서 고맙다.”라는 말을 하고 싶었는데 너무 쑥쓰러웠습니다. 망설이던 중 문자넣기 아래에 있는 개톡 이모티콘을 발견했습니다.

위의 이모티콘 중 영재의 마음을 가장 잘 표현한 이모티콘은 무엇이라고 생각하나요? 하나 골라 보고 이유를 생각해보세요.
얼마 후 친구에게서 똑같은 개톡이 날아왔습니다.

글이 아닌 그림으로 대화하는 시대가 온 것이다.

그러던 중 내일 다시 만나면 ‘우리 친구로 영원히 지내’라는 말을 하고 싶어진 영재는 이모티콘을 찾던 중 고민에 빠졌습니다. 자신의 마음을 나타내는 개톡 이모티콘이 없는 것입니다. 아래 개톡 얼굴틀을 이용해 영재의 현재 마음을 나타내는 개톡 이모티콘을 그려보세요.

이와 같이 간단한 그림과 글로 생각을 표현하는 활동을 시각적 사고라 합니다.

2. 시각적 사고 살펴보기

가. 시각적 사고 기본요소 그리기

앞에서 본 것과 같이 창의력 전문가들은 아래 도형과 화살표 등을 이용해 자신의 생각을 자유롭게 표현할 수 있습니다. 아래 도형, 화살표 등을 그려보는 연습이 필요한 이유입니다.

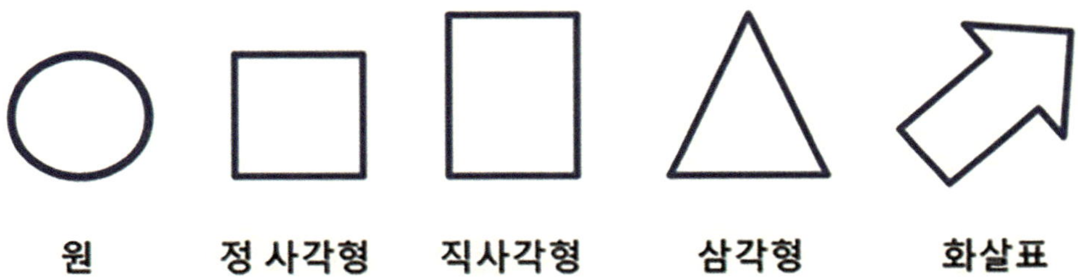

따라 그려보기 ↓

1) 사각형을 이용한 그리기의 예시 그림 보고 따라 그리기

사각형 그리기 연습은 단순하게 사각형만을 예쁘게 그리기 위한 활동이 아닙니다. 사각형을 이용해 다양한 그림들을 그릴 수 있어요. 아래 그림은 그 대표적인 예에 해당이 됩니다. 따라 그려보세요.

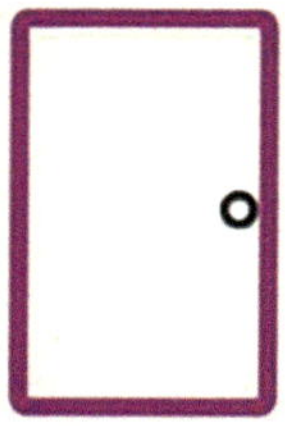

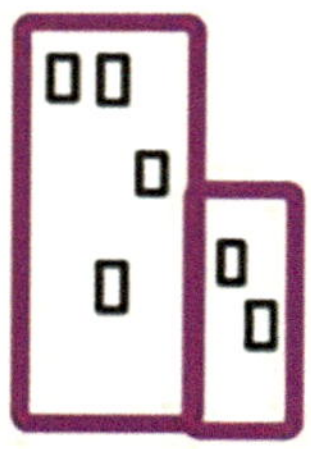

2) 원을 이용한 그리기의 예시 그림 보고 따라 그리기

원 그리기 연습은 단순하게 원을 예쁘게 그리기 위한 활동이 아닙니다. 원을 이용해 다양한 그림들을 그릴 수 있어요. 아래 그림은 그 대표적인 예에 해당이 됩니다. 따라 그려보세요.

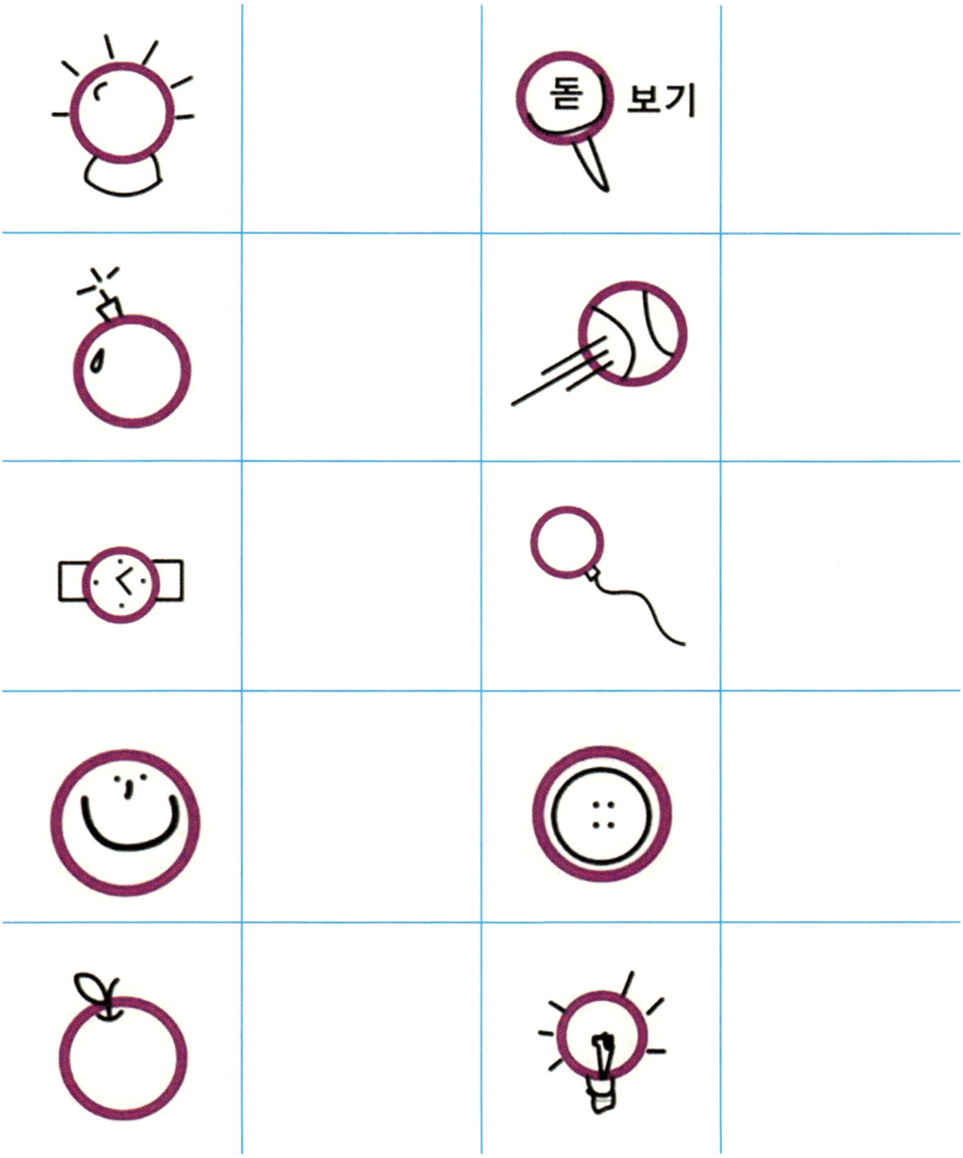

3) 화살표 이용한 그리기의 예시 그림 보고 따라 그리기

화살표 그리기 연습은 단순하게 화살표를 예쁘게 그리기 위한 활동이 아닙니다. 화살표를 이용하면 다양한 생각의 흐름을 표현할 수 있어요. 아래 그림은 그 대표적인 예에 해당이 됩니다. 따라 그려보세요.

4) 화살표를 이용한 여러 가지 그림 그려보기

따라 그리기 연습은 충분히 했나요? 위의 예를 제외하고도 우리 주변에는 화살표로 그릴 수 있는 것이 많습니다. 아래 내용에 맞게 화살표를 적절하게 사용해 그림으로 나타내보세요.

내 인생에서 나이(시간)의 흐름에 따른 나의 행복의 양을 화살표를 이용해 표시해 보세요..

'노력을 해도 성적엔 큰 변화가 없다.' 를 화살표를 이용해 나타내 보세요.

나. 그림문자로 표현된 시각적 사고

해외여행으로 일본에 처음 간 재희는 화장실이 급한데 일본어를 몰라 고민에 빠졌습니다. 그러던 중 눈에 익은 그림 하나를 발견하게 되는데...

이 그림을 보고 망설임 없이 이곳이 화장실임을 알아챘습니다. 그 이후 아래 그림으로 뛰어가서 위기를 극복했습니다.

재희가 위에서처럼 위기를 극복할 수 있었던 이유가 무엇이라 생각하나요?

1) 많이 쓰는 그림문자 따라 그리기

날 씨

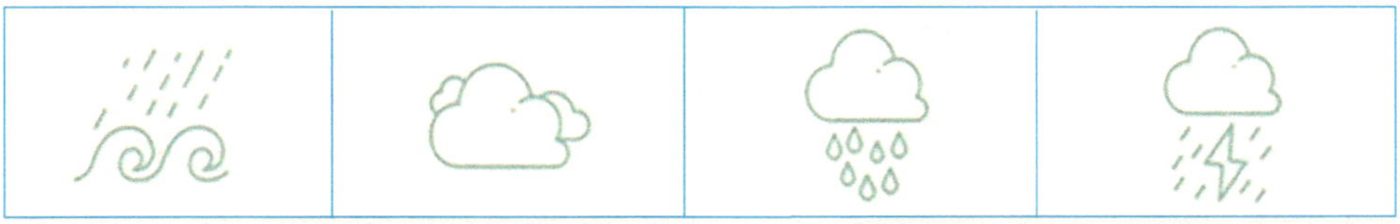

우 주

학 교

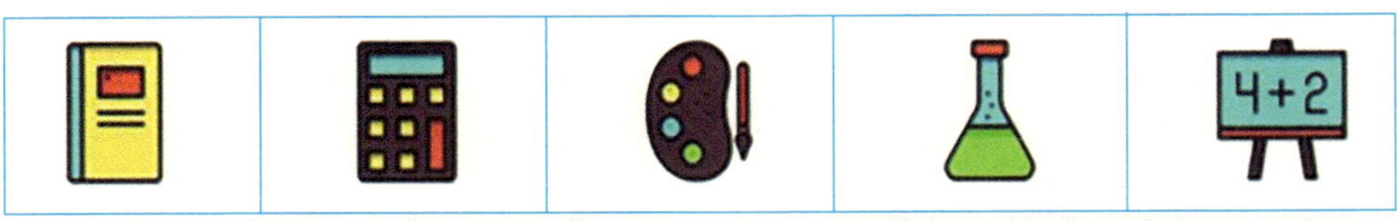

사 업

통신 & 탈 것

탈 것 & 사람

출처: https://www.freepik.com

2) 그림문자로 여러 가지 상황을 시각화하여 표현해봅시다.

시각화 전

어른들이 장난감을 사서 노는 소위 ‘키덜트족’이 늘어남에 따라 어른들 대상으로 하는 장난감 산업이 아이들을 대상으로 하는 장난감 산업보다 이익이 더 큽니다.

→

시각화 후

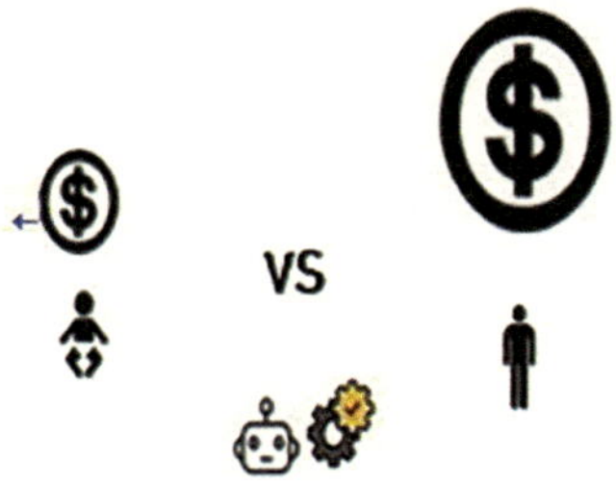

위의 예처럼 아래 내용을 시각화해 표현해보세요.

시각화 전

경우에 따라서는 버스를 타는 것이 비행기를 타는 것보다 경제적으로 이익입니다.

→

시각화 후

다. 흐름속에 시각적 사고

1) 보스톤 미술관의 이상한 미술수업

미국의 보스톤 미술관 교육에 참석한 영재는 아주 흥미로운 미술수업과 만났습니다. 학교의 미술수업이 교사가 그림을 보여주며 그림이 의미하는 것을 알려주는 데 중점을 두었다면, 이 미술관의 수업은 그림을 보여주고 학습자가 본 것이 무엇인지를 말하는 것에 중심을 두고 있습니다. 숨은 그림을 찾듯이 미술작품을 보게 되니 그동안 보이지 않았던 것이 보이기 시작했습니다.

첫 번째 질문, 무엇이 보이나요?

두 번째 질문, 그렇게 생각한 이유는 무엇인가요?

세 번째 질문, 또 무엇을 찾을 수 있는가요?

보스톤 미술관 출처:https://www.mfa.org/

교사: 이 그림 속에 무엇이 보이나요?
영재: 음... 글쎄요. 전 이 그림에 대해 배운 적이 없는데요.
교사: 걱정하지 말아요. 그저 눈에 보이는 것을 이야기 하면 됩니다.
영재: 이 화가는 그렇게 부자가 아닌 거 같아요.
교사: 그렇게 생각한 이유는 무엇인가요?
영재: 네, 돈이 있다면 자기 작업실에서 그림을 그렸지. 이렇게 방에서 고생하지는 않았을 거 같아요.
교사: 네, 좋은 의견입니다. 또 무엇을 찾을 수 있을까요?
영재: 낮에 그림을 그리는 것 같아요.
교사: 그렇게 생각한 이유는 무엇인가요?
영재: 밤이라면 이렇게 밝게 그릴 수 없었겠죠. 창문이 왼쪽에 있어서 햇빛이 그쪽에서 들어오는 거 같아요.
교사: 네, 또 무엇을 찾을 수 있나요?

위의 대화는 영재가 보스톤 미술관에서 겪었을 일을 상상하여 대화로 만들어 본 것입니다. 실제로 보스톤미술관의 미술교육은 3가지의 대화(무엇이 보이나? 그 이유는? 또 무엇을 찾을 수 있죠?)로 이뤄집니다. 우리는 그림에 대해 알고 있는 것이 하나도 없지만 위와 같이 많은 정보를 보기만으로도 정보를 얻고 그림을 감상할 수 있습니다.

2) 자신이 가지고 있는 물건(스마트폰 등) 관찰하기

자신의 스마트폰(다른 물건도 상관없음)을 6가지 각도(위, 아래, 왼쪽, 오른쪽, 앞, 뒤)에서 관찰하고 각 시각에 따라 관찰한 것을 적어보세요.

〈위〉	〈아래〉
〈왼쪽〉	〈오른쪽〉
〈앞〉	〈뒤〉

몇 가지 적었나요? 생각보다 내가 그동안 못보던 것들을 찾았을 거라 믿습니다. 이처럼 생각을 가지고 보는 것과 그냥 당연하다고 생각하고 보는 것은 큰 차이가 있습니다. 이제부턴 어떤 대상이든 그냥 지나치지 말고 생각을 가지고 찾아가며 봤으면 좋겠습니다.

3) 주어진 2가지 물체(수박, 시계)를 관찰하고 같은 점과 다른 점을 각각 찾아보기

같은 점		다른 점
	VS	

4) 다음 겉모습을 보고 분류하기

아래 사진들에서 어떤 공통점을 발견할 수 있나요?

이 사진들의 공통점과 차이점을 쓰고 자신이 정한 기준에 따라 분류해 보세요. (기준은 반드시 겉모습을 보고 정한다.)

닭

개

달팽이

지렁이

메뚜기

뱀

모기

사슴벌레

토끼

도롱뇽

거미

참새

☞ 공통점 :

☞ 차이점 :

기준 :

5) 광고 속에 숨은 의미 찾기

출처: 오길비 PR 월드와이드 베이징

위 광고 속 숨어있는 의미는 무엇일까요?

위 광고 이외에 재미있는 광고를 살펴보세요.

라. 상상하기

1) 그림 완성하기- I

아래 미리 그려놓은 선이나 도형 등을 이용해 어울리는 그림을 그려봐요. 상상력을 발휘해봐요. 어떤 그림이 나올까요?

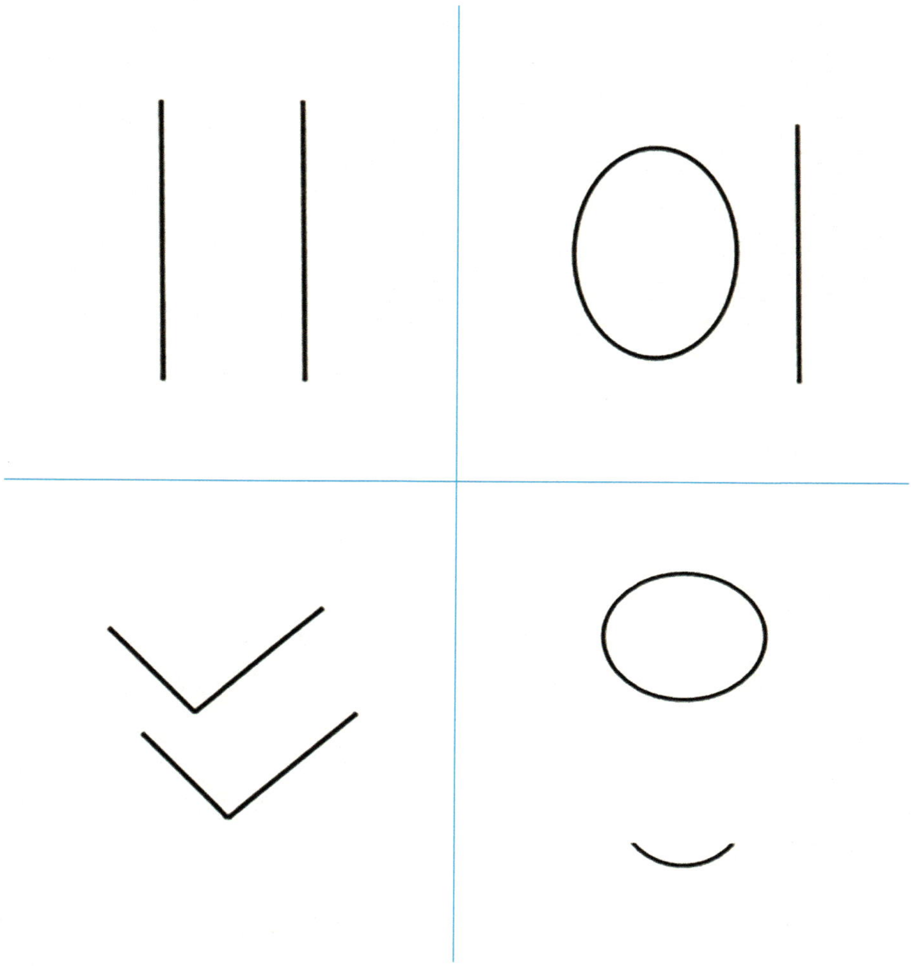

2) 그림 완성하기-Ⅱ

가) 아래의 주어진 도형을 이용해 상상을 해 그림을 그리세요.

나) 그림에 맞는 이야기를 지어보고 제목도 적어보세요.

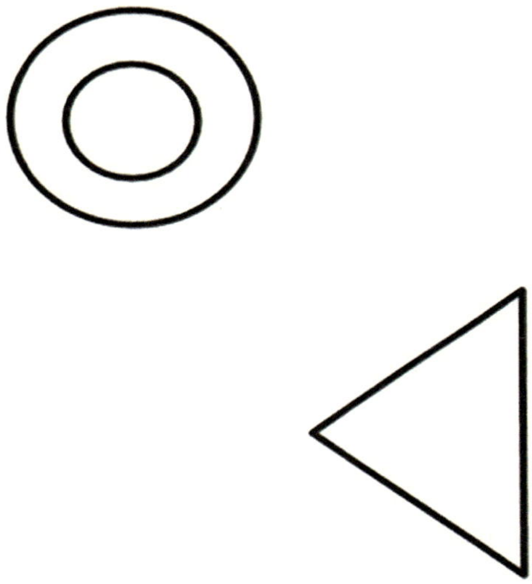

제목

3) 동굴 속 벽화 상상해서 완성하기

다음의 글을 읽고 아래 그림을 완성해보세요.

혜연이는 외할머니가 있는 경상도 울리리에 갔습니다. 거기에서 이장님의 아들과 친구가 되고 그 친구의 안내를 받아서 아주 먼 옛날 조상들이 살았던 동굴로 구경을 가게 되었습니다. 동굴에 들어서자마자 동굴 속에 새겨진 이상한 그림을 하나 보게 되었습니다. 그런데 일부만 남았고 나머지는 너무 오래 되어서 잘 보이지가 않았습니다. "무슨 그림이니?"고 친구에게 물어보니 친구도 이것이 그림인 것은 알지만 어떤 그림인지 알 수 없다고 하였습니다.

※ 이 그림이 그려질 당시 이 마을 사람들은 어떻게 살았을지 상상해서 써보세요.

- 선생님의 해설 : 상상이라는 것은 공상과 달라요. 공상은 아무런 근거 없이 아무 생각이나 하는 것이고 상상은 근거를 가지고 생각을 뻗어 나가는 거예요. 위의 동굴 그림도 흔적에 근거에서 전체를 그려보는 활동으로 상상에 해당이 돼요. 친구들 상상 잘 해봤나요? 아래 읽을거리를 읽어보며 내 상상력은 어느 정도인지 확인해봅시다.

사냥을 하는 모습

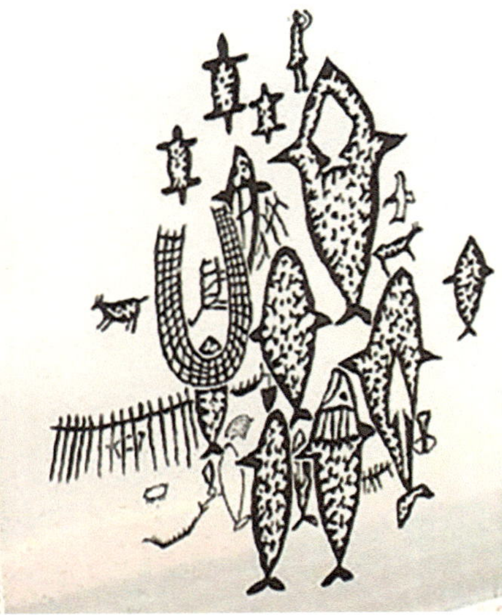

어망을 치고 고기를 잡는 모습

출처 : 한국학 중앙연구원 http://www.aks.ac.kr

읽을거리-울산의 반구대 암각화

암각화

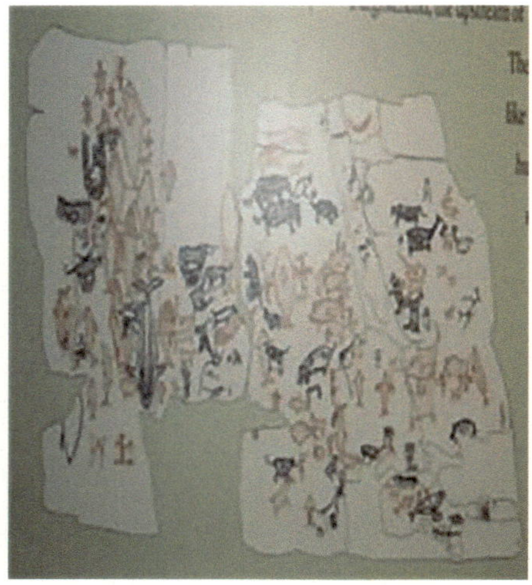

암각화 탁본

경상남도 울산의 반구대 암각화(국보 제285호)는 선사시대 사람들이 벌써 기원전 6,000년부터 고래 사냥을 시작 한 사실을 알려주고 있습니다. 반구대의 암각화엔 향유고래, 참고래, 혹등고래 등 큰 고래 46마리 이상이 그려져 있으며 선사 인류가 고래를 잡기 위해 작살과 부구, 낚싯줄을 사용한 그림이 그려져 있으며 울타리를 만들어 가축을 기르는 장면 등이 표현되어 있습니다.

4) 앱 아이콘 상상하기

스마트폰 화면에 나와 있는 다음의 앱 아이콘을 관찰하고 각각의 앱이 어떤 내용을 담고 있는지 상상하여 적어보세요.

1	
2	
3	
4	
5	
6	
7	
8	
9	

앱 아이콘 상상하기-해설

우리는 스마트폰를 사용할 때 화면에 있는 앱 아이콘을 찾아서 실행해요. 이 아이콘을 통해 우리는 이 앱이 어떤 내용을 담고 있는 앱인지 한 눈에 알 수 있어요. 그래서 아이콘마다 그 앱의 특성을 한 눈에 알 수 있게 하는 디자인을 가지고 있어요.

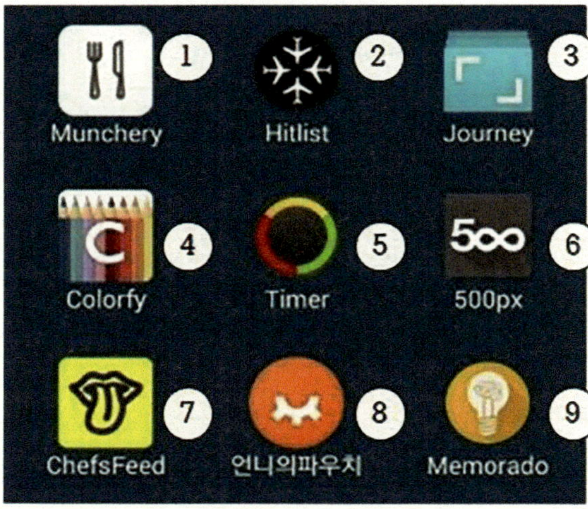

1	음식배달 서비스
2	싼 항공권 검색
3	일기, 저널 기록하고 공유하기
4	어른을 위한 색칠북
5	시간 재기
6	사진을 저장하고 공유
7	맛집 소개
8	화장품 리뷰
9	두뇌 게임

이제 내가 가지고 있는 스마트폰에 설치되어 있는 앱 아이콘이 어떤 모양으로 되어 있는지 살펴보세요.

5) 회장님의 시각적 상상

어느날 H그룹 회장님이 A그룹 회장님과 골프를 치기로 약속을 했습니다. 그런데 그날 아침 아래 그림처럼 골프장에 눈이 많이 내렸습니다.

A그룹 회장님은 그날 골프는 치지 못할 거라 생각해 비서를 통해 알아보니 H그룹 회장님은 이미 골프장으로 떠났다고 합니다. 할 수 없이 A그룹 회장님은 골프를 칠 생각은 포기하고 골프장으로 향했다고 합니다.

A그룹 회장님은 골프를 치기 틀렸다고 생각한 이유는 무엇일까요?

골프장에 도착해보니 골프장은 한폭의 동양화 같았습니다. 골프공을 치면 하얀 골프공이 어디 있는지 찾기 어려울 정도로 눈이 내렸습니다. 그걸 본 A그룹 회장님은 골프를 치기보다는 차를 마시며 여러 가지 이야기를 나누고 싶었다고 합니다.

그런데 먼저 골프장에 나온 H그룹 회장님이 골프치기 좋은 복장을 하고 몸을 풀고 있었습니다.

H그룹 회장님: 오늘은 눈이 와서 골프를 치기 아주 좋은 날씨입니다.
A그룹 회장님: 그게 아니라... 하얀 골프공이 하얀 눈밭에 떨어지면 보이지 않아요.
H그룹 회장님: 그래서... 전 (　)을 준비왔습니다.

H그룹 회장님이 그날 하얀 눈밭을 보고 생각해 낸 것은 무엇일까요?

회장님의 시각적 상상-해설

H그룹 회장님: 그래서... 전 (빨간색 골프공)을 준비왔습니다.

컬러볼의탄생

그렇습니다. H그룹 회장님은 하얀 눈밭에 색 골프공이 올라가 있는 모습을 머릿속으로 그려보았던 것입니다. 두 회장님이 눈밭에서 골프를 치던 시기에는 컬러 골프공이 시중에 나오기 전이었다고 합니다. 즉석에서 이렇게 시각적 사고로 문제를 해결했다고 하니 믿기 어렵습니다.

이 이야기의 주인공인 H그룹 회장님은 현대그룹의 창업가 정주영회장님입니다. 정주영회장님은 위의 일 이외에도 본인을 둘러싼 수많은 문제들을 위와 같이 시각적 상상력과 의지로 해결했다고 합니다.

아래 QR코드를 통해 접속해 정주영회장님의 시각적 상상력을 엿보는 시간을 가져보세요.

6) 과학 전기 단원을 눈에 보이는 대상으로 상상하기

과학을 좋아하는 영재는 전기 단원에서 과학에 대한 흥미를 잃었습니다. 물질과 생명 단원은 실험내용이 눈에 보이고 만질 수 있어 수업이 흥미로웠는데 전기 단원에서 전기의 흐름은 눈에 보이지 않아 기기의 작동원리를 이해할 수 없기 때문입니다. 이 고민을 아버지께 말씀드리니 아버지는 다음과 같이 전기를 물로 비유해 표현해주셔서 조금 이해되는 듯하였습니다.

그림 A

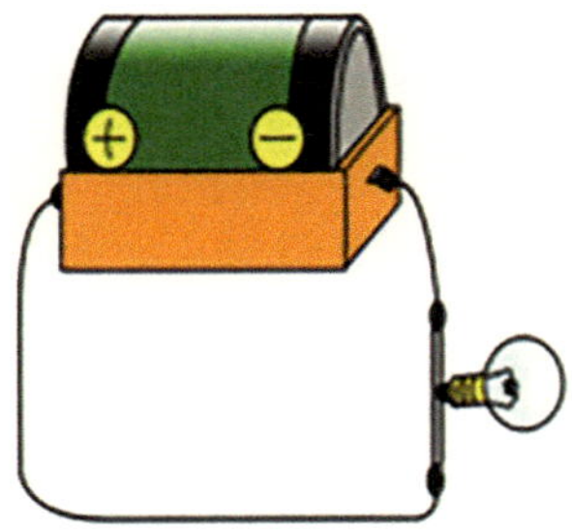

그림 B

위의 두 그림을 보고 서로 비유해서 표현할 수 있는 것에는 또 어떤 것들이 있을까요?

그림 A		그림 B
물의 흐름	▶	전기
수조	▶	?
물레방아	▶	?
수조의 높이	▶	?

마. 그리기를 즐겼던 레오나르도 다빈치

레오나르도 다빈치를 모나리자나 최후의 만찬을 그린 화가로 기억하는 사람이 많은데... 다빈치는 그렇게 간단히 화가라고만 말할 수 있는 사람이 아니에요. 선생님은 다빈치를 세상의 모든 것을 그림으로 담으려고 했던 사람이라고 생각해요.

다빈치는 많이 배운 사람은 아니었어요. 그래서 책을 통해 지식을 얻기 보다는 자신의 경험 특히, 관찰에 많이 의존했어요. 자신이 본 모든 것에 호기심 어린 시선을 보냈고 바람에 날리는 풀 한포기, 모래 한 줌 그냥 지나치지 않았어요. 사진기도 없던 시절 어떻게 놓치지 않았을까요? 그래요. 다빈치에게는 수첩과 펜이 있었어요. 수첩과 펜을 이용한 특별한 스케치기록을 남기게 되는데 무려 11만장으로 추정이 돼요.

다빈치는 자신의 수첩에 좋은 관찰을 하는 방법을 적어놓았어요

"사람이든 사물이든 완전하게 보려면 한 방향으로 보아서는 안 된다. 아래, 위, 양쪽 측면, 뒷면, 아래 등 다양한 방향으로 봐야 비로소 그것을 봤다. 라고 할 수 있다."

그래서 태아 그림 하나를 봐도 아래와 같이 다양한 방향의 기록을 남겼어요

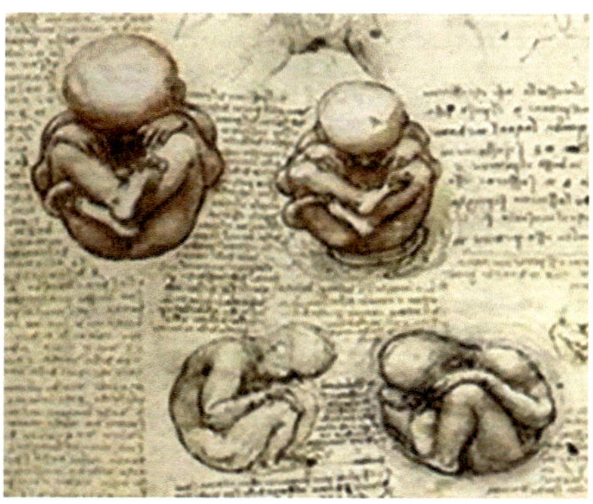

다빈치는 이렇게 자신 주변을 관찰하고 아이디어를 얻어 많은 기계장치를 스케치로 남기게 되는데 그림만 봐도 이 것이 어떻게 작동하는지를 알 수 있게 잘 표현되어 있어요. 아래 방어를 위한 성벽 그림만 봐도 이 스케치가 무엇을 위한 것이었음을 그림 한 장으로 이해할 수가 있지요.

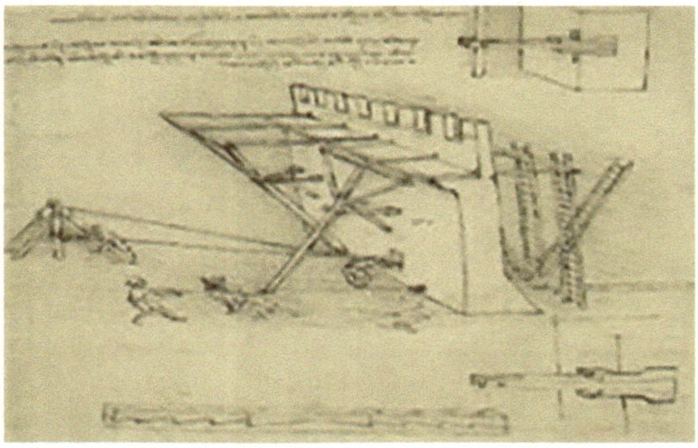

후대에 여러 연구가들은 이러한 기록을 연구하여 단순한 스케치였는지 아니면 실현 가능한 장치인지 연구하고 있어요. 놀라운 것은 다빈치의 스케치를 바탕으로 제작한 장치들이 실제로 작동 한다는 점이에요. 사람들을 가장 많이 놀라게 한 건 자동작동 기계 요즘으로 말하면 로봇인데 다빈치의 설계도대로 만들어져 실제로 여러 사람들 앞에서 시연되었어요.

출처: ebs 다큐 오늘 - 로봇을 꿈꾼 천재, 레오나드로 다빈치

비행의 원리를 이해했지만 사람을 하늘로 보내지 못했고, 해부학을 통해 심장의 작동원리를 누구보다 잘 알았지만 한 사람의 목숨도 살리지 못한 다빈치... 그래서 의미가 없는거냐고요? 아니에요. 적어도 호기심 많은 다빈치는 자신만의 생각을 완성해나가며 행복했으니깐요.

자 이제 우리도 펜과 종이를 들고 무엇이든 그려보자고요. 그리기 전과 그리고 난 후에 그 대상은 분명 다른 의미로 다가올 거예요.

다빈치의 설계도

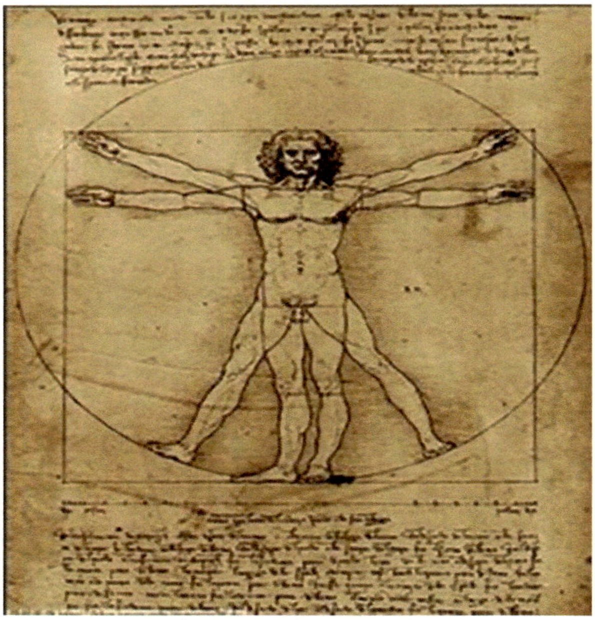

서울에서 열린 레오나르도 다빈치 특별전을 재미있게 보던 바니는 한 장의 그림 앞에서 오랜 시간을 보냈습니다. 레오나르도 다빈치의 그림으로 알려진 인체 비례도를 보고 할 말을 잃었습니다. 사람의 몸에 달려있는 팔과 다리가 일정한 규칙 속에 있다는 사실이 그저 놀라웠습니다.

바니는 여러 가지 궁금증이 생겼습니다.

1. 왜? 레오나르도 다빈치는 이런 그림을 그릴 생각을 했을까요?
2. 이런 그림은 현재 우리에게도 필요한 그림인가요? 만약, 그렇다면 어떤 경우에 필요한 그림일까요?

이처럼 여러 가지 질문이 떠올랐습니다.

여러분들이 나의 질문에 답을 해주길 바랍니다.

1) 이것은 무엇에 쓰는 물건일까요?

바니는 전시장을 한참 돌다가 재미있게 생긴 모형을 발견합니다. 레오나르도 다빈치가 그린 장갑차(또는 탱크)의 설계도에 맞춰 만든 모형이라고 적혀있었습니다. 거북이의 움직임을 보고 상상해서 그린 것이라 추정하고 있었습니다. 자연에서 얻은 아이디어를 상상하여 무언가를 만들려고 노력하는 다빈치의 모습에 다시 한 번 놀랐습니다.

다빈치 시대의 기어장치

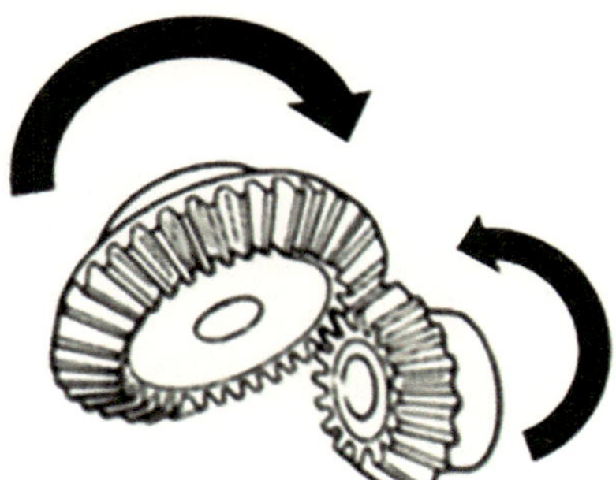

오늘날의 기어장치

그 다음 보게 된 것은 그 당시 다빈치가 사용한 기어(gear)의 모습이었습니다. 나무로 만들어져있고 모양이 다소 특이했습니다. 요즘 기어와 비교했을 때 다르지만 그 쓰임새는 비슷할 것이라는 생각이 들었습니다.

위 두 그림의 차이점과 공통점은 무엇일까요?

2) 이것은 작동을 할까요?

그 다음 보게 된 것은 레오나르도 다빈치가 직접 그린 장갑차의 스케치였습니다. 먼지를 가르며 나아가는 모습이 오늘날의 자동차를 연상하였습니다. 그 시대에는 엔진이 발명되지 않았던 시기였다고 합니다. 어떤 힘으로 나아가는지 궁금한 생각이 들었습니다. 다빈치는 상상으로만 그리지는 않았을거라는 생각이 들었습니다. 집에 와서 인터넷으로 다빈치가 그린 장갑차의 설계도를 찾아보니 아래 그림과 같았습니다.

윗부분에 해당하는 우산모양의 부분을 제거하고 보니 단순한 구조로 되어있었습니다. 사람이 직접 움직일 수밖에 없었을 것입니다. 바퀴와 바퀴사이 사람이 'ㄷ'자 모양의 막대를 움직여서 작동시켰을 것으로 생각이 들었습니다.

순간 이런 의문이 생겼습니다.

과연, 이 기계는 정상적으로 작동하였을까요?

만약, 작동하였다면 어떤 원리로 작동하였는지 그림을 그려 설명하고, 아니라면 어떤 점을 고쳐야 하는지 그림을 그려 설명해보세요.

다빈치의 설계도-해설

다빈치를 화가정도로만 아는 사람들이 많은데 다빈치는 무기 제작자이기도 했어요. 그래서 지금의 장갑차나 탱크의 개념을 가진 아래와 같은 설계도를 그리기도 했죠. 아래의 설계도를 보면 'ㄷ'자 모양의 손잡이를 사람이 돌려서 움직이는 것을 알 수 있는데 과연 움직였을까요?

정답은 움직이지 않았어요.

아래 그림을 보면 알 수 있어요. 파란색 화살표 방향으로 손잡이로 돌렸을 때 연결된 바퀴들은 서로 반대방향으로 돌게 되어 있어요. 절대 움직일 수 없게 되었죠. 바퀴는 같은 방향으로 돌아야겠지요?

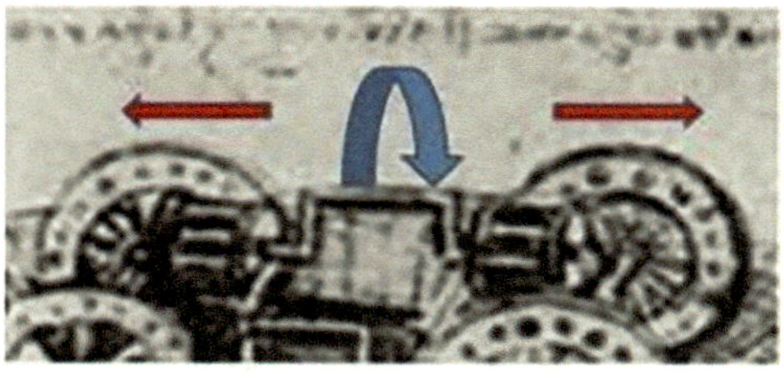

그러면 어떻게 해결할 수 있을까요? 아래 그림을 보면 알겠지만 'ㄷ'손잡이를 늘려서 한쪽 바퀴의 반대 방향에 연결을 하면 한 방향으로 전차를 움직이게 할 수 있지요.

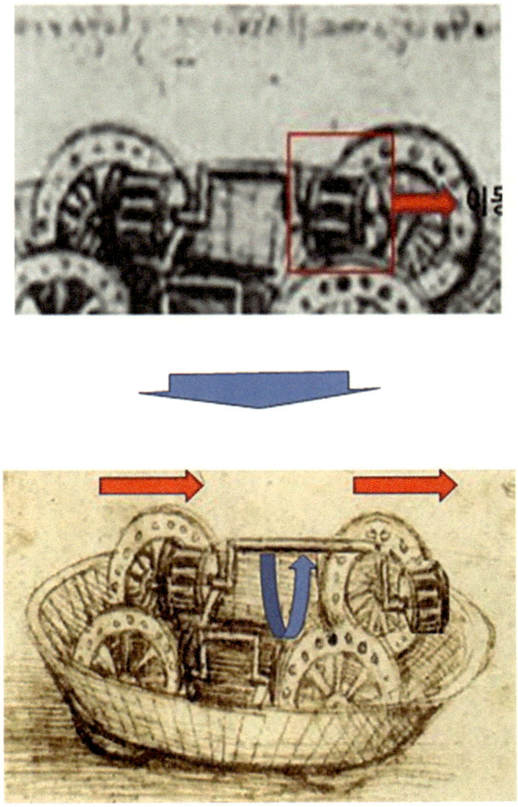

다빈치가 틀린 것인가요? 후대 다빈치 연구자들은 자신의 설계도가 남들에게 악용되는 것이 두려웠던 다빈치가 일부러 틀리게 그렸을 것이라 생각해요. 여러분의 생각은 어떤가요?

3. 시각적으로 표현해보기

가. 글과 이야기를 시각적으로 표현해 보기

1) 이야기를 시각화해보기

모두가 아는 것 처럼 이솝우화 "여우와 두루미"는 서로 자기가 먹을 수 있는 그릇으로 상대방을 대접해 상대방을 곤란하게 만드는 내용입니다. 이 이야기를 재미있게 보던 현채는 여우와 두루미가 싸우는 사건이 이해가 되지 않았습니다.

만약, 이 두 친구가 모두 만족하는 그릇이 있다면 이 둘은 더 이상 싸우지 않을 수 있다고 생각했습니다.

어떤 모양의 그릇이 이 둘 모두가 사용해도 불편함이 없을까요?

여우와 두루미를 위한 그릇을 그리고 어떻게 사용하는 설명해보세요.

이야기를 시각화해보기-해설

이 문제를 해결하기 위해선 잘 봐야겠죠? 무엇을 봐야할까요? 그릇일까요? '땡' 아니예요. 그릇이 문제가 아니예요. 여우와 두루미의 입모양이 다르기 때문에 문제가 생긴거예요. 우리는 여우와 두루미의 입을 더 자세히 살펴봐야해요.

아래 그림처럼 두루미는 길고 뾰족한 입을 가지고 있고 여우는 넓은 입을 가지고 있어요.

VS

맞아요. 이 두 입모양을 가진 동물이 쓰기에 불편함이 없는 그릇을 상상하면 돼요. 아래 그림처럼 자석을 이용해 필요에 따라 높이를 바꿀 수 있는 즉, 트랜스 포머 그릇은 그 좋은 예가 되겠지요.

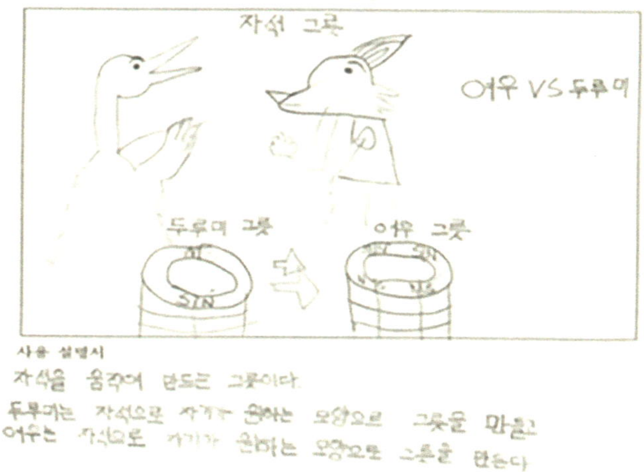

2) 단어를 시각화해보기

아래 그림은 '무지개'와 '라디오'라는 단어를 이용하여 무지개와 라디오의 특징을 나타낸 것입니다.

다음의 단어를 이용하여 각 단어의 특징을 잘 나타내게 그려보세요.

전화, 연필, 자동차, 자전거, 농구, 컴퓨터, 인터넷

3) 문장을 시각화해 표현하기

문장		시각화
최근 백화점에 여성 고객보다 남성 고객의 소비가 많아지고 있습니다.	☞	
은행에 돈 10,000원을 보내면 돈을 보낸 확인 이메일을 보내줍니다.	☞	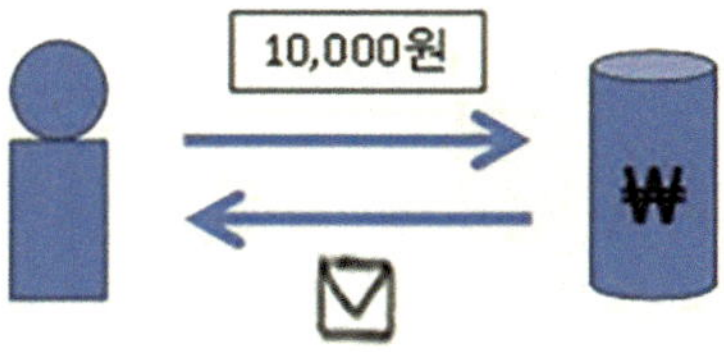
이번 기말고사는 아주 쉬웠는데 수학만 어려웠습니다.	☞	
용돈을 받기 위해 어머니에게 어떤 전략을 쓸 것인가 고민입니다.	☞	

4) 역사 이야기 그려보기

역사에서 뺄 수 없는 것이 무엇일까요? 바로, 사람이라고 할 수 있죠. 앞에서 우리가 여러 사람 그림을 연습한 이유도 바로 역사 내용을 쉽게 이해하기 위해서예요. 아래와 같이 이해하기 어려운 글로 된 역사 이야기에 어울리는 그림을 그려보세요.

글	그림
대동법? 광해군 때 1608년 경기도에서 처음 시행되기 시작하여 1708년에 완성되었습니다. 호역으로서 존재하던 각종 공납과 잡역의 전세화가 주요내용이었습니다. 대동법에서는 공물을 각종 현물 대신 미곡으로 통일하여 징수했고, 과세 기준도 종전의 가호에서 토지의 결수로 바꾸었습니다. 따라서 토지를 가진 농민들은 공납의 부담이 다소 경감되었고, 무전농민이나 영세농민들은 이 부담에서 제외되었습니다. 대동세는 쌀로만 징수하지 않고 포나 전으로 대신 징수하기도 했습니다. 출처: 다음백과사전	

글	그림
훈민정음? 조선 4대 임금 세종이 1443년 창제하고 1446년 반포한 한국 고유의 문자체계, 또는 그를 설명한 책으로 백성을 가르치는 바른 소리라는 뜻을 가지고 있습니다. 음소문자이면서 음절문자의 성격을 동시에 갖습니다. 창제 당시에는 28자였으며, 28자를 이용한 병서·연서 문자와 성조를 표시하는 방점이 쓰였습니다. 오늘날에는 24자만 쓰입니다. 글자의 창제과정에는 집현전 학자들의 연구가 뒷받침되었습니다. 출처: 다음백과사전	

나. 음악을 시각적으로 나타내기

1) 소리를 선으로 그려보기

119차 소리		문 두드리는 소리	
자동차 소리		아이들 떠드는 소리	
뻐꾸기 소리		천둥치는 소리	
피아노 소리		방귀 소리	

다. 여러 가지 그림을 보고 따라 그리기

아래와 같이 실물을 간단히 표현하는 그림을 약화라고 합니다.

실물을 보고 약화를 그리려면 조심스럽게 관찰을 해서 특징을 찾아 그려야 해요. 반복해서 연습하면 사물을 제대로 보는 눈을 기를 수 있어요. 물론 연습이 필요합니다.

약화

따라 그려보기

1) 광고지 보고 약화 그리기 연습

광고지	약화
	드럼 그리기
	커피 컵 그리기
	야구공 그리기

2) 사람 그려보기

다음은 사람의 움직임을 4단계로 표현한 그림이다. 단계에 맞춰 사람의 동작을 그려보세요.

1단계

2단계

3단계

4단계

도전) 복싱 선수 4단계 그림

1단계

2단계

3단계

4단계

달리기와 복싱 이외의 운동 경기 중 하나를 골라 단계에 맞춰 그리기 연습을 해보세요.

3) 재미있는 막대그래프 그리기

학교에서 수학 시간에 막대그래프를 그리는 방법을 배웠던 것이 생각나나요? 수학 교과서에서 [나라별 획득한 금메달 수]를 막대그래프로 표현해봤어요.

수학 교과서 속 막대그래프	재미있는 막대그래프
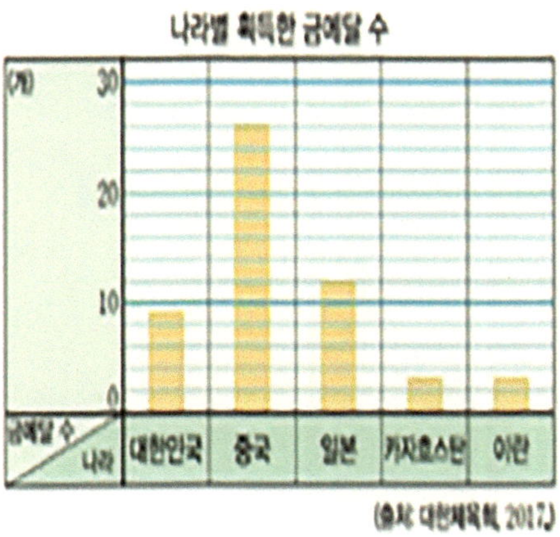	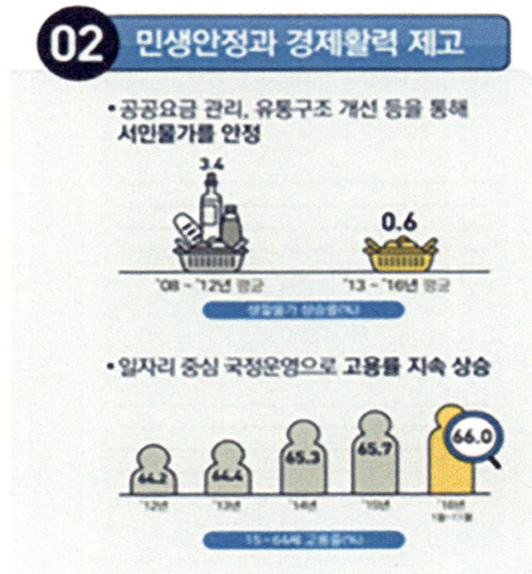

오른쪽 그림도 막대그래프를 표현한 것이에요. 우리가 배웠던 막대그래프와 다르죠? 이처럼 음식물 쓰레기 배출과 벌목 등 환경 문제의 심각성을 생각하며 수학 교과서의 막대그래프와는 다르게 시각적으로 재미있게 표현해보세요.

A마을 50가구에서 일주일 동안 배출된 쓰레기 양

종류	무게(kg)
음식물	7
종이류	9
플라스틱류	11
병류	3
기타	5

학교에서 수학 시간에 막대그래프를 그려보았습니다. 막대그래프가 너무 재미없을 겁니다. 시각적으로 좀 더 막대그래프를 재미있고 한눈에 쉽게 알아볼 수 있게 그리는 방법은 많이 있습니다.

아래 그림은 6학년 학생이 그린 막대그래프입니다. 우리가 알고 있던 막대그래프와 모양이 다르죠? 이것 말고도 더 다양한 방법으로 막대그래프를 표현할 수 있습니다.

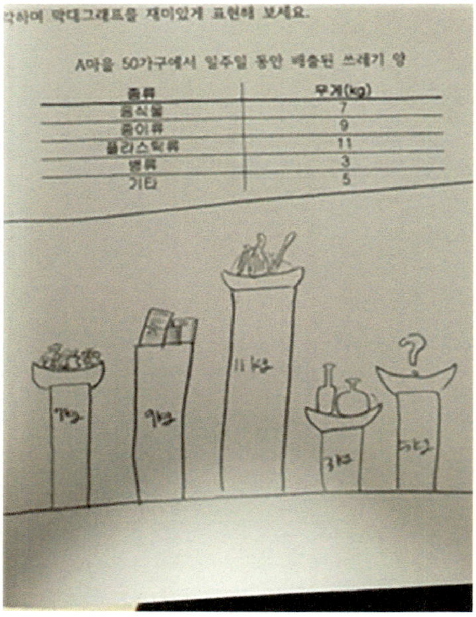

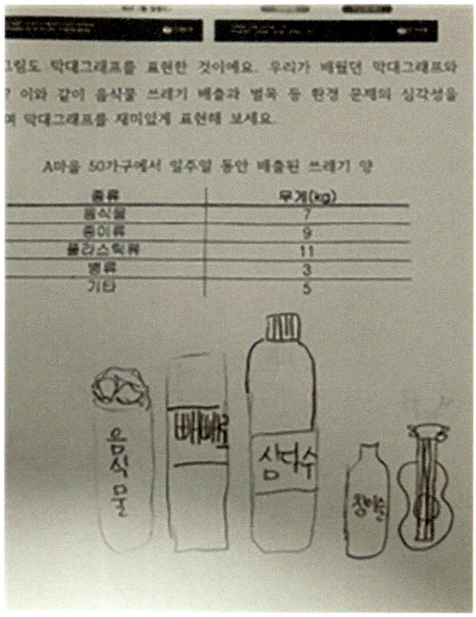

4) 과학수업 내용을 약화를 사용해 시각화해보기

위의 그림은 과학실험기구 약화입니다. 과학실험기구 약화를 보면 다양한 실험도구가 있음을 알 수 있습니다. 위의 과학실험기구를 제외하고 내가 알고 있는 과학실험기구의 이름과 약화를 그려보세요. 예) 스포이트, 깔때기, 스탠드 등

기체
발생
실험
장치

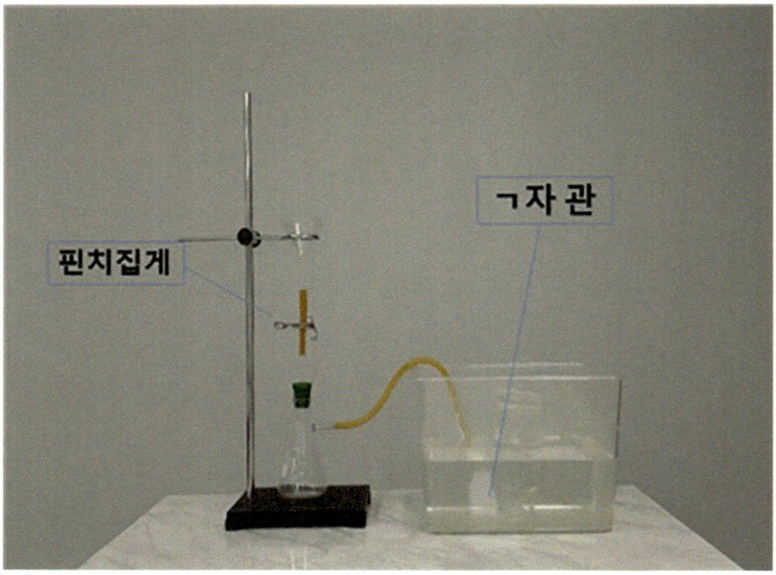

▼

약화

이산화
탄소
성질
확인
실험

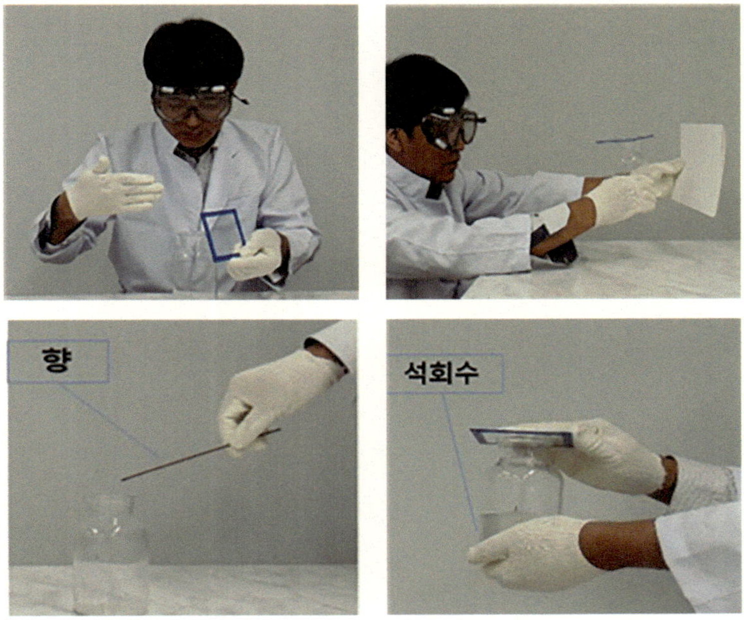

▼

약화

약화로 표현했을 때 사진 보다 좋은 점은 무엇일까요?

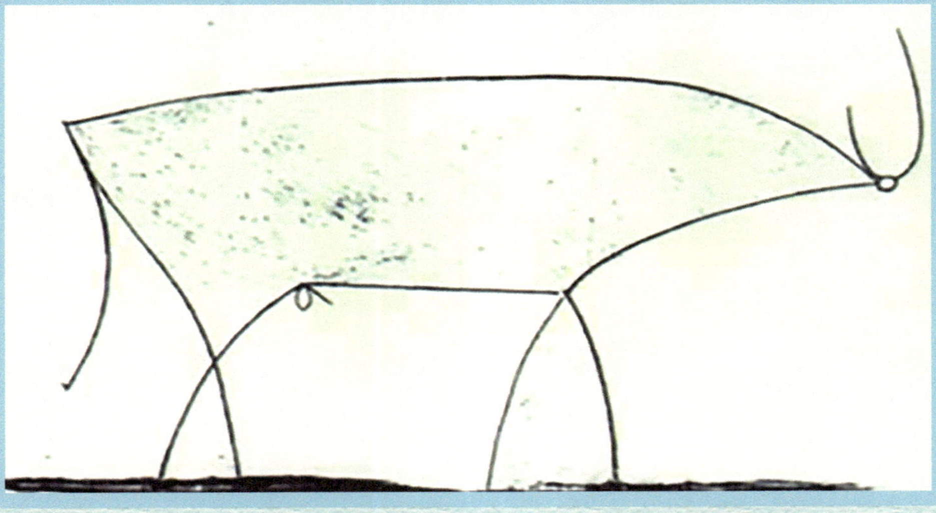

단순하게 생각하기

제 Ⅲ 장

1. 왜 단순하게 생각해야 할까?
2. 단순하게 생각해 본 사람들
3. 내가 만든 단순함

1. 왜 단순하게 생각해야 할까?

가. 복잡함이 가져온 문제

상우와 지우가 어떤 대화를 하고 있나요? 지우가 상우 집에 처음으로 찾아가는 상황입니다. 처음 가는 곳을 찾아갈 때, 스마트폰으로 편하게 지도를 살펴볼 수 있어 편해졌지만, 오히려 지도 속 너무 많은 정보들이 내가 필요로 하는 정보를 찾는데 혼란을 주는 경우도 있습니다. 위의 상황처럼 지나치게 많거나 복잡한 정보가 오히려 혼란을 준 경험을 떠 올려 볼까요? 상우와 지우의 경우처럼 필요한 정보만 남기고 복잡한 정보들을 지워나가는 전략을 '단순하게 생각하기'라고 합니다.

지금부터 '단순하게 생각하기'가 우리에게 어떤 도움을 주고, 실제로 어떻게 활용되고 있는지 살펴봅시다. 더 나아가 '단순하게 생각하기'를 여러 상황에 적용해봅시다.

나. 복잡하거나 많은 정보를 쉽게 이해할 수 있다.

상우는 아빠와 함께 제주도로 여행을 가기로 했습니다.
아빠가 상우에게 보여준 여행계획서입니다.

제주도 여행계획서

아침에 6시에 일어나서 여행 준비를 다 하고 7시에 집에서 나갈 거야. 우리 집 앞 버스정류장에서 김포공항 가는 버스를 탈거야. 여권과 버스카드를 반드시 가져와야 해. 김포공항에 도착한 후 공항 안에서 아침밥을 먹을 거야. 아침밥을 먹고 난 뒤에는 출국심사를 마치고, 면세점에 가서 필요한 물건들을 살거야. 그러니 용돈을 좀 챙겨 와야겠지? 그리고 비행기를 11시에 탈거야. 제주도까지 45분 정도 걸려. 여행 일정이 많으니 잠을 푹 자두는게 좋을거야. 그러려면 수면 안대를 가져오는게 좋겠어. 제주도에 도착해서 차를 렌트할 예정인데, ○○차를 렌트할 거야. 평소에 ○○차를 타고 싶었는데, 너무 좋을 것 같아. ○○차로 먼저 소인국 테마파크로 갈거야. 소인국 테마파크는 우리나라 최대의 미니어쳐 테마파크야. 거기에 가면 마치 내가 거인이 된 기분일거야. 소인국 테마파크에서 1시간동안 구경한 뒤에, 협재 해수욕장으로 갈거야. 해수욕장까지는 차로 30분 정도 걸려. 거기서 재미있게 물놀이도 하고, 맛있는 것도 먹을 거야. 꼭, 수영복을 챙겨와야 해. 그리고 햇빛도 강할테니 선크림과 모자를 꼭 챙겨와. 협재해수욕장에서 2시간 동안 놀거야. 그리고 쇠소깍에 가서 투명카약을 탈거야. 쇠소깍까지는 1시간 정도 걸리니, 그동안 차에서 먹을 간식도 준비하렴. 쇠소깍에서 카약을 1시간 탈거야. 투명카약이라니 너무 기대가 되는구나! 카약을 타면 배가 많이 고프겠지? 중문으로 가서 맛있는 저녁을 먹을거야. 중문까지는 10분이면 갈거야. 저녁을 먹고 나선 바로 옆에 있는 △△호텔에 가서 잠을 잘거야. △△호텔 조식이 엄청 맛있다고 하더라. 기대되는구나. 잘 때 필요한 잠옷이랑 세면도구도 꼭 챙겨오거라. 즐거운 여행이 될 것 같네.

아빠의 여행 계획서를 보고 언제 어떤 장소에 갈지 알아보기 쉽나요?
알아보기 힘들었다면 어떻게 바꾸면 좋을까요?

다음은 아빠의 여행 계획서를 정리한 표입니다.

시간	장소	필요 준비물 및 관광·이동 시간
06:00	기상 및 준비	여행가방
07:00	출발 및 버스정류장으로 이동	도보로 15분
07:15	김포공항행 버스 탑승	버스카드
07:45	김포공항 도착 및 아침식사	
09:00	출국 심사 및 면세점 쇼핑	여권, 용돈
11:00	비행기 탑승	수면안대
11:45	제주도 도착 및 자동차 렌트	
12:10	소인국 테마파크로 이동	차로 10분
12:20	소인국 테마파크 관광	1시간 관광
13:20	협재 해수욕장으로 이동	차로 30분
13:50	점심식사 및 해수욕	2시간 관광 모자, 선크림, 수영복
15:50	쇠소깍으로 이동	차로 1시간, 간식
16:50	투명 카약	1시간 관광
17:50	중문으로 이동	차로 10분
18:00	저녁식사	
19:00	△△호텔로 이동	
21:00	세면 및 취침	잠옷, 세면도구

계획서와 이 계획서를 정리한 표, 둘 중 어떤 것이 이해하기 쉬운가요? 아빠가 보여준 여행 계획서를 표로 간단히 정리해보니 훨씬 알아보기 쉬워졌습니다. 필요한 정보들만 정리해서 표로 작성하는 것 또한 '단순하게 생각하기'의 대표적인 예 중 하나입니다.

이렇게 '단순하게 생각하기'를 활용하면 복잡하거나 많은 정보를 쉽게 이해할 수 있습니다.

다. 실제로 접할 수 없는 정보를 습득할 수 있다.

여러분들은 목성, 금성, 화성과 같은 행성에 대해서 알고 있나요?

우리가 행성을 알기 위해 직접 가 볼 수 있을까요? 우주여행을 통해 직접 가보고자 해도 거리가 매우 멀고, 시간도 아주 오래 걸릴 겁니다.

그래서 과학자들은 태양계를 설명하기 위해 아래처럼 간단히 나타냈어요. 행성들의 실제 크기와 거리를 줄이고, 특징들만 단순하게 표현했어요.

어때요? 한눈에 알아보기 쉽죠? 실제로 우리가 살아있는 동안 열심히 간다고 가정해도 가기 힘들만큼 먼 거리를 이렇게 한 눈에 들어오게 단순하게 나타냈습니다. 물론, 실제 비율과 거리를 생각한다면, 태양계를 아래 그림처럼 나타내면 오류가 많은 것도 사실입니다. 하지만, 드넓은 태양계를 한 눈에 들어오도록 단순하게 나타내어 우리가 태양계의 모습을 이해하고, 이를 통해 각 행성의 대략적인 위치와 정보를 이해할 수 있습니다.

또 자연현상의 원리를 알아보는 다양한 과학실험들도 '단순하게 생각하기'를 통해 이루어집니다. 대표적인 예로 들 수 있는 실험이 화산 폭발 실험입니다. 실제로 화산이 폭발하면 높은 온도의 마그마, 화산재, 화산가스 등이 지표면으로 터져 나와 사람들의 안전을 위협합니다. 따라서 실제로 화산이 폭발하는 모습을 지켜보는 것은 너무 위험한 행동이겠죠. 그렇기 때문에 화산이 폭발하는 모습을 지켜보는 실험을 진행할 때, 실제 화산 폭발에서 발생하는 위험한 요소는 최대한 줄여 단순하게 실험을 진행합니다.

위처럼, 식초와 베이킹파우다로 화산 폭발 실험을 하면, 가스와 마그마가 발생하여 흘러내리는 모습을 관찰할 수 있습니다. 높은 온도와 유해한 화산재, 화산가스는 없애고, 화산이 폭발하는 모습을 지켜볼 수 있는 안전한 실험이 됩니다.

이렇게 '단순하게 생각하기'를 통해
실제로 접할 수 없는 정보를 습득할 수 있습니다.

라. 선택을 도와준다.

여러분들은 평소 어떻게 책을 사거나 빌리나요?

책 표지만 보고 샀다가 실망한 경우가 있지 않나요? 그렇다고 그 자리에서 책의 내용을 다 살펴보기도 힘듭니다.

이런 경우에 책을 읽어본 사람이 써놓은 짧은 글을 보거나, 책의 내용을 간단히 요약해 놓은 글을 본다면, 책을 선택하기가 더 쉽습니다.

아래처럼 말이죠.

[땅속 세계에서 살아남기1-2]는 몸이 작아지는 탐사복을 입고 땅속으로 나선 지오의 모험 이야기입니다. 지렁이나 두더지처럼 익숙한 동물뿐만 아니라, 톡토기, 날개응애 등 낯선 벌레들까지 총출동 합니다. 주인공들이 온갖 땅속 동물들의 공격에 맞서는 과정을 통해 생물들의 생태와 습성, 땅속 생태계의 중요성 등에 대해 배워봅니다. 한층 더 업그레이드된 재미와 정보, 생생한 이야기를 친근하고 역동적인 그림을 통해 만나 보세요!

책 뿐 만 아니라 영화를 볼 때도 이런 방법으로 선택할 수 있어요.

에너지원 '큐브'를 이용한 적의 등장으로 인류가 위험에 처하자 국제평화유지기구인 쉴드의 국장 닉 퓨리는 [어벤져스] 작전을 위해 전 세계에 흩어져 있던 슈퍼히어로들을 찾아나선다. 최고의 슈퍼히어로들이 [어벤져스]의 멤버로 모이게 되지만, 각기 개성이 강한 이들은 서로 화합하지 못한다. 그러던 중 로키의 쉴드 공략 작전 중 콜슨 요원이 죽게 되고, 이것을 계기로 하나가 된 어벤져스의 멤버들은 지구로 쳐들어온 치타우리족을 물리친다.

2시간이 넘는 영화를 간단하게 줄거리를 요약하는 것도 '단순하게 생각하기'의 한 방법입니다. 요즘은 책이나 영화를 선택함에 있어, 책을 읽은 사람, 영화를 직접 본 사람이 남겨두는 한 줄 요약이나 한 줄 평을 참고하는 경우도 있습니다. 아니, 오히려 줄거리를 살펴보는 것보다 더 유용할 때가 많은 것 같네요. 여러분도 그렇지 않나요?

이렇게 '단순하게 생각하기'는
일상생활에서 우리의 선택을 도와줍니다.

마. 효과적인 표현수단이다.

아래의 그림이 무엇을 뜻하는지 알고 있나요?

첫 번째 그림은 화장실, 두 번째 그림은 도움이 필요한 사람이 우선이라는 뜻, 여러분 모두 알겠죠? 위 그림들을 픽토그램이라고 합니다. 그림을 뜻하는 Picto와 텔레그램의 합성어로 문화와 언어가 달라도 이해할 수 있는 정보를 함축하고 있는, 가장 단순하게 표현된 그림들을 의미합니다. 픽토그램은 문자와 언어가 통하지 않는 경우와 글씨보다 그림으로 단순하게 나타내는 것이 효과적인 경우에 주로 사용됩니다. 사람들이 많이 모이는 공공장소나 빠른 속도로 차들이 달리는 도로 위에서 유용하게 사용되겠죠? 어떤 장소나 의미에서 핵심적인 내용만 뽑아내어 단순하게 나타낸 대표적인 예입니다.

그럼 아래의 사진을 볼까요?

화장실에서 볼 수 있는 문구입니다. 화장실을 깨끗하게 사용해야하는 이유를 긴 글로 작성해서 붙여뒀다고 생각해봅시다. 잠시 머물다 떠나는 화장실에서 누가 관심을 보였을까요? 위 사진은 무엇을 이야기 하고 싶은지 한 눈에 알겠죠? 단순한 그림과 3줄의 글만 있음에도 보는 순간 무엇을 말하고 싶은지 바로 이해할 수 있습니다.

때로는 복잡하고 긴 설명보다는 단순한 그림이나 짧은 글이 더욱 뛰어난 효과를 가지기도 합니다.

이렇게 '단순하게 생각하기'는 효과적인 표현수단이 되기도 합니다.

2. 단순하게 생각해 본 사람들

가. 몬드리안과 피카소

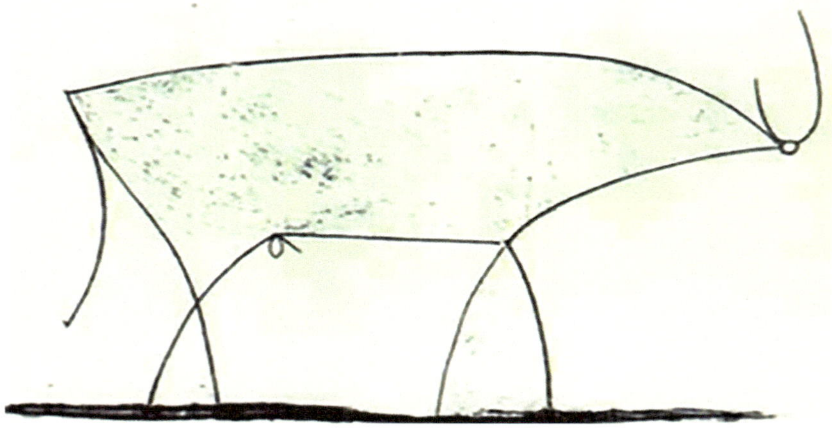

위 그림들은 화가 피카소와 몬드리안의 작품이에요. 무엇을 표현했는지 알아 맞춰 볼까요?

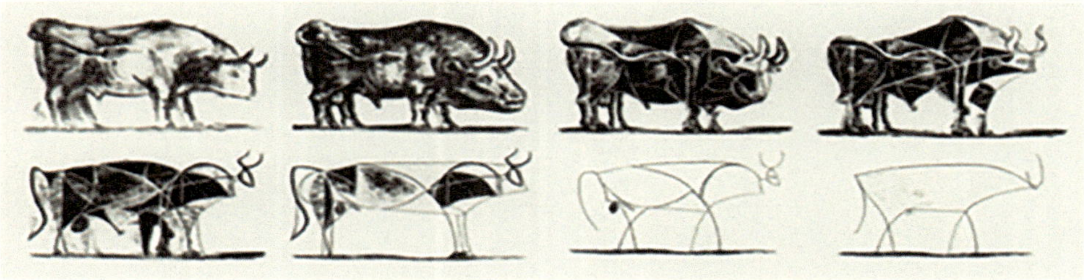

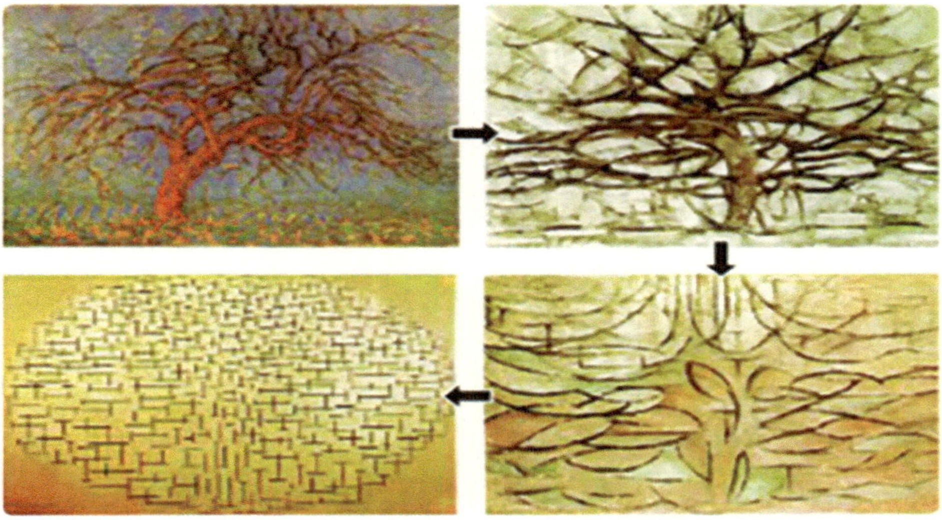

이제 알겠나요? 작품들의 제목은 각각 피카소의 '소' 와 몬드리안의 '나무'입니다.

피카소와 몬드리안은 관찰한 사물을 여러 단계에 걸쳐 모양과 형태를 단순화 했어요. 그 사물이 가지고 있는 핵심적인 특징만을 단순화한 대표적인 작품입니다. 세계적으로 인정받는 화가들도 눈에 보이는 모든 것을 담고 표현하려고 한 것이 아니라, 오히려 사물을 단순하게 생각하고 나타내는 작업이 사물의 본모습에 더 가깝게 다가갈 수 있다고 생각했습니다. 특히 몬드리안은 '기본적인 것이 가장 아름다운 것'이라고 말하면서요.

나. 과학자와 수학자

$$E = MC^2$$

위와 같은 수식을 본 적 있나요? 과학을 잘 모르는 사람도, 아인슈타인의 $E=mc^2$ 라는 수식은 무척 친근하게 느껴질 겁니다.

상대성이론의 핵심인 이 수식은, 에너지는 질량과 속도의 제곱에 비례한다는 공식입니다. 이 간단한 수식이 중력이 작용하는 팽창우주론이나 블랙홀 같은 우주현상, 아주 작은 입자인 소립자를 다루는 물리학에 어마어마한 영향을 주는 등, 아주 많고 복잡한 정보들을 담고 있습니다. 이 복잡하고 이해하기 힘든 자연현상, 우주현상들을 설명하는 것이 위의 간단한 수식에서 출발됩니다.

자연의 원리를 설명한 유명한 과학법칙들은 오히려 위처럼 단순한 수식으로 표현되는 경우가 많습니다. 뉴턴의 3가지 운동 법칙, 보일의 법칙, 샤를의 법칙 등이 대표적입니다. 물론 이 법칙들이 모든 자연현상에 예외없이 적용되거나 오류가 없지 않지만, 자연현상의 다양한 변수들을 단순화시켜 과학적으로 설명하기 위해 과학자들은 노력하고 있습니다.

$$a^2 + b^2 = c^2$$

위의 법칙은 수학자 피타고라스가 정리한 법칙입니다. 직각삼각형에서 직각을 낀 두 변의 길이를 a, b라 하고, 빗변의 길이를 c라고 하면 $a^2+b^2=c^2$ 라는 등식이 성립합니다. 이 또한 $a^2+b^2=c^2$ 로 단순화 되었지만, 사실은

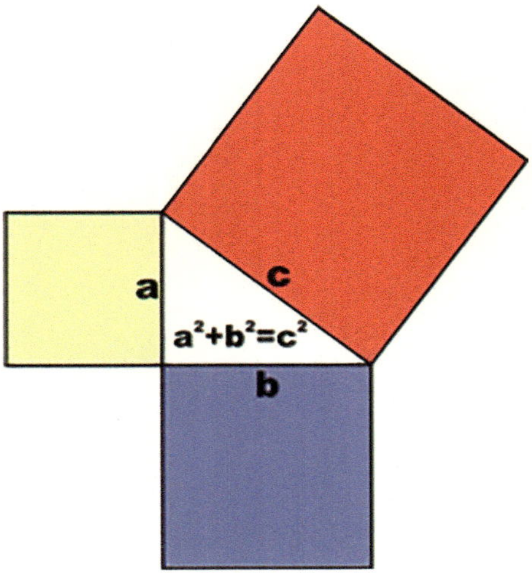

위 그림 같은 내용을 담고 있습니다. 직각삼각형의 직각을 낀 변을 한 변으로 하는 두 정사각형의 넓이의 합은 빗변을 한 변으로 하는 정사각형의 넓이의 합과 같다는 것으로 자신의 법칙을 증명하였습니다.

수학자들의 정리도 단순한 수식의 등식으로 표현되어 있는 경우가 많습니다. 하지만 단순한 수식 뒤에 수학자들의 복잡한 증명이 숨겨져 있습니다. 모든 세상은 수로 이루어져 있다고 믿은 피타고라스처럼 수학자들도 세상을 단순한 수식으로 정리해내기 위해 노력하고 있습니다.

다. 시인의 단순함

늘고마운
당신인데

바보처럼
짜증내요

위와 같은 시를 본 적이 있나요? 시의 제목은 무엇일까요?
바로 '알람' 이에요. 시인은 알람에 대해서 우리가 가지는 감정을 단 2연으로 단순화해서 표현했어요. 단순하지만 마음에 확 와닿지 않나요?

하지만 이런 짧은 시도 아래의 과정을 거쳐서 완성되었어요.

나는 항상 이른 아침 알람소리로 하루를 시작한다. 잠은 자도 자도 부족한 것 같다. 알람을 몇 개를 맞춰놔도 늘 일어나는게 힘들다. 항상 알람을 끄고 '조금만 더 잤으면' 하고 생각하곤 한다. 가끔은 열심히 울려대는 핸드폰 알람이 원망스럽고 짜증이 난다. 하지만 알람이 없으면 난 매일 지각을 하고 말 것이다. 알람...... 고마우면서도 짜증이 난다.

▼

나는 항상 이른 아침 알람소리로 하루를 시작한다. 가끔은 열심히 울려대는 핸드폰 알람이 원망스럽고 짜증이 난다. 하지만 알람이 없으면 난 매일 지각을 하고 말 것이다. 알람...... 고마우면서도 짜증이 난다.

▼

알람...... 고마우면서도 짜증이 난다.

▼

늘고마운
당신인데

바보처럼
짜증내요

라. 모션 그래픽 디자이너

단순하게 생각하고 나타내는 방법이 오히려 과학기술의 발전으로 이어진 경우도 있습니다. 사람의 움직임을 단순하게 나타내어, 걸을 때 사람의 뼈와 근육이 어떻게 움직이는지 확인하고 싶어한 과학자가 있습니다. 관절과 근육의 움직임만 남기기 위해 어두운 곳에서 몸에 하얀색을 칠하고 사진을 연속으로 찍었죠. 컴퓨터 기술이 발전하면서 이 정보들을 컴퓨터로 기록할 수 있게 되어 모션캡쳐 기술로 이어지고, 더 나아가 그 모션 위에 3D로 사람이나 캐릭터의 모습을 현실적으로 표현할 수 있게 되었습니다. 이를 통해 어벤져스, 혹성탈출 같은 SF영화와 다양한 장르의 3D게임들이 현실감 있게 탄생할 수 있게 되었습니다.

컴퓨터과학자 :사람에 점을 붙여, 움직임을 컴퓨터로 기록(모션캡쳐)

↓

모션 그래픽 디자이너 : 영화나 게임에 활용할 수 있도록 컴퓨터에 기록된 사람의 움직임에 다른 이미지를 붙여 3D로 제작

3. 내가 만든 단순함

가. 복잡한 많은 정보를 쉽게 이해하기 위한 단순화

1) 여행계획을 표로 정리

앞서 보았던 여행계획표 기억나나요? 여러분들도 여행가고 싶은 곳을 정하여 하루 동안의 여행 일정을 표로 정리해봅시다.

시간	장소	필요 준비물 및 관광·이동 시간

2) 길 찾아갈 때 간단한 약도 그리거나 설명하기

여러분은 경복궁에 가봤나요? 경복궁에 가기 위해서는 가는 길을 잘 알고 찾아가야 해요. 아래는 네이버 지도에서 경복궁을 검색한 후 위성에서 본 사진이에요. 어때요? 알아보기 쉬운가요?

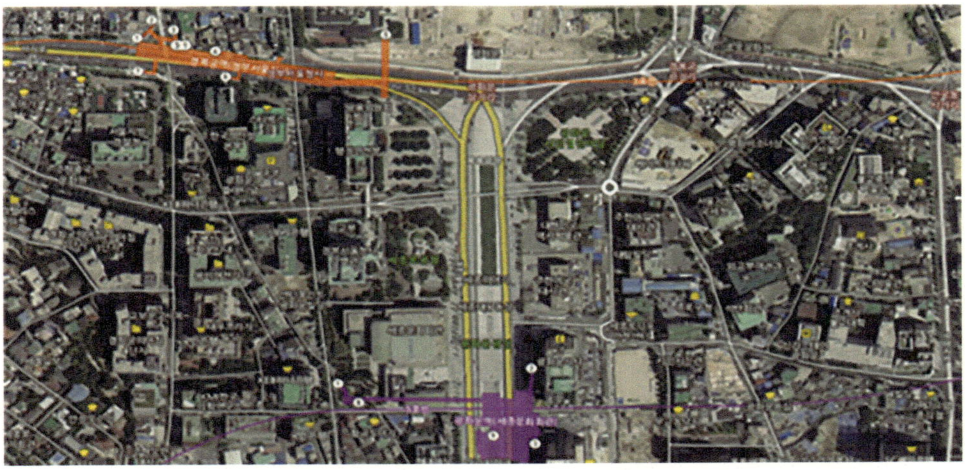

산과 같은 지형까지 자세하게 나와 있지만 오히려 지나치게 자세해서 알아보기가 힘들어요.

위 그림은 행정안전부에서 경복궁에 대해 설명하면서 찾아오는 길을 간단하게 설명해놓은 거에요.

어떤가요? 두 개의 지도를 비교하면 정보를 생략하고 간단히 보여주는 것이 오히려 더 이해하기 쉽다는 것을 알 수 있어요.

경복궁을 찾아가는 길을 설명하면 아래와 같아요.

'지하철 3호선을 타고 경복궁 역에서 내려서 5번 출구로 나오면 경복궁과 연결되어 있어'

길을 설명할 때는 주변의 큰 건물이나, 버스정류장, 지하철역을 기준으로 간단히 설명하면 되요. 그 외에 필요 없는 정보들은 삭제하는 것이 좋아요.

주말에 친구들과 함께 놀러 가보고 싶은 장소가 있나요? 너무 가까운 장소나 너무 먼 장소 말고, 30~40분 내외의 장소를 한 곳 정해봅시다. 경복궁도 괜찮고, 상암 월드컵 경기장, 잠실야구장 등 아무 곳이나 괜찮습니다. 친구들과 만날 장소를 인터넷의 지도를 보며, 간단하게 지도로 그려보고, 말로 설명해 보아요.

〈지도〉

〈설명〉

3) 복잡한 문제를 간단한 알고리즘으로 표현하기

여러분들은 떡볶이를 좋아하나요? 혹시 직접 만들어 본 적도 있나요? 떡볶이 만드는 방법은 아래와 같아요.

> 먼저 프라이팬에 종이컵 두 컵만큼 떡을 올려요. 그런 다음 두 컵만큼 물을 붓습니다. 그리고 설탕을 넣어야 하는데, 만약 달게 먹고 싶다면 설탕을 계속 넣어주면서 저어주세요. 그 다음 고추장을 한 숟갈 넣습니다. 만약 맵게 먹고 싶다면 더 넣어도 됩니다. 그 다음으로 간장을 넣어주는데 간장 또한 여러분이 입맛에 맞게 양을 맞추면서 저어주면 됩니다. 마지막으로 잘린 파를 반 컵만큼 넣으면 떡볶이가 완성됩니다.

글이 길게 되어 있어 알아보기가 힘듭니다. 그럼 아래와 같이 표현하면 어떨까요?

프라이팬에 종이컵 두 컵만큼 떡을 올린다.

▼

두 컵만큼 물을 붓는다.

▼

설탕을 밥숟가락으로 한 숟갈 넣는다.

▼

나의 입맛에 맞게 달게 되었는가? **아니오**

네▼

고추장을 한 숟갈 넣는다.

▼

나의 입맛에 맞게 맵게 되었는가? **아니오**

네▼

간장을 반 숟갈 넣고 저어준다.

▼

나의 입맛에 맞게 간이 잘 되었는가? **아니오**

네▼

잘린 파를 반 컵만큼 넣는다.

▼

맛있는 떡볶이 완성

위처럼 주어진 문제를 해결하기 위한 방법 및 절차를 '알고리즘'이라고 해요. 알고리즘으로 표현하면 단순히 줄글로 표현하는 것보다 쉽게 이해할 수 있어요.

수학시간에도 알고리즘을 활용할 수 있어요.
'18 + 97' 계산 방법을 알고리즘으로 간단히 표현해볼까요?

일의 자리 수끼리 더한다.

▼

더한 수가 10 이상인가? **아니오** → 일의 자리 숫자를 쓰고, 십의 자리 수끼리 더한다.

네▼

더한 수에서 십의 자리 1은 십의 자리로 올린다.

▼

일의 자리 숫자를 쓰고, 십의 자리 수끼리 더한다.

▼

더한 수가 100 이상인가? **아니오** → 계산완료

네▼

더한 수에서 백의 자리 1은 백의 자리로 올리고, 십의 자리 숫자만 적는다.

▼

계산완료

알고리즘으로 표현해보기를 연습해볼까요?

어린 동생에게 옷 입는 방법을 설명한다면, 어떻게 알고리즘으로 나타낼 수 있을까요?

▼

▼

▼

▼

▼

▼

4) 연표만들기

나의 일생을 나타낸 연표

2002년	2003년	2004년	2005년	2006년	2007년	2008년	2009년	2010년	2011년
8월9일 태어남	가족들과 함께 첫돌잔치를함	동생 지언이가 태어남	아파트로 이사감	감기가 심해져 병원에 입원함	유치원에 입학함	강아지를 키우게 됨	초등학교에 입학함	남자친구가 생김	중간고사 시험에서 백점을 맞음

학교에서 역사를 배울 때, 연표를 본 적이 있죠? 연표는 시간의 흐름에 따라 중요한 사건이 언제 일어났는지 한눈에 볼 수 있어요. 실제로 역사에서 사건이 발생한 것은 많은 사람들의 행동과 시대적 배경이 작용하였지만, 이 사건이 언제 일어났는지, 이 사건의 이름이 무엇인지 간단하게 나타내어 한 눈에 살펴볼 수 있어요. 연표를 통해 긴 시간의 흐름을 단순하게 표현할 수 있죠. 연표도 모양에 따라 선연표, 그림연표, 반원형 연표 등이 있고, 내용에 따라 국사연표, 세계사 연표 등 다양한 연표가 있어요.

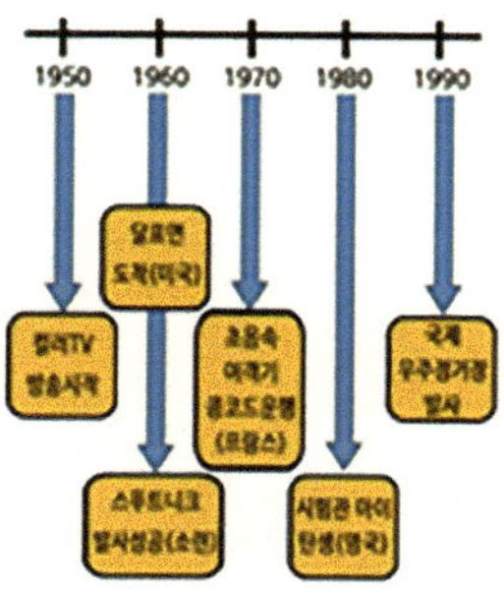

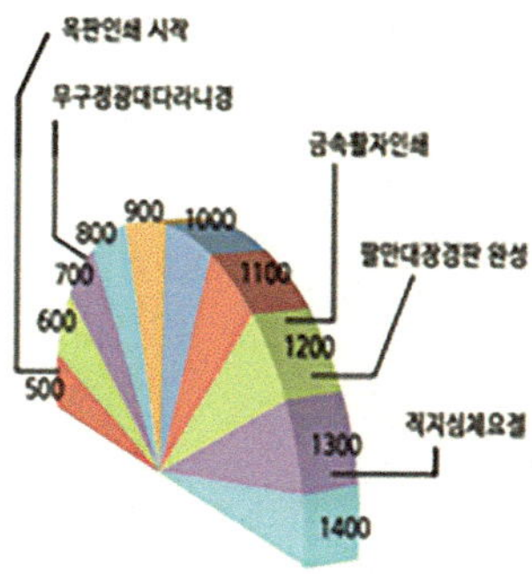

역사교과서를 읽고, 내가 읽은 부분을 연표로 나타내어 볼까요?

역사적 인물의 일생을 연표로 나타내어 볼까요?

내가 살아온 일생을 연표로 나타내어 볼까요?

나. 실제로 접할 수 없는 정보의 단순화

여러분은 우리나라 최초의 우주 발사체 나로호를 아나요? 실제로 보지는 못했어도 기사나 책에서 한 번쯤은 봤을 겁니다.

발사체가 중력을 거스르고 하늘로 올라갈 수 있는 이유는 '작용-반작용' 법칙 덕분이에요. 하지만 우리가 '작용-반작용' 법칙을 직접 알아보기 위해 실제로 로켓을 제작하고 발사할 순 없어요. 그래서 위험하거나 복잡한 요소는 모두 제거하고, 물로켓·에어로켓과 같은 간단한 실험을 해요.

위와 같이 실제로 접할 수 없는 자연 현상에 대한 과학적 원리를 간단한 실험으로 알 수 있습니다.

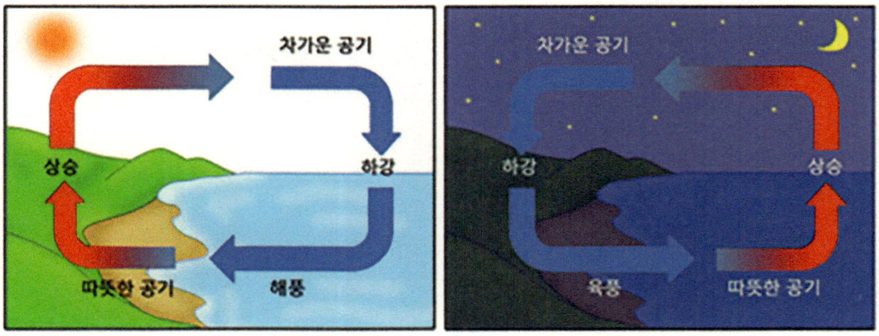

위 그림은 해풍과 육풍이 부는 과학 원리를 설명한 그림입니다. 따뜻한 공기는 위로 올라가고, 차가운 공기는 아래로 내려오는 성질로 바람이 불어오는 방향이 낮과 밤에 바뀌는 현상이 해풍과 육풍입니다. 아주 넓은 공간에서 긴 시간 동안에 일어나는 자연 현상을 간단하게 확인해볼 수 있도록 간단한 실험을 설계해 봅시다.

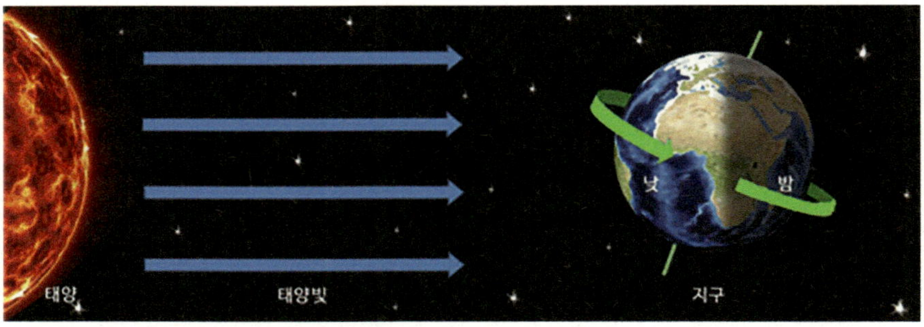

위 그림은 낮과 밤이 생기는 과학 원리입니다.

위의 과학 원리를 쉽게 알아볼 수 있는 간단한 실험을 설계해 봅시다.

다. 선택을 쉽게 해주는 단순화

1) 책 서평, 영화·TV 프로그램 소개

> 빨강 연필을 쥐는 순간,
> 나는 세상에서 가장 특별한 아이가 된다.
> 무엇이든 술술 진짜처럼 써내는 요술 연필을 만난
> 민호의 특별하고 비밀스러운 성장 일기.

위의 글은 어린이 동화 '빨강 연필'의 서평이에요. 서평이란 책의 내용·특징을 소개하거나 책의 가치를 평가한 글이에요. 위 서평은 200페이지가 되는 책의 내용을 단 2문장으로 요약해서 썼습니다.

책의 앞면이나 뒷면에 있는, 몇 줄로 단순하게 요약된 이 서평은 우리가 책을 선택하는데 많은 도움을 줍니다. 다음은 우리가 잘 아는 동화 '마당을 나온 암탉'의 줄거리입니다. '마당을 나온 암탉'을 친구들에게 소개하는 서평을 5문장 이하로 써 보세요.

품지 못하는 알을 더 이상 낳지 않기로 결심한 '잎싹'이라는 이름의 양계장 닭은 어느 날 마당을 보게 된다. 마당으로 나가기를 꿈꾸던 잎싹은 너무 먹지 않아서 병들어 쓸모 없게 되어 양계장 주인에 의해 양계장 밖으로 나가게 되지만 구덩이 속으로 버려지게 된다.

구덩이에서 살아난 잎싹이 눈을 뜨고 청둥오리 '나그네'가 나타나 잎싹을 노리는 족제비가 있어 위험하니 어서 그 곳을 벗어나라고 일러준다. 하지만 나그네마저 뽀얀 오리(백조)와 함께 사라진 집에서 잎싹은 혼자 찔레덤불로 가다가 비명 소리를 듣게 된다.

잎싹은 가시덤불 속에서 알을 발견한다. 알을 품고 싶었던 잎싹 앞에 사라졌었던 나그네가 갑자기 나타나 알을 품고 있는 동안 잎싹을 보살펴주다가 알이 부화하기 직전에 잎싹과 알을 지키려고 하다 족제비에게 잡아 먹히게 된다. 잎싹은 그 알에서 깨어난 아기 청둥오리를 '초록이'라고 이름 지으며 아들처럼 보살폈다.

나그네는 저수지로 가라고 했었지만 잎싹은 자신이 품은 아기를 보여주고 싶은 마음에 마당을 찾게 되나 따돌림을 당하고 결국 저수지에서 지내게 된다. 초록이는 결국 청둥오리로 자라서 겨울을 맞아 찾아온 청둥오리 떼에 조장으로 합류하며 잎싹을 떠나게 된다. 잎싹은 자신이 할 일을 다 했다고 생각하고 어미 족제비에 물려 죽게 된다.

서평

여러분들도 자신이 읽은 책의 서평을 4문장 이하로 써볼까요?

책 제목 :

서평

위 그림은 유명한 예능 프로그램인 '런닝맨' 이에요.
아래는 런닝맨 프로그램을 소개하는 글이에요.

누구도 상상하지 못했던 예측불허 빅웃음!! 대한민국을 대표하는 랜드마크, 얼마나 알고 계십니까? 런닝맨이 몸으로 직접 알려드리는 대한민국 대표 랜드마크! 대한민국 최고의 연예인들이 그곳에 모였다! 곳곳에 있는 미션을 해결하는 예능 프로그램

자신이 좋아하는 TV 프로그램을 4문장 이하로 소개하는 글을 써보아요.

TV 프로그램 :

프로그램평

2) 정보 분류하기

무작정 아무 영화를 보고 싶은 생각이 들어 TV 리모컨으로 검색했는데, 영화 종류가 너무 많아서 무엇을 볼지 결정하지 못한 경험이 있나요?

그럴 때 위 사진과 같이 '~을 위한 영화' 라는 메뉴가 우리의 선택을 쉽게 도와주곤 해요.

이렇게 정보가 아무렇게나 펼쳐져 있는 것보다 어떤 기준으로 단순화되어 보여질 때 우리는 정보를 더 쉽게 받아들일 수 있답니다.

또 다른 예로, 음식을 들 수 있어요.

음식			
스트레스 받을 때	짜증날 때	우울할 때	슬플 때
대추 단호박 고구마	양파 고추 사과	요구르트 우유 시금치	바나나 푸딩 아이스크림

영화나 음식 외에도, 만화, 음악, 책, 놀이 등을 다양한 기준으로 분류해서 단순화할 수 있어요.

여러분들도 자신이 좋아하는 분야를 선택해서 분류해볼까요?

라. 효과적인 표현을 위한 단순화

1) 포스터, 광고문구 만들기

앞에서 보았던 화장실 문구 기억나나요?

포스터·광고 문구는 일정한 내용을 상징적이고 간단한 글귀로 나타내어, 사람들에게 강렬한 인상을 심어줍니다.

여러분도 아래의 예처럼 학교폭력에 대한 포스터 문구를 만들어 봐요.

법률에 의하면 학교폭력 신고의무에 따라서 학교폭력의 현장이나 사실을 알게 되었을 때에는 즉시 신고해야 합니다. 직접적으로 폭력에 가담하지 않아도 말리지 않고, 방관하는 자세를 가졌더라도 학교폭력의 가해자가 될 수 있습니다.	▶	방관하는 것도 폭력입니다'
학교폭력이 발생하여 친구들과 이야기를 해보면 대부분 가해학생들은 장난이라고 이야기합니다. 하지만 피해자학생은 상처를 받고 울고 있습니다. 그 상처는 평생 지워지지 않을 것입니다. 친구의 마음에 상처를 주는 '학교폭력' 더 이상 장난이 될 수 없습니다.	▶	'

여러분도 아래의 예처럼 핸드폰을 판매하기 위한 문구를 만들어 봐요.

핸드폰 액정이 고장났을 때, 평균적으로 15만원, 메인보드가 고장났을 때는 평균적으로 20만원~30만원의 수리비가 든다. 휴대폰을 구입할 때는	▶	'고치는 것보다 사는게 더 싸다'
요즘, 공짜폰, 최저가 판매라며 홍보하는 매장들이 많이 있다. 하지만 정작 매장을 방문해 보면, 일정 기간, 보통 24개월 이상 고가의 요금제를 사용해야하는 약정을 들어 비싼 요금을 핸드폰 가격만큼 내도록 유도한다. 나는 고객을 속이며 핸드폰을 팔지 않겠다.	▶	'

2) 핸드폰 벨소리

여러분의 핸드폰 벨소리는 무엇인가요?

벨소리는 자신을 표현하는 또 다른 수단이기 때문에 내가 좋아하는 곡을 벨소리로 정하는 경우가 많아요.

보통 벨소리는 10초~15초 정도로 해놓기 때문에 곡의 핵심적인 부분만 벨소리로 정해요.

다음은 ikon의 '사랑을 했다' 라는 노래에요. 한번 감상해볼까요?

사랑을 했다♬

https://www.youtube.com/watch?v=vecSVX1QYbQ

아래는 '사랑을 했다' 의 1절 가사에요. 1절 가사를 요약해서 벨소리로 만들면 아래와 같이 만들 수 있어요.

사랑을 했다 우리가 만나 지우지 못할 추억이 됐다
볼만한 멜로드라마 괜찮은 결말 그거면 됐다 널 사랑했다
우리가 만든 LOVE SCENARIO 이젠 조명이 꺼지고
마지막 페이지를 넘기면 조용히 막을 내리죠
에이 괜찮지만은 않아 이별을 마주한다는 건
오늘이었던 우리의 어제에 더는 내일이 없다는 건
아프긴 해도 더 끌었음 상처가 덧나니까 Ye
널 사랑했고 사랑 받았으니 난 이걸로 됐어
나 살아가면서 가끔씩 떠오를 기억 그 안에 네가 있다면 그거면 충분해
사랑을 했다 우리가 만나 지우지 못할 추억이 됐다
볼만한 멜로드라마 괜찮은 결말 그거면 됐다 널 사랑했다
우리가 만든 LOVE SCENARIO 이젠 조명이 꺼지고
마지막 페이지를 넘기면 조용히 막을 내리죠

▼

♬벨소리

'사랑을 했다 우리가 만나 지우지 못할 추억이 됐다
볼만한 멜로드라마 괜찮은 결말 그거면 됐다 널 사랑했다'

여러분들도 자신이 좋아하는 곡을 10초~15초 정도의 벨소리로 만들어 보아요.

벨소리를 어떻게 만드냐고요? 두 가지 방법이 있어요.

첫 번째 방법은 핸드폰 앱을 이용하는 방법이에요.

1. 먼저 구글 스토어에서 벨소리 메이커를 검색하여 다운받아요.

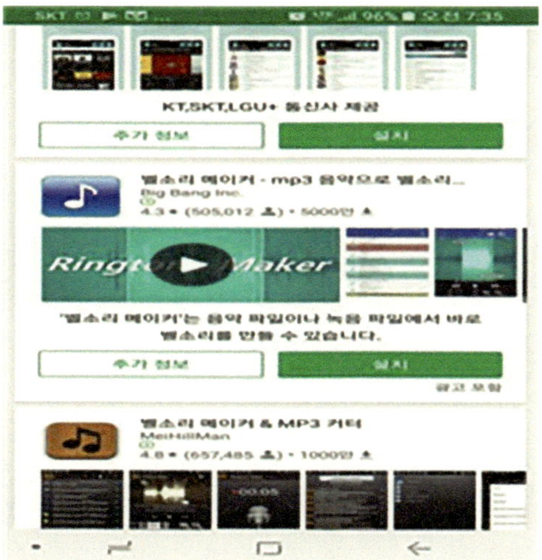

벨소리메이커 설치

2. 앱을 실행하면 핸드폰에 있는 음악들의 목록이 나와요.

3. 원하는 곡을 선택해서 수정을 선택해요.

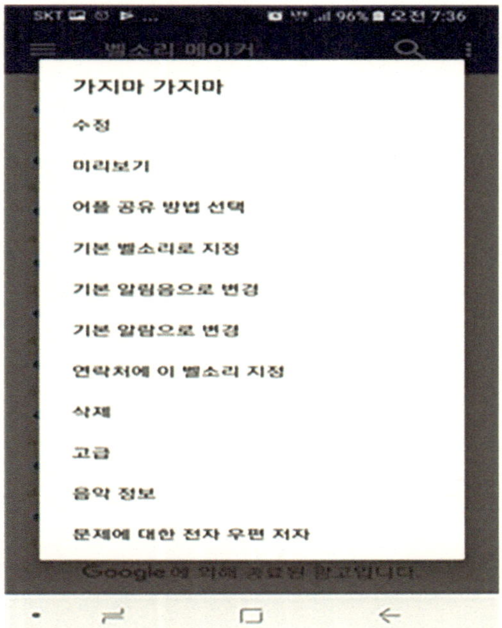

4. 원하는 부분만 잘라내어 벨소리로 만들어 저장해요.

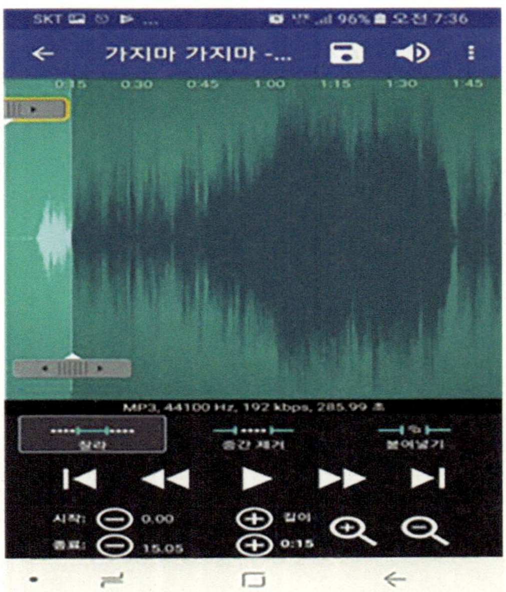

두 번째 방법은 PC에서 파일을 만드는 방법이에요.

1. 먼저 인터넷에서 '곰녹음기'를 검색해서 다운받아요.

2. 유튜브에서 원하는 노래를 검색해요. 그리고 곰녹음기를 실행해요.

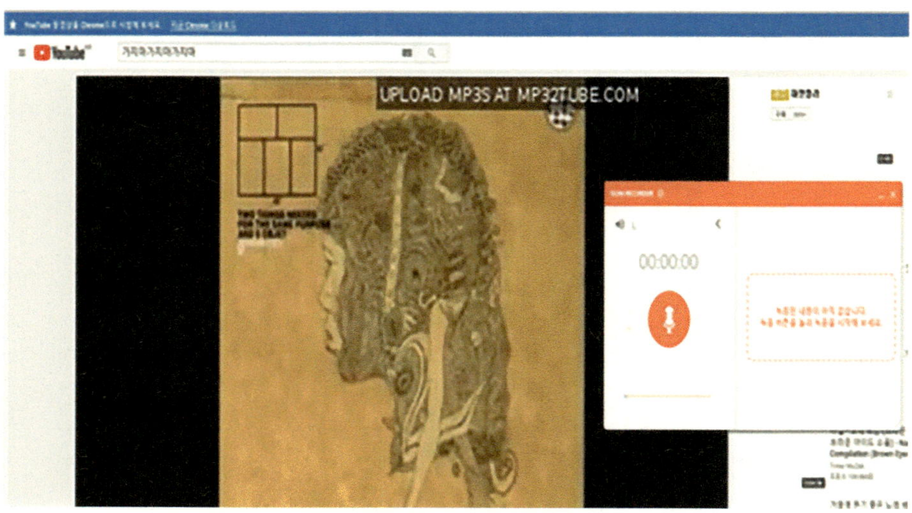

3. 곰 녹음기로 노래를 녹음하고, 노래를 저장해요.

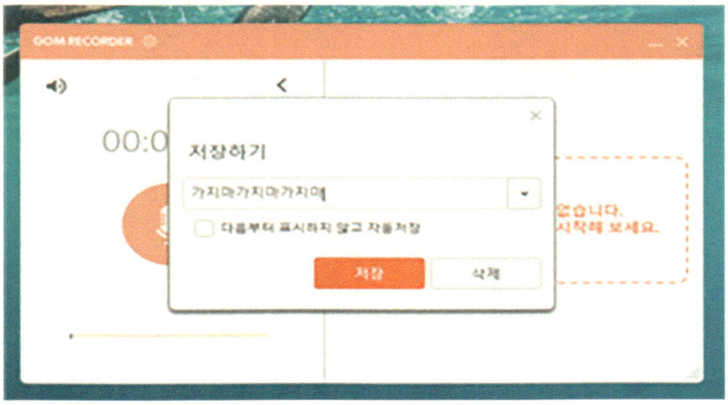

4. 노래 제목을 클릭하고 가위 모양의 편집을 클릭해요.

5. 원하는 부분만 잘라내어 벨소리로 만들어 저장해요.

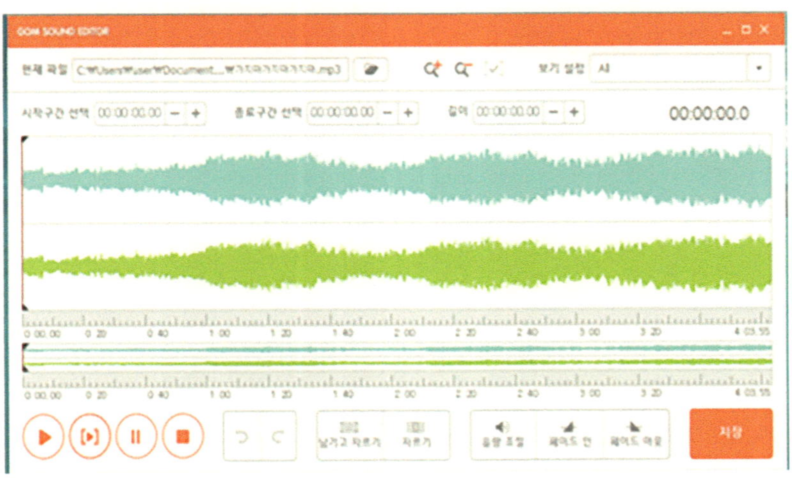

3) 선택과 집중으로 나를 표현하기

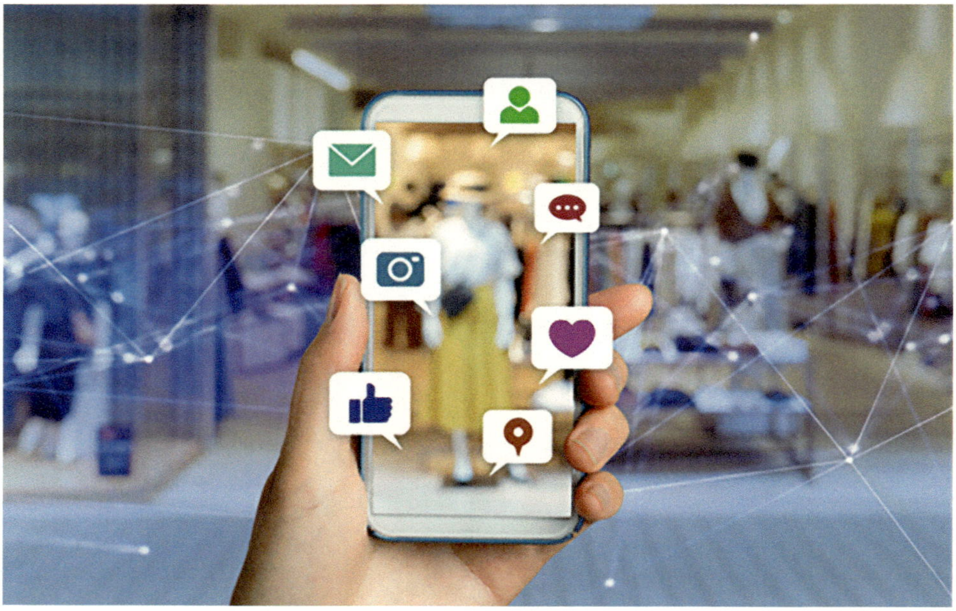

여러분들은 평소에 블로그나 SNS를 즐겨하나요?

블로그, SNS는 자신의 생각이나 기분, 일상을 간단한 글이나 사진으로 표현하고 그것을 다른 사람들과 나누는 공간이에요.

그런데 너무 많은 정보나 글을 올리게 되면 다른 사람들이 읽거나 이해하는데 어려움을 겪게 되요. 그래서 보여주고 싶은 정보나 하고 싶은 말이 많더라도 선택과 집중을 통해 간단하게 표현하는 거에요.

그럼, 선택과 집중을 어떻게 하는지 연습해 볼까요?

먼저 여러분이 하루에 겪은 일을 아래와 같이 정리해보세요.

예)
- 아침에 일어나서 야채와 과일을 넣어 갈아서 주스를 만들어 먹었다.
- 아침 등굣길에 친구를 만나 재밌게 이야기를 하였다.
- 학교에서 발표를 잘 해 칭찬을 받았다.
- 수학 수행평가를 보았는데, 점수가 낮아 속상했다.
- 점심시간에 친구와 싸웠다.
- 방과후 수업에서 맛있는 요리를 만들었다.
- 학원에 갔는데 저번주에 전학갔던 친한 친구를 만났다.
- 저녁에 엄마가 내가 좋아하는 김치찌개를 해주셨다.

위에서 적었던 많은 일들 중에서 가장 중요했거나 기억에 남았던 일을 '선택'해요.

예) 수학 수행평가를 보았는데, 점수가 낮아 속상했다.

'선택'한 일에 대해서 '집중'하여 아래와 같이 4문장 이하로 적어요.

예) 오늘은 수행평가를 보았다. 내가 자신있던 수학이라 별 공부를 하지 않고 시험을 보았는데, 생각보다 점수가 낮게 나와서 속상했다. 나보다 수학을 못한다고 생각했던 친구들조차 나보다 점수가 더 잘 나왔다. 다음에는 방심하지 않고, 열심히 노력해서 나의 실력을 친구들에게 보여줘야겠다.

이렇게 쓴 글에 사진을 첨부해서 자신의 의견이나 기분을 표현할 수도 있어요.

여러분들도 위의 단계처럼 하루 동안 일어났던 일들을 '**선택**'과 '**집중**'을 통해 표현해보아요.

〈하루 동안 일어났던 일〉

▼

〈선택〉

▼

〈집중〉

하루 동안 일어났던 일들 외에 자신이 요즘 관심있는 것에 대하여 '선택'과 '집중'을 통해 의견을 표현해보아요.

〈내가 관심있는 것〉

▼

〈선택〉

▼

〈집중〉

4) 대상을 단순화하여 예술작품으로 표현(캐리커쳐, 추상화)

2018년의 시작을 뜨겁게 달군, 평창 동계올림픽. 재미있게 봤나요? 아래 그림은 누구일까요? 바로 여자 컬링 단체팀이예요. 사진이 아닌데 어떻게 바로 알아챘을까요?

위처럼, 인물의 모습 중, 다른 사람과 구별되는 특징을 강조하여 나타내는 것을 캐리커쳐라고 해요. 그 인물의 특징을 강조한다는 건, 다른 사람과 비슷한 부분은 과감하게 제외하고, 그 인물만 가지고 있는 것을 강조해서, 실제 인물과 다르지만, 더 그 인물처럼 보이게 하는 거예요.

내 모습, 또는 내가 좋아하는 인물을 캐리커쳐로 표현하며 단순하게 생각하고 표현하기 능력을 길러볼까요?

아래는 앞서 보았던 피카소의 '소' 에요.

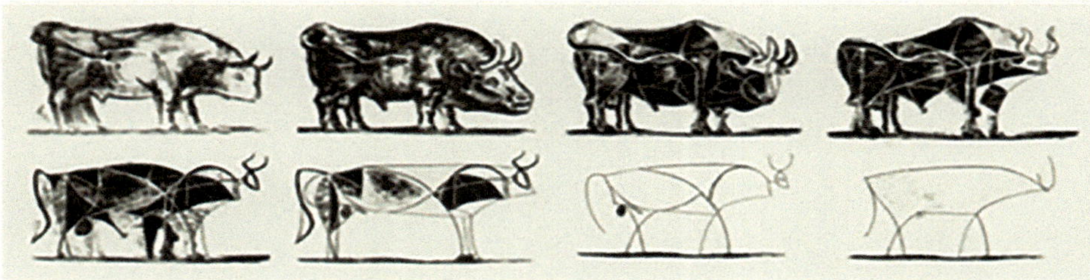

여러분들도 피카소처럼 주변의 사물을 정해서 여러 단계를 거쳐 계속 그려보아요. 보이는 것과 똑같이 그려보는 것으로 시작해서, 점차 하나씩 줄여나가면서 사물의 핵심만 그려봐요.

먼저 오렌지를 여러 단계를 거쳐서 단순화해볼까요?

①	②	③
④	⑤	⑥
⑦	⑧	⑨

5) 픽토그램

앞서 살펴본 그림이 기억나나요? 위 그림은 '픽토그램'이라는 그림문자에요. 우리가 일상생활에서 사용하는 픽토그램에는 무엇이 있는지 찾아서 따라서 그려보고 뜻도 적어보아요.

픽토그램	뜻

나만의 픽토그램을 만들어 보아요.

픽토그램	뜻

6) 시쓰기

앞에서 보았던 시가 기억나나요?

늘고마운
당신인데

바보처럼
짜증내요

시 또한 우리가 평소에 겪는 사소한 일이나 주변 사물에 대한 생각이나 느낌을 효과적으로 표현할 수 있어요.하지만 이런 짧은 시도 아래의 과정을 거쳐서 완성되었어요.

여러분도 아래의 예처럼 주변의 사물을 떠올리며 시를 써볼까요?

나는 항상 이른 아침 알람소리로 하루를 시작한다. 잠은 자도 자도 부족한 것 같다. 알람을 몇 개를 맞춰놔도 늘 일어나는게 힘들다. 항상 알람을 끄고 '조금만 더 잤으면' 하고 생각하곤 한다. 가끔은 열심히 울려대는 핸드폰 알람이 원망스럽고 짜증이 난다. 하지만 알람이 없으면 난 매일 지각을 하고 말 것이다. 알람...... 고마우면서도 짜증이 난다.

▼

나는 항상 이른 아침 알람소리로 하루를 시작한다. 가끔은 열심히 울려대는 핸드폰 알람이 원망스럽고 짜증이 난다. 하지만 알람이 없으면 난 매일 지각을 하고 말 것이다. 알람...... 고마우면서도 짜증이 난다.

▼

알람...... 고마우면서도 짜증이 난다.

▼

늘고마운
당신인데

바보처럼
짜증내요

〈5줄이상 떠올리기〉

▼

〈3줄로 줄이기〉

▼

〈1줄로 줄이기〉

▼

〈짧은 시 쓰기〉

7) 나만의 문자 만들기

우리가 매일 사용하는 한글! 우리 한글 속에는 한자어가 많이 포함되어 있어요. 이 한자 또한 단순하게 생각하기를 통해 만들어졌어요.

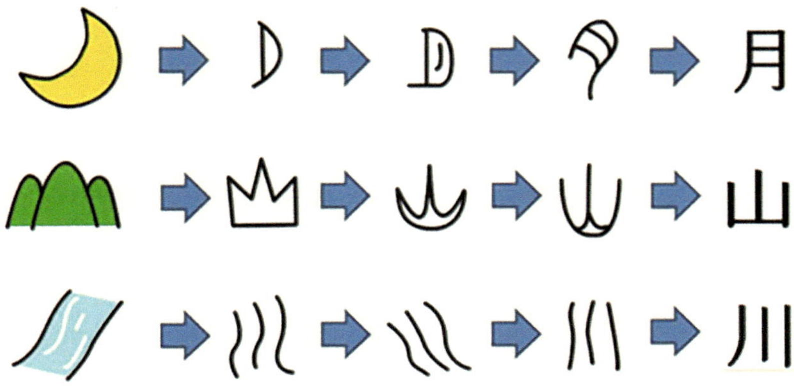

말로, 글로 설명할 때, 항상 그 사물을 가리키거나 그린다면 불편하겠죠? 그래서 이를 단순하게 표현해서 덜어내고, 간단히 하면서, 이 모양은 이 사물을 뜻한다고 약속하게 되었어요.

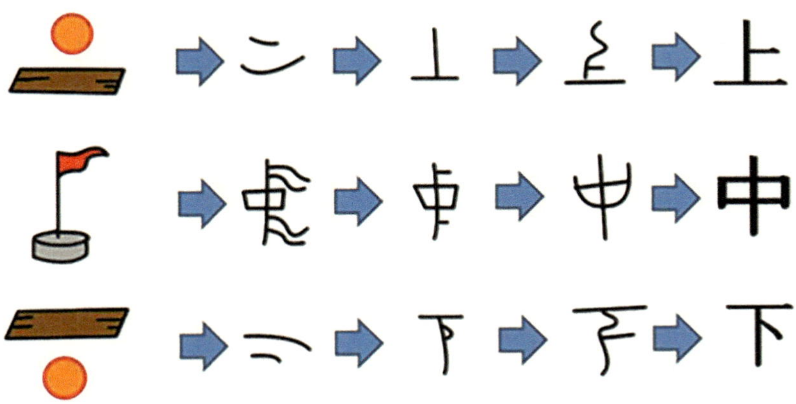

반드시 사물이 아니더라도, 생각을 선이나 부호로 나타낸 글자도 있어요.

여러분도 우리 주변의 사물이나 내 생각을 단순하게 생각하고 표현해볼까요? 먼저 휴대폰을 문자로 표현해봐요.

▶

▼

◀

주변의 다양한 사물을 단계를 거쳐 나만의 문자로 표현해봐요.

▶

▶

패 턴

제 Ⅳ 장

1. 패턴은 무엇이며 왜 필요할까?

가. 패턴은 무엇인가?

약 200년 전 독일의 초등학교 저학년 교실에서의 일입니다. 어느 날 선생님은 떠들고 있는 학생들을 조용히 시킬 생각으로 1부터 100까지 더해보도록 하였습니다. 대부분 학생들이 숫자 하나하나를 더하며 바쁘게 계산하고 있는데 유독 한 학생만 놀고 있었습니다. 그 모습을 이상하게 생각한 선생님께서 다가가 문제를 다 풀었는지 물었고, 학생은 당당하게 이미 다 풀었다고 이야기하였습니다. 계산기를 사용하지 않은 이 학생은 어떻게 문제를 빨리 해결할 수 있었을까요?

이 학생은 선생님께 자신이 문제를 해결한 방법을 간단하게 설명하였습니다. 1과 100을 더하면 101, 2와 99를 더하면 101, 3과 98을 더해도 101이 반복되며 이렇게 100과 1까지 더하면 101이 100개가 됩니다. 전체 합의 값에는 1부터 100까지 숫자가 두 번씩 더해졌으므로 2로 나누면 5050이 나온다는 설명이었습니다. (101 × 100 ÷ 2 = 5050) 학생의 설명을 들은 선생님은 깜짝 놀랐습니다.

수 사이의 관계를 파악하여 쉽고 빠르게 문제를 푼 학생은 먼 훗날 세계적인 수학자가 되었습니다. 그의 이름은 바로 가우스였습니다. 여러분이 만약 어린 가우스였다면 이런 생각을 할 수 있을까요? 가우스는 덧셈의 합과 관련한 패턴을 찾아 문제를 해결했습니다.

1부터 10까지의 합은 '1 + 2 + … + 9 + 10'을 모두 더해 계산해도 되지만 가우스처럼 수의 합 패턴을 이용한다면 다음과 같습니다.

1	2	3	…	8	9	10
+	+	+		+	+	+
10	9	8	…	3	2	1
‖	‖	‖		‖	‖	‖
11	11	11	…	11	11	11

구하고자 하는 수를 거꾸로 배열하여 한 번 더 더하면 각 위치에 있는 합은 같은 수가 나옵니다. 각 자리의 합 11은 원래 수의 개수와 같은 총 10개가 있고, 처음 구하고자 하는 것의 두 배가 되었으니 계산의 결과는 다음과 같습니다.

$$11 \times 10 \div 2 = 55$$

적은 숫자는 하나씩 더하면 되지만 더하는 숫자의 범위가 넓어지면 가우스와 같은 패턴을 이용하는 것이 유용합니다.

※ 가우스가 찾은 패턴을 여러분들이 이해하였는지 확인하기 위한 다음의 문제를 풀어보세요.

1) 53부터 100까지의 합을 구해보세요.

2) 54부터 98까지의 합을 구해보세요.

위의 두 문제를 쉽게 풀었다면 여러분은 패턴에 관하여 어느 정도 알고 있습니다. 계속해서 주변에서 패턴을 찾아내고 숨어있는 질서를 알아낸다면, 여러분은 새로운 규칙이나 발견을 하는 과학자가 될 수 있습니다.

나. 우리 주변에 있는 패턴들

시영이 동생 시은이는 초등학교 2학년입니다. 시은이가 드디어 구구단을 외우기 시작했는데 매우 어려워하고 있습니다. 동생에게 구구단을 쉽게 외울 수 있도록 도와줍시다.

2 × 1 = 2 2 × 2 = 4 2 × 3 = 6 2 × 4 = 8 2 × 5 = 10 2 × 6 = 12 2 × 7 = 14 2 × 8 = 16 2 × 9 = 18	3 × 1 = 3 3 × 2 = 6 3 × 3 = 9 3 × 4 = 12 3 × 5 = 15 3 × 6 = 18 3 × 7 = 21 3 × 8 = 24 3 × 9 = 27	4 × 1 = 4 4 × 2 = 8 4 × 3 = 12 4 × 4 = 16 4 × 5 = 20 4 × 6 = 24 4 × 7 = 28 4 × 8 = 32 4 × 9 = 36	5 × 1 = 5 5 × 2 = 10 5 × 3 = 15 5 × 4 = 20 5 × 5 = 25 5 × 6 = 30 5 × 7 = 35 5 × 8 = 40 5 × 9 = 45
6 × 1 = 6 6 × 2 = 12 6 × 3 = 18 6 × 4 = 24 6 × 5 = 30 6 × 6 = 36 6 × 7 = 42 6 × 8 = 48 6 × 9 = 54	7 × 1 = 7 7 × 2 = 14 7 × 3 = 21 7 × 4 = 28 7 × 5 = 35 7 × 6 = 42 7 × 7 = 49 7 × 8 = 56 7 × 9 = 63	8 × 1 = 8 8 × 2 = 16 8 × 3 = 24 8 × 4 = 32 8 × 5 = 40 8 × 6 = 48 8 × 7 = 56 8 × 8 = 64 8 × 9 = 72	9 × 1 = 9 9 × 2 = 18 9 × 3 = 27 9 × 4 = 36 9 × 5 = 45 9 × 6 = 54 9 × 7 = 63 9 × 8 = 72 9 × 9 = 81

2단은 짝수로만 되어 있어.
3단은
4단은
5단은 0과 5가 반복되어 나와
9단은

혹시 여러분들은 구구단을 무조건 외웠나요? 아마 이런 경험이 있는 학생들이 많을 것입니다. 혹시 구구단 표에서 어떤 규칙을 발견하지 않았나요? 조금만 곰곰이 생각하면 수들의 규칙을 쉽게 찾을 수 있습니다. 이러한 규칙을 찾아내는 것이 바로 패턴 인식이이라고 합니다.

시은이는 시영이의 설명을 듣고 구구단 표를 곰곰이 보다가 구구단에서 각 단에서 다른 규칙을 찾기 시작했습니다.

3단

①	3	=	3	×	1
②	6	=	3	×	2
③	9	=	3	×	3
④	12	=	3	×	4
⑤	15	=	3	×	5
⑥	18	=	3	×	6
⑦	21	=	3	×	7
⑧	24	=	3	×	8
⑨	27	=	3	×	9

① 홀수와 짝수가 반복이 된다.

② 4번째 12는 1과 2를 더하면 3이 된다.

③ 첫째 자리와 둘째 자리를 더하면 3,6,9가 반복이 된다.

④ 끝자리가 1부터 9까지 다 있다.

시은이는 구구단 3단에서 십의 자리와 일의 자리를 더한 수가 3의 배수가 된다고 이야기하였습니다. 그래서 간단하게 증명을 해보기로 하였습니다. 120을 3으로 나누면 40입니다. 그리고 이 120을 1+2+0 = 3 즉 3의 배수가 됨을 알 수 있었다. 그래서 13572라는 숫자가 3으로 나누어진다는 것은 1+3+5+7+2= 18 즉 3으로 나누어진다고 했습니다.

이처럼 하나의 패턴을 찾아냈다는 것은 그 패턴이 같은 상황에 계속 반복된다는 것을 의미합니다. 이 반복을 이용하면 어려운 숫자들이 쉽게 3으로 나누어짐을 알 수 있습니다. 이처럼 패턴을 사용하면 숫자가 크거나 복잡한 어려운 문제들도 쉽게 해결할 수 있습니다.

그러면 6단, 7단, 9단의 패턴을 찾아보세요.

6단

①	6	=	6	×	1	①
②	12	=	6	×	2	
③	18	=	6	×	3	
④	24	=	6	×	4	②
⑤	30	=	6	×	5	
⑥	36	=	6	×	6	
⑦	42	=	6	×	7	③
⑧	48	=	6	×	8	
⑨	54	=	6	×	9	

7단

①	7	=	7	×	1	①
②	14	=	7	×	2	
③	21	=	7	×	3	
④	28	=	7	×	4	②
⑤	35	=	7	×	5	
⑥	42	=	7	×	6	
⑦	49	=	7	×	7	③
⑧	56	=	7	×	8	
⑨	63	=	7	×	9	

9단

①	9	=	9	×	1	①
②	18	=	9	×	2	
③	27	=	9	×	3	
④	36	=	9	×	4	②
⑤	45	=	9	×	5	
⑥	54	=	9	×	6	
⑦	63	=	9	×	7	③
⑧	72	=	9	×	8	
⑨	81	=	9	×	9	

구구단에서 각 단의 특징을 찾아 하나의 패턴을 발견하면 쉽게 외울 수 있을 뿐만 아니라 이 패턴으로 새로운 것을 발견하기도 하고, 그동안 모르던 문제를 해결할 수도 있습니다. 따라서 우리 주변의 사물에서 이러한 패턴을 발견한다면 과학에서 예측이나 새로운 가설을 세울 수 있는 근거가 됩니다. 다음으로는 패턴을 활용한 과학자들의 이야기를 살펴봅시다.

다. 위대한 발견은 패턴으로부터

1) 우주 속 행성 운동의 패턴 발견

여러분은 천문학을 연구한 케플러를 들어보셨나요?

케플러는 행성의 공전 궤도가 동그란 원이 아니라 타원이며(케플러 제1법칙), 행성의 공전 속도가 늘 일정한 것이 아니라 태양에 가까워지면 빨리 움직이고 태양에서 멀어지면 천천히 움직이며(케플러 제2법칙), 태양에 가까울수록 빨리 공전한다는(케플러 제3법칙) 사실을 밝혀냄으로써 행성 운동의 비밀을 풀었습니다.

위대한 과학자인 케플러는 사실 어린 시절 천연두의 후유증으로 관측을 할 수 없을 정도로 시력을 상실했습니다. 수학적 재능이 뛰어난 그는 그의 스승 브라헤이 관측한 자료를 받아 이를 수학적으로 분석하여 위대한 행성 운동 법칙을 발견할 수 있었습니다.

케플러는 오로지 관찰이 아닌 행성이 운동하는 모습을 수학적으로 계산만 하였습니다. 그리고 행성과 행성 사이의 규칙과 패턴을 발견할 수 있는 능력이 그에게 있었기 때문에 그는 위대한 과학적 업적을 남길 수 있었습니다.

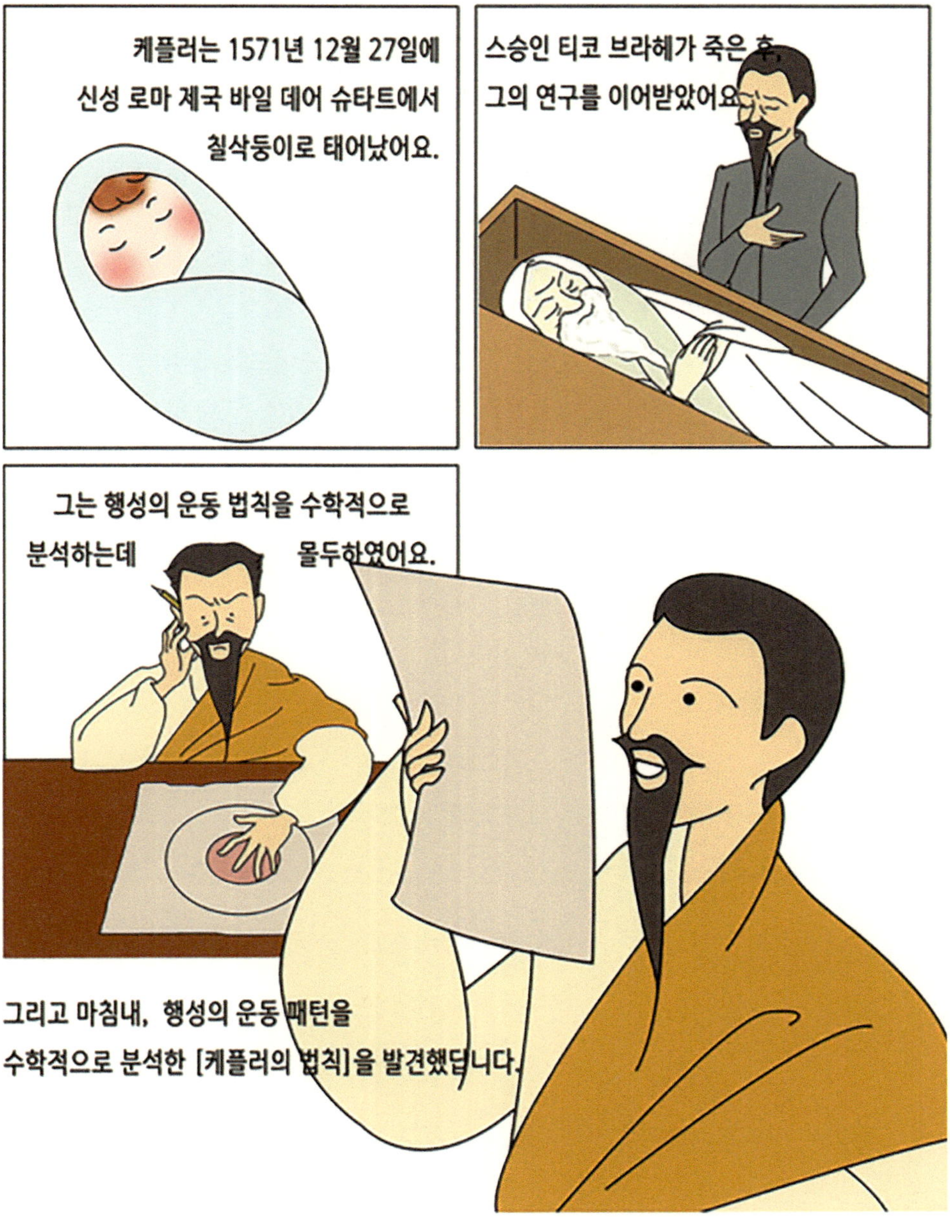
케플러는 1571년 12월 27일에
신성 로마 제국 바일 데어 슈타트에서
칠삭둥이로 태어났어요.
스승인 티코 브라헤가 죽은 후,
그의 연구를 이어받았어요.
그는 행성의 운동 법칙을 수학적으로
분석하는데 몰두하였어요.
그리고 마침내, 행성의 운동 패턴을
수학적으로 분석한 [케플러의 법칙]을 발견했답니다.

2) 자연 속 산과 염기의 색 변화 패턴 발견

여러분은 화학자 보일에 대해 들어보았나요?

어느 날 보일은 실험실에서 황산을 얻기 위한 증류 실험을 하고 있었습니다. 증류 실험 때문에 산의 연기가 났고 그 연기는 책상 위 제비꽃(바이올렛)에도 닿게 되었습니다. 이를 안타깝게 여긴 보일은 제비꽃을 씻어주려고 컵 속의 물에 담가 두었는데 얼마 후 컵을 보니 놀랍게도 보라색이었던 꽃이 빨갛게 변해 있었습니다. 여기서 힌트를 얻은 보일은 제비꽃에 다양한 산성 용액을 닿게 하니 역시나 빨간색으로 변하는 색 변화 패턴을 발견하게 되었습니다.

보일은 여기에서 그치지 않고 여러 가지 약초, 꽃 등의 추출액을 만들어 실험하였습니다. 그 중에서도 리트머스 이끼에서 얻은 추출액에 종이를 담근 다음 말린 리트머스 종이는 오늘날까지 산과 염기를 판단하는 도구로 널리 쓰이고 있습니다.

여러분들은 과학 시간에 리트머스 종이를 사용해본 경험이 있나요? 푸른색 리트머스 종이는 산성 용액(식초, 묽은 염산, 사이다 등)과 만나 붉은색으로 변하고, 붉은색 리트머스 종이는 염기성 용액(유리 세정제, 묽은 수산화나트륨 용액, 비눗물 등)과 만나 푸른색으로 변화합니다. 이렇게 그냥 지나칠 수도 있는 일이지만 일상의 사소한 현상도 놓치지 않고 여러 번의 실험으로 그 패턴을 인식하는 것은 과학자로서 매우 중요한 일입니다. 우리 함께 다양한 패턴을 알고, 찾아보고, 만들다 보면 패턴에 대한 민감한 눈을 갖게 될 것입니다.

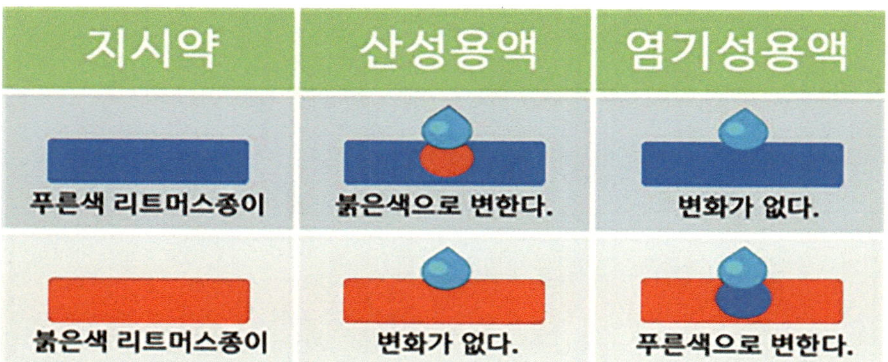

2. 우리 주변에서 패턴을 찾아보자

가. 반복되는 패턴

1) 반복되는 패턴을 알아 봅시다.

※ 시영이의 일상생활에는 비슷한 일이 많습니다. 하루, 일주일 그리고 1년을 기준으로 생각해보면 여러 가지가 많이 반복됩니다. 그럼 자신의 하루 생활에서 반복이 되는 것들을 찾아보세요.

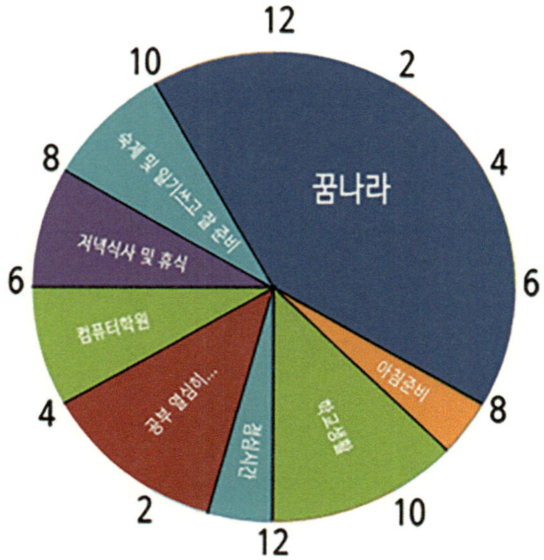

1) 자신의 생활에서 반복되는 것들을 찾아보세요.

①

②

우리 주변에는 많은 것들이 반복되고 있습니다. 그중에서 가장 많이 반복이 되는 것은 시간일 것입니다. 하루, 일주일, 1년이 반복이 되고, 이와같이 삶이 계속됩니다. 이처럼 반복되는 시간을 우리는 일정한 패턴을 형성한다고 이야기합니다.

2) 부모님과 놀이공원에 간 기억과 2주 전 저녁 식사 메뉴 중 여러분들은 어느 것을 더 쉽게 기억할 수 있나요?

---

3) 둘 중 더 기억이 잘 나는 것은 왜 그렇다고 생각하나요?

반복되는 일상을 우리는 잘 기억하지 못합니다. 가끔 새로운 일을 할 때 우리의 머리는 이것을 더 잘 기억합니다. 만약에 여러분들이 오늘 특별한 가족 나들이한다고 하면 이 경험을 오랫동안 기억할 것입니다. 하지만 매주 우리 가족이 나들이를 간다면, 당신은 나들이라는 패턴을 만들고 평범한 일상의 패턴으로 기억하여 잘 기억하지 못할 것입니다.

4) 1년을 기준으로 매 월에 자신의 삶에서 반복이 되는 것들을 찾아 원그래프로 그려보세요.

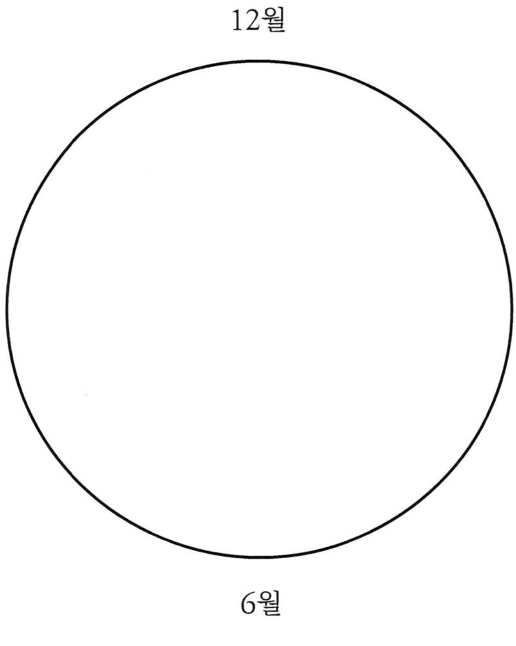

※ 우리 주변에는 일정한 모양과 무늬로 이루어진 패턴이 많이 있습니다. 아래 그림은 일정한 모양과 무늬가 반복되고 있습니다. 어떤 모양과 무늬가 반복되고 있는지 자신의 언어로 표현해보세요.

우리 주변에는 패턴으로 이루어져 있는 것들이 많이 있습니다. 이러한 패턴을 찾아 자신의 언어로 표현하는 것을 우리는 "패턴을 인식한다." 라고 표현합니다.

위 사진은 우리 주변에서 흔히 볼 수 있는 소나무의 솔방울입니다. 부채꼴 모양의 겉껍질이 원추 모양의 둥근 형태로 감싸면서 일정한 규칙을 가진 솔방울이 생겨납니다. 소나무에게 너는 왜 그렇게 생겨났니? 라고 묻는다면, 아마 솔방울은 이렇게 대답할 것입니다.

"하나의 패턴으로 표면을 만들면, 여러 개의 패턴을 만들 필요 없이 간단히 껍질을 완성할 수 있어"

우리 주변을 살펴보면 이렇게 하나의 패턴 형태가 전체를 만들어 나간다는 것을 알 수 있습니다. 우주도 마찬가지입니다. 솔방울의 겉껍질 하나로 전체를 유추하는 것처럼, 과학자들도 별자리의 운동과 색, 에너지를 측정하여 우주의 전체 모습을 알아갑니다. 솔방울과 우주의 모습에서 이렇게 패턴을 찾을 수 있습니다.

2) 우리 주변의 반복되는 패턴들

시영이는 학교에 갈 때마다 일정한 모양의 보도블록 위를 지나갑니다. 평소에는 그저 지나치던 보도블록이었는데 자세히 살펴보니 일정한 모양과 무늬로 이루어져 있는 것을 발견할 수 있었습니다. 모양이 반복되며 새로운 모양이 만들어집니다.

1) 다음 보도블록의 모습을 보고 물음에 답해 봅시다. 각각의 보도블록 속에 숨어 있는 패턴 3가지를 찾아 설명해보세요.

시영이네 가족은 테마파크에 가고 있습니다. 부모님께서는 운전을 하시며, 신호등의 빨간 등에는 멈추고, 초록 등에는 출발합니다. 그런데 시영이가 자세히 살펴보니, 초록 등이 꺼진 후 노란 등으로 짧게 바뀌고, 그 후에 빨간 등으로 바뀌는 것을 알 수 있었습니다. 그리고 화살표 신호등이 켜진 후 초록 등으로 바뀌는 것도 알 수 있었습니다. 이렇듯 신호에도 패턴이 존재합니다.

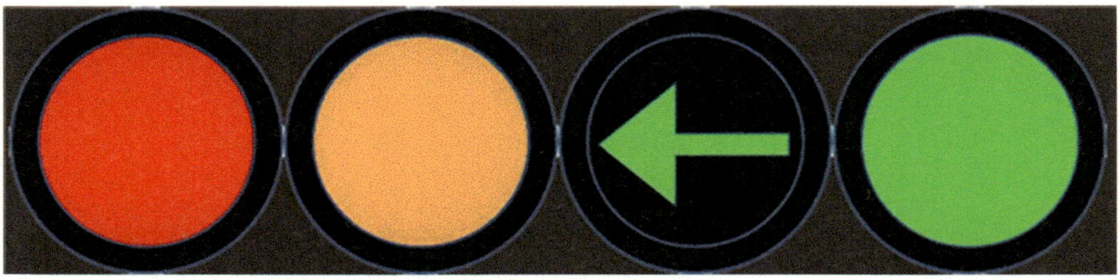

1) 우리 주변에서 흔히 볼 수 있는 운전자용 교통신호등 입니다. 신호의 패턴을 예상해보세요

( )색 → ( )색 → ( )색 화살표

( )초 → ( )초 → ( )초

( )색 → ( )색 → ( )색

( )초 → ( )초 → ( )초

2) 왜 그렇게 예상했는지 까닭을 써 보세요.

※ 신호등의 패턴과 비슷하게 흰색과 검은색 바둑돌을 가지고도 패턴을 만들 수 있습니다. 아래의 바둑돌 그림을 보고 물음에 답해보세요.

○ ○ ● ○ ● ● ○ ○ ○ ● ○ ● ● ○ ○ ○ ● ○ ● ● ○ ○

1) 바둑돌을 위와 같이 놓으며 반복되는 패턴을 찾아보세요.

2) 1)에서 찾은 패턴으로 계속 바둑돌을 둔다면 100번째 바둑돌은 어떤 색일지 써 보세요.

- 색깔 :

- 이유 :

3) 바둑돌로 여러분만의 패턴을 만들어 보고 그림으로 표현해보세요.

- 패턴 :

○ ○

(검은색 돌은 연필로 색칠하여 표현해주세요)

배치된 바둑돌의 패턴을 찾는 것을 패턴인식이라고 합니다. 그리고 여러분이 바둑돌로 패턴을 만든 것처럼, 새로운 패턴을 만드는 것을 패턴 형성이라고 합니다.

※ 전래동요 '대문놀이'는 우리 조상들의 삶이 담긴 문화예술 작품입니다. 다음 노래에서 반복되는 패턴 구조를 찾아보세요.

- 대문놀이 -

문지기 문지기 문 열어라 / 열쇠 없어 못열겠네
어떤 대문에 들어갈까 / 동대문에 들어가
문지기 문지기 문 열어라 / 열쇠 없어 못열겠네
어떤 대문에 들어갈까 / 서대문에 들어가
문지기 문지기 문 열어라 / 열쇠 없어 못열겠네
어떤 대문에 들어갈까 / 남대문에 들어가
문지기 문지기 문 열어라 / 열쇠 없어 못열겠네
어떤 대문에 들어갈까 / 북대문에 들어가
문지기 문지기 문 열어라 / 덜커덩 텅 열렸다

전래동요 대문놀이

1) 위 노래에서 반복되는 구조를 찾아 적어보세요.

①

②

2) 만약 대문놀이 가사에 반복이 없었다면 놀이와 느낌이 어떻게 바뀔지 생각해 보세요.

①

②

나. 증가되고 변형되는 패턴

1) 증가되고 변형되는 패턴은 무엇인가?

※ 일정한 규칙이 있는 그림을 똑같이 그릴 수 있도록 설명하기

선생님께서 그림 한 장을 보여주셨습니다. 그리고 이 그림을 똑같이 그릴 수 있도록 나머지 학생들에게 설명해보도록 하셨습니다. 물론 그려진 대상의 이름을 말할 수는 없었습니다.
여러분이라면 다음 그림을 어떻게 설명하였을까요?

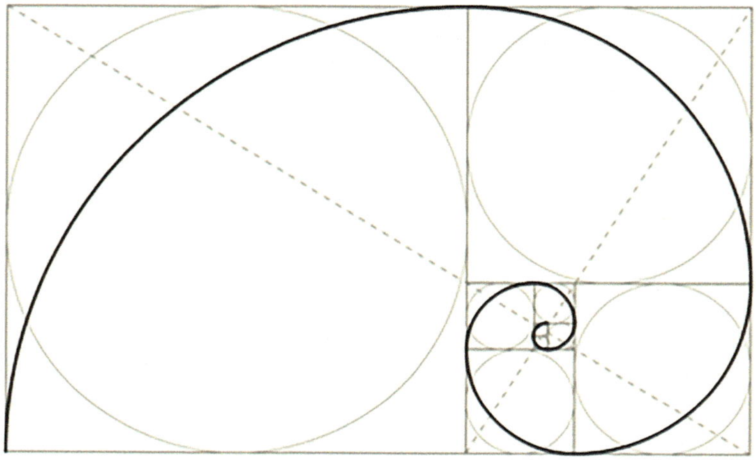

1) 위 그림을 보고 설명할 내용을 적어보세요.

증가되고 변형되는 패턴은 반복되는 패턴과는 다릅니다. 증가되고 변형되는 패턴은 한 개일 수도 있고 여러 개일 수도 있습니다. 그래서 이 패턴을 찾아도, 이를 설명하기는 어렵습니다.

※ 과학실에서 기르는 식물을 관찰하다가 재미있는 점을 발견했어요.

과학실에서 키우는 고사리는 같은 모양의 잎사귀가 반복되는 패턴을 가지고 있지만 보도블록처럼 똑같은 크기로 반복되는 것이 아니었어요.

"태훈아, 이 고사리 잎 좀 봐봐. 신기하지?"

"와, 정말! 이 줄기 하나 안에서도 수많은 패턴을 찾을 수 있네!"

"그런데 우리가 전에 보았던 보도블록이나 에셔의 작품 『나비』와는 조금 달라."

1) 위의 사진은 고사리의 줄기입니다. 고사리의 줄기를 관찰하며 발견할 수 있는 반복적인 규칙을 찾아 적어보세요.

2) 고사리에서 반복되는 기본 형태를 찾아 표현해보세요.

3) 고사리 줄기를 관찰하며 볼 수 있는 달라지면서 반복되는 규칙을 찾아 적어보세요.

우리 주변의 식물들의 잎과 줄기의 모양을 살펴보면 비슷해 보이지만 약간의 차이가 있는 증가되고 변형되는 패턴을 쉽게 발견할 수 있습니다. 같은 모양이 크기의 차이를 갖는 경우도 있고, 전체적으로 비슷한 가운데 변화가 있는 경우도 있습니다. 이렇게 증가되고 변형되는 패턴은 기본 단위나 기본 규칙이 증가하거나 변형되면서 만들어지는 패턴을 말합니다.

4) 우리 주변에서 증가되고 변형되는 패턴 찾아봅시다.

※ 다음 그림은 M.C.에셔의 작품 '천사와 악마'입니다. 시영이와 태훈이는 그림을 보며 예전에 만들어본 에셔의 테셀레이션과 비슷한 것 같으면서도 다르다고 느꼈습니다.

가) 그림 속 반복되는 패턴을 찾아보세요.

나) 그림을 자세히 관찰하고 반복 패턴에서 만들어 본 테셀레이션과 비교하여 어떤 점이 비슷하고 어떤 점이 다른지 찾아 적어보세요.

공통점	차이점

증가되고 변형되는 패턴은 많은 예술가들이 작품을 창작하는데 사용해 왔습니다. 기본이 되는 형태를 만들고 이를 이용하여 증가 · 변형시킨다면 전혀 다른 새로운 느낌과 함께 반복에서 발생하는 통일감도 느낄 수 있기 때문입니다.

5) 황금비가 무엇인지 소개한 태훈이는 이번엔 황금나선이란 말을 알려주었습니다.

"시영아 황금나선이라는 말 들어봤어? 솔방울이나 앵무조개가 커지면서 만드는 곡선 모양을 황금나선이라고 부른대."

"왜 이름이 황금나선일까? 나선이 커지는 게 황금비율과 관계가 있어서일까?"

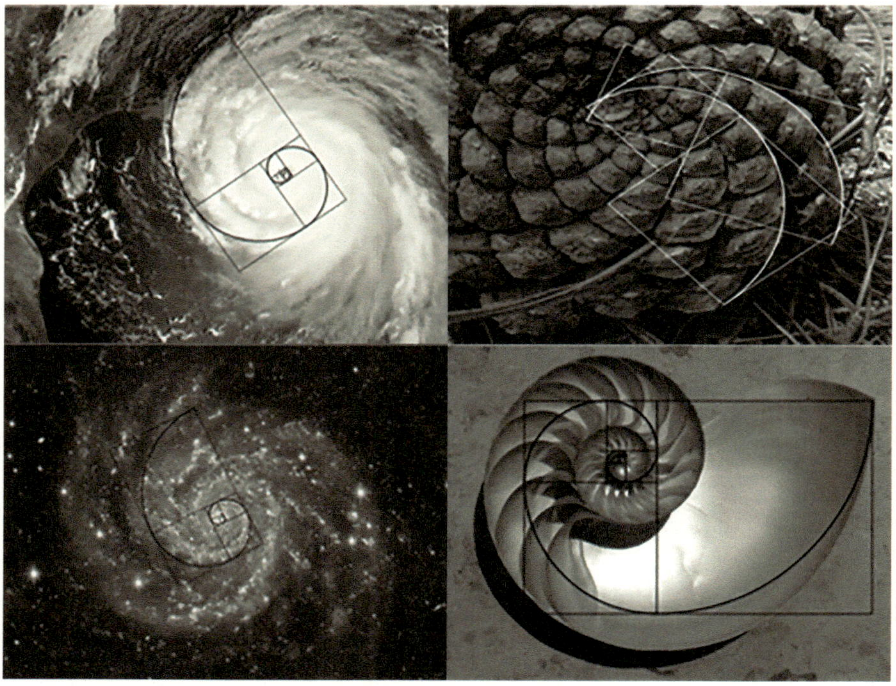

가) 위의 앵무조개 사진 속에서 나선 구조의 바깥쪽 가장 큰 반지름의 길이와 두 번째로 큰 반지름의 길이를 재어보세요.

나) 계산기를 사용하여 가장 큰 반지름의 길이를 두 번째로 큰 반지름의 길이로 나누어보세요.

다) 황금나선은 어떤 패턴으로 증가하고 있는지 설명해보세요.

황금비율은 무한소수로 떨어지지 않지만 보통 소수 셋째 자리까지 나타내서 1:1.618로 사용하고 있습니다. 황금비율이 아름답다고 한 것은 수학이 발달하였던 고대 그리스 사람들이 보기에 가장 안정감이 있고 균형이 잘 맞는 비율로 느꼈기 때문입니다. 그래서 고대 그리스 사람들은 많은 물건 및 건축물까지도 이러한 황금비율을 적용하여 만들었습니다. 다음은 숫자 패턴의 아름다움을 느낄 수 있는 피보나치 수열과 황금비율과의 관계를 나타낸 내용입니다.

6) 태훈이는 시영이에게 황금비율과 관련 있는 수학 문제를 하나 준비해왔습니다.

"시영아 내가 문제를 낼 테니까 맞춰봐! 아래 표의 숫자는 피보나치 수열이라는 건데 이 숫자들 속에는 어떤 패턴이 숨겨져 있어. 무엇인지 한 번 찾아볼래?"

0	1	1	2	3	5	8	13	21	34	55	89	144	233

가) 숫자 속에 숨은 패턴을 찾아 글이나 식으로 설명해보세요.

나) 서로 이웃한 두 수 중 큰 수를 작은 수로 나누어보세요.

2	÷	1	=
3	÷	2	=
5	÷	3	=
8	÷	5	=
13	÷	8	=
21	÷	13	=

다) 두 수를 나눈 몫에 일정한 패턴이 있나요? 있다면 어떤 패턴이 있나요?

라) 위의 피보나치 수열은 황금 나선과 어떤 공통점이 있나요?

마) 자와 컴퍼스를 사용하여 패턴에 따라 피보나치 수열 중 다음의 숫자들을 나선의 반지름으로 하는 황금나선을 그려봅시다.

0 1 1 2 3 5 8 13

피보나치 수열은 이탈리아의 수학자 피보나치에 의해 처음 소개된 것으로 토끼 번식에 관한 가정을 통해 마련한 비현실적인 상황이지만 수들의 관계가 자연의 현상을 설명하기 적합하며 황금비율과도 연관되고 다루는 이들에게 규칙성을 통한 재미도 있어 지금까지 전해지고 있습니다.

다. 두 개의 현상 속에 있는 패턴

1). 두 개의 현상 속에 숨어 있는 패턴은 무엇인가요?

다음 그림은 이탈리아의 화가 조토의 그림 『동방박사의 경배』입니다. 이 그림 위쪽에서는 하늘에 혜성이 지나가는 것을 볼 수 있습니다. 이 혜성이 담긴 그림은 시기적으로 언제쯤을 나타낸 것일까요? 조토는 14세기에 활동했으므로 아마 1301년에 그렸을 것입니다.

영국의 천문학자 핼리는 과거의 자료를 찾다가 우연히 76년 전에도 비슷한 유형의 혜성이 관측되었다는 것을 알게 되었고, 152년 전에도 유사한 관측 기록이 있다는 것을 발견하였습니다. 이를 통해 두 현상의 공통점을 찾기 시작하였고, 결국 같은 혜성이 일정한 궤도와 패턴을 갖고 지구 곁으로 다가온다는 것을 알게 되었습니다. 이로 인해 과거에 이와 유사하게 혜성이 등장하는 그림이나 현상을 가지고 다양한 시기를 근거와 함께 추정할 수 있었으며, 미래에도 혜성이 다가올 것임을 예측할 수 있었습니다.

2). 우리 주변에 두 현상 속에 숨어 있는 패턴을 찾아보기

※ 이야기 속 유사한 구조는 사람들의 인식 속에도 존재합니다. 다음은 동양과 서양이 서로 교류가 거의 없던 시기에 만들어진 『콩쥐팥쥐』 그리고 『신데렐라』입니다. 각각 등장하는 주인공은 다르지만 아주 유사한 이야기 구조를 가지고 있는 것이 매우 흥미롭습니다. 두 이야기 속 구조에 숨어 있는 패턴을 찾아보세요.

이야기 1

신데렐라는 어려서 어머니가 돌아가시고, 아버지는 새어머니와 두 딸을 데려오시게 됩니다. 새어머니와 두 딸은 신데렐라를 아버지 몰래 괴롭히며 신데렐라(재투성이 아가씨)라고 부릅니다. 그러다가 아버지가 돌아가시고 새어머니는 본격적으로 신데렐라를 부리며, 괴롭히기 시작합니다.
그러던 어느 날 왕자님의 아내를 뽑는 무도회가 열리고 새어머니와 두 딸은 무도회에 가려고 준비를 하지만 신데렐라는 갈 수 없었습니다. 새어머니가 시킨 많은 일들이 있었기 때문입니다. 새어머니가 두 딸을 데리고 무도회가 열리는 성으로 가자, 신데렐라는 자신도 무도회에 가고 싶다고 성을 바라보며 혼잣말을 합니다. 그 때 요정이 나타나 신데렐라에게 호박과, 두 마리의 쥐, 두 마리의 도마뱀을 잡아오라고 합니다. 신데렐라가 요정의 말대로 하자 요정은 호박을 마차로, 두 마리의 쥐는 말로, 도마뱀들은 마부로 변신시키지요. 신데렐라는 요정이 마법으로 만들어준 화려한 드레스와 유리 구두를 신고 호박 마차를 타고 성으로 갑니다.
성에서 왕자는 신데렐라에게 반하게 되고, 신데렐라는 왕자와 춤을 춥니다. 12시를 알리는 종이 치면 신데렐라의 마법은 풀리게 되는데, 신데렐라는 그것을 잊고 있었기에 12시를 알리는 첫 번째 종이 치자 정신이 들어 빨리 밖으로 달려나갔습니다. 이 때 급하게 내려가는 계단에서 유리 구두 한 짝이 벗겨졌고, 신데렐라는 가까스로 성 밖을 빠져나가자 마법은 풀려 버렸습니다.

왕자는 신데렐라를 잊을 수 없어 마을 안에서 신데렐라의 유리 구두 한 짝에 발이 맞는 여성을 찾으라고 하였습니다. 왕자의 명령을 받은 사람들이 마을의 처녀들을 모두 수색하고 신데렐라의 집에까지 왔습니다. 하지만 큰언니도 작은언니도 구두를 신어보았지만 맞지 않았습니다. 그 때 신하들이 신데렐라를 보고 그녀에게도 구두를 신어보라고 권하였고, 구두는 신데렐라의 발에 딱 맞게 됩니다. 그리고 신데렐라가 주머니에서 나머지 한 짝의 구두를 꺼내자 어머니와 두 딸은 소스라치게 놀랐습니다. 그 후 신데렐라와 왕자는 결혼을 하였고, 신데렐라는 새어머니와 두 딸을 용서하고, 새어머니와 두 딸도 자신의 죄를 뉘우치고 모두 행복하게 잘 살았습니다.

이야기 2

옛날에 콩쥐가 살았습니다. 콩쥐 어머니께서는 일찍 돌아가셔서 새어머니와 그 딸 팥쥐와 함께 살았습니다. 어느 날 콩쥐 아버지께서 돌아가셨고, 새어머니와 팥쥐는 콩쥐를 괴롭혔습니다. 며칠 뒤 새어머니와 팥쥐는 콩쥐에게 일을 시키고 새로운 원님 잔치에 갔습니다. 콩쥐도 잔치에 가고 싶었지만 새어머니가 시킨 방아 찧고 항아리에 물을 가득 채우고, 옷감도 짜야했습니다. 그런데 이를 불쌍하게 여겼는지 누군가 도움을 주기 시작했습니다. 방아는 참새들이 와서 다 해주었습니다. 항아리에는 구멍이 뚫려서 물을 못 채우는데 두꺼비가 구멍을 자신의 몸으로 막아서 물을 가득 채울 수 있었고, 선녀가 옷감을 다 짜주고 예쁜 신발과 옷을 주었습니다. 그래서 콩쥐도 잔치에 갈 수 있었는데 실수로 넘어져 신발 한 짝을 잃어버렸습니다. 콩쥐를 본 원님은 콩쥐의 모습에 반해 신발 주인을 찾았고 결국 콩쥐를 찾아 결혼식을 올렸습니다. 그런데 계모와 팥쥐는 질투 때문에 콩쥐가 마실 술에 독을 넣었습니다. 콩쥐는 그것을 먹고 쓰러졌지만 다행히도 독을 제거해서 살아났습니다. 계모와 팥쥐는 잡혀서 큰 벌을 받을 뻔 했지만 콩쥐의 용서 덕분에 살았습니다. 그 후로 콩쥐와 원님은 행복하게 잘 살았답니다.

1) 서양의 어린이들이 즐겨 듣던 신데렐라와 우리나라 어린이들이 즐겨 듣던 콩쥐 팥쥐 이야기 내용에는 유사한 점이 있습니다. 이 이야기의 유사한 점을 찾아보세요.

2) 지리적으로 멀리 떨어져 있던 우리나라와 서양의 어린이들은 유사한 구조의 이야기를 재미있게 보게 되었는지 생각해보세요.

라. 대칭되거나 회전하는 패턴

1). 대칭되거나 회전하는 패턴은 무엇인가?

※ 시영이는 미술 시간에 재미있는 표현 기법을 배웠습니다. 어떤 방법인지 살펴 보세요.

시영이는 선생님의 설명에 따라 몇 가지 색의 물감과 종이만을 이용하여 다음과 같은 작품을 만들었습니다. 몇 가지 물감을 선택해 종이에 짤 때에는 어떠한 작품이 나올지 상상하지 못했습니다. 하지만 종이를 반으로 접었다 펴는 순간 생각하지 못했던 모양과 혼합된 색이 나타나는 것을 보고 신기하게 느껴졌습니다. 선생님께서는 이러한 작업도 표현 기법의 하나이며, 우연의 효과를 이용한 자연스러운 작품이라고 하셨습니다.

시영이가 미술 시간에 배운 표현방법은 데칼코마니라고 부릅니다. 이렇게 우연의 효과를 이용한 데칼코마니는 그림의 좌우가 대칭되어 있다는 특징을 갖고 있습니다.

여러분들은 수학 시간에 선대칭과 점대칭에 대해 배웠나요? 아래 그림은 대칭축을 중심으로 완전히 접을 수 있는 선대칭도형과 대칭의 중심을 기준으로 180도를 돌렸을 때 처음의 모습이 되는 점대칭도형입니다.

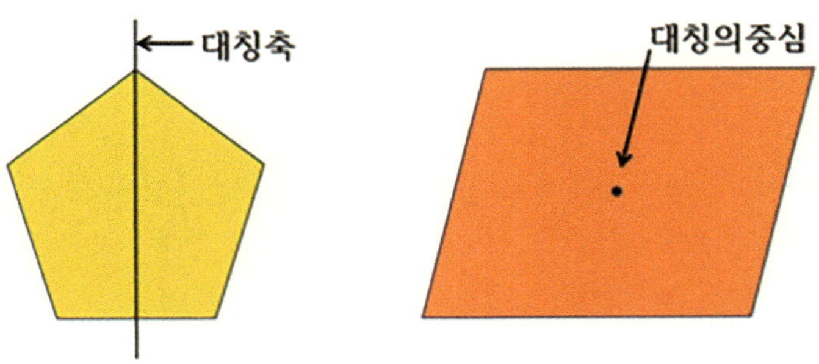

시영이는 요즘 쉬는 시간에 친구들과 다양한 모양의 스피너를 돌릴 생각만 하면 즐겁습니다. 내 손에 쏙 들어와 손가락의 작은 움직임에도 팽그르르 빠르게 도는 스피너를 보고 있으면 기특하다는 생각까지 들 정도입니다. 어느 날 선생님께서 미술 시간에 시영이를 보고 물었습니다.

"시영아 그 스피너는 건전지가 있는 것도 아닌데 어떻게 작은 힘으로도 잘 돌까? 혹시 원리를 설명할 수 있겠니?"

예상하지 못한 질문을 받은 시영이는 당황했습니다. 그동안 잘 돌아서 기특하게만 여겼지 왜 이렇게 움직이는지에 대한 의문은 갖지 않았기 때문입니다. 선생님께서는 시영이에게 앞에 놓여있는 스피너 세 개의 공통점을 찾아보라고 하셨습니다.

1) 여러분도 위 그림을 보고 공통점을 찾아 적어보세요.

①

②

스피너 모양의 공통점을 통해 이 물건이 작은 힘으로도 어떻게 잘 돌 수 있는지에 대한 답을 찾을 수 있을 것입니다. 이번 장에서는 대칭되거나 회전하는 패턴을 갖고 있는 것들을 찾고, 또 만들어 보는 내용을 다루도록 하겠습니다.

회전하는 물체는 회전하여도 본래의 모양은 변하지 않지만 우리가 보기에는 새로운 패턴이 나타납니다. 바로 이것을 우리는 착시현상이라고 부르고, 새로운 패턴으로 인식하게 됩니다.

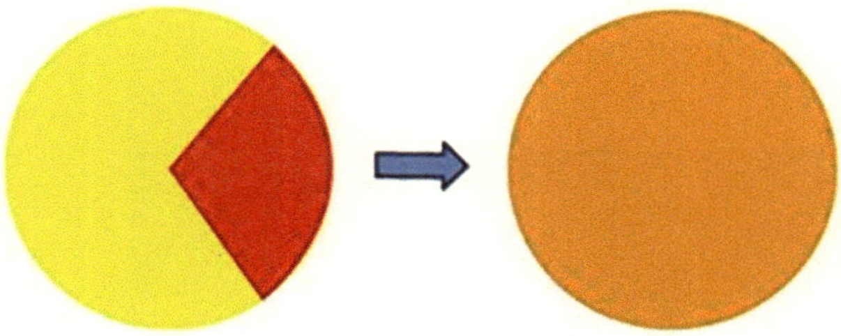

위와 같이 다양한 색을 칠하여 팽이를 돌린다면, 흔히 볼 수 있는 색이 아닌 자연스럽게 혼합된 색을 볼 수 있습니다. 만약 아래와 같은 팽이를 돌린다면 어떤 무늬를 볼 수 있을까요? 머릿속에서 상상의 팽이를 돌려보세요.

대칭 패턴은 기본 단위가 대칭되면서 만들어지는 패턴을 말합니다. 간단한 도형에서부터 글씨, 이야기 구조, 음악의 전개 등 다양한 곳에서 대칭 패턴이 사용되고 있습니다. 사람들은 불안정한 구조보다 대칭을 통한 균형을 더 편안하게 느끼는 경향이 있다고 알려져 있습니다. 우리 생활에서의 많은 부분에서도 대칭을 찾을 수 있고, 여러분들도 무의식중에 사용하고 있을 것입니다. 이번 장에서는 이러한 대칭 패턴을 찾고 만들며 여러분들의 생각을 확장해 봅시다.

2) 우리 주변에서 대칭되거나 회전하는 패턴 찾아보기

※ 시영이는 부모님과 함께 봄을 느끼기 위해 공원으로 놀러 갔습니다. 따뜻한 봄이 되어 많은 새싹들이 자라났고 일찍 핀 꽃들 주변에서 나비도 보게 되었습니다. 자세히 관찰하던 시영이는 새싹의 두 잎과 나비의 두 날개가 똑같은 모양이라는 것을 알게 되었습니다.

대칭에 대해 생각하며 주변을 바라보면 정말 셀 수 없이 많은 것들에 대칭이 적용되고 있습니다. 동물과 식물의 생김새뿐 아니라, 우리가 사용하는 물건들도 온통 대칭의 세상입니다.

자연뿐만 아니라 우리가 만드는 인공적인 것도 대칭으로 만드는 것들이 많이 있습니다.

예를 들어 캐나다 국기는 캐나다의 상징인 단풍나무 잎을 중심에 둔 선대칭 모양을 이루고 있습니다. 우리나라의 태극문양 역시도 가운데 대칭의 중심을 기준으로 점대칭 모양을 이루고 있는 것을 확인할 수 있습니다.

1) 우리 주변에 대칭을 이루고 있는 것은 무엇이 있을까요?

①

②

한 대상을 거울에 반사 시키거나 회전시켜서 처음의 모양과 포개어지게 만들 수 있을 때 우리는 이것을 **대칭**이라고 부릅니다. 대칭은 자연물 속에서, 동물이나 식물의 일부 모습에서, 숫자와 글자, 여러 가지 도형 속 등 여러 곳에서 쉽게 찾을 수 있습니다.

※ 글자에서도 대칭을 발견할 수 있습니다. 도형의 경우처럼 대칭축을 중심으로 반으로 접혀지는 것은 아니지만 같은 글자가 배치되어 대칭을 이루고 있는 문자들을 확인하면 글자의 배치에서 재미를 느낄 수 있습니다.

2) 아래 단어들과 같이 거꾸로 읽어도 발음이 같은 단어를 찾아보세요.

〈보기〉
기러기 mom

3. 내가 만든 패턴

가. 나만의 반복이 되는 패턴을 만들어보기

※ 시영이는 미술 시간에 우리 마을의 보도블록을 디자인해 보는 활동을 하였습니다. 선생님께서 주신 다음 조건에 맞게 보도블록을 만들어 보세요.

1. 4가지 각기 다른 모양의 블록이 사용해야 합니다.
2. 4가지 각기 다른 모양의 블록이 모여서 하나의 모양이 되어야 합니다.
3. 전체의 모양이 미적으로 통일된 그림이어야 합니다.

블록1

블록2

블록3

블록4

1) 위의 4가지 블록으로 하나의 일정한 모양과 무늬가 되도록 그려보세요.

나. 증가되고 변형되는 패턴 만들기

패턴은 인식하는 것도 중요하지만, 여러분들이 직접 관계를 이해하고 패턴을 형성하는 주체적인 사람이 되는 것이 이 장을 공부하는 이유입니다. 패턴을 잘 형성하는 사람들이 미래 사회에 적합한 아이디어를 제시하고 실현해 나아가는 창의적인 인재가 될 것입니다. 여러 가지 증가되고 변형되는 패턴 만들기를 연습해봅시다.

※ 시영이는 도서관에서 표트르 바르소니의 책 「피카소가 모나리자를 그린다면」를 읽다가 그림의 비슷한 점에 대해 궁금한 것이 생겼습니다.

표트르 바르소니는 우리에게 잘 알려진 레오나르도 다빈치의 '모나리자'의 기본 패턴은 유지하면서 다양하게 변형함으로써 감상하는 사람들로 하여금 비슷하지만 다른 느낌을 주고 있습니다. 또한 각 패턴을 유명 미술 작가의 화풍으로 패러디하여 새로운 작품으로 탄생시켰습니다.

이렇게 예술 작품은, 새로운 창작 뿐 아니라 기존의 작품의 패턴을 살린 채 변형하여 만들 수도 있습니다.

<출처:피카소가 모나리자를 그린다면?, 표트르 바르소니 글 그림, 이수원 역, 내인생의책, 2013>

1) 발견할 수 있는 패턴을 적어보세요.

가)

나)

다)

2) 여러분도 패턴의 변형을 통해 나만의 모나리자를 그려보세요.

원본의 형태를 많이 유지한 작품

원본의 형태에서 많이 벗어난 작품

3) 다음은 초등학교 2학년 학생들이 수학 시간에 사용하는 칠교놀이입니다. 칠교놀이는 탱그램 이라고도 부르며 7개의 조각이 기본 패턴인 작은 삼각형을 증가·변형하여 만든 도형 놀이입니다.

오른쪽 도형을 보면 이 정사각형은 보조선 눈금을 통해 16개의 작은 정사각형으로 나누어집니다. 또한 각 정사각형을 대각선으로 이등분한 작은 삼각형을 기본 도형으로 본다면 32개의 이등변 삼각형으로 구성되어 있습니다. 전체 정사각형의 1/32인 삼각형을 기본 도형으로 정해서 다시 왼쪽의 탱그램을 본다면 각 조각들은 7개의 기본 도형이 증가하고 변형된 것들임을 알 수 있습니다.

가장 큰 삼각형 조각은 기본 도형 8개가 합쳐진 것이고, 조각의 넓이를 기준으로 본다면 4개(3가지 모양의 조각이 해당됨), 2개로 이루어진 조각들로 이루어져 있습니다.

4) 아래의 물음표를 탱그램 조각으로 채울 수 있습니다. 연필을 이용하여 일곱 개의 탱그램 조각으로 나누어 보세요. 물음표의 아래 부분 정사각형의 크기를 유심히 보면 이 그림에 맞는 기본 삼각형의 형태를 생각해 낼 수 있습니다.

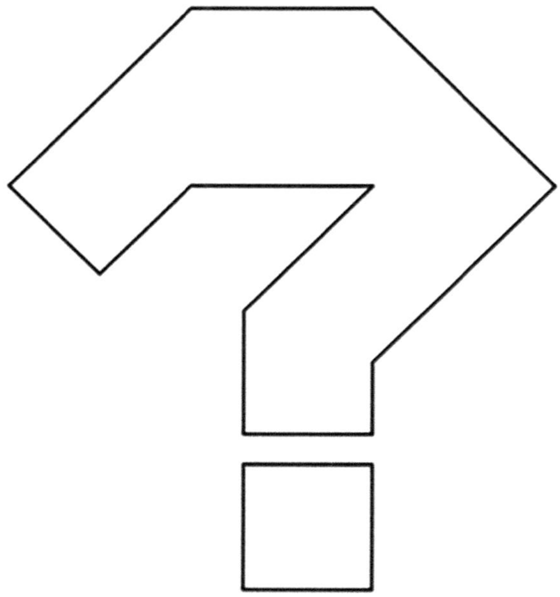

7개의 조각으로 모두 나누었다면 작은 기본 삼각형 32개로도 나누어보세요

5) 다음은 시이핀스키 삼각형입니다. 이 시이핀스키 삼각형은 아래의 그림처럼 정삼각형에서 중간의 선을 연결하여 지워 나가고 다음 삼각형도 마찬가지로 반복적으로 지워 나가면서 만든 삼각형입니다.

가) 1단계에서 처음 검은 삼각형은 몇 개인가요?

나) 2단계에서 검은 삼각형은 몇 개가 되나요?

다) 3단계에서 검은 삼각형은 몇 개가 되나요?

라) 4단계에서 검은 삼각형은 몇 개가 되나요?

마) 각 단계마다 삼각형이 늘어나는 패턴은 무엇인지 설명해 보세요.

바) 위에서 찾은 패턴에 따라 그려봅시다.

6) 태훈이의 설명이 쉽게 이해가 되지 않았던 시영이는 태훈이의 설명대로 도형을 그려보기로 하였습니다. 아래의 순서대로 따라 해보세요.

가) 아래의 정오각형에 대각선을 모두 그려보세요. 어떤 모양이 나오나요?

나) 자를 이용하여 한 대각선 위에 다른 대각선이 지나가는 점을 중심으로 긴 쪽의 길이와 짧은 쪽의 길이를 재보세요.

다) 긴 쪽 길이를 짧은 쪽 길이로 나눠보세요. 어떤 숫자가 나오나요?

라) 새로 만들어진 모양의 한 가운데에는 어떤 도형을 볼 수 있나요?

마) 새로 만들어진 도형에도 대각선을 그려보세요.

바) 똑같은 방법으로 대각선에서 긴 길이와 짧은 길이의 길이를 재보고 이를 나누어 보세요.

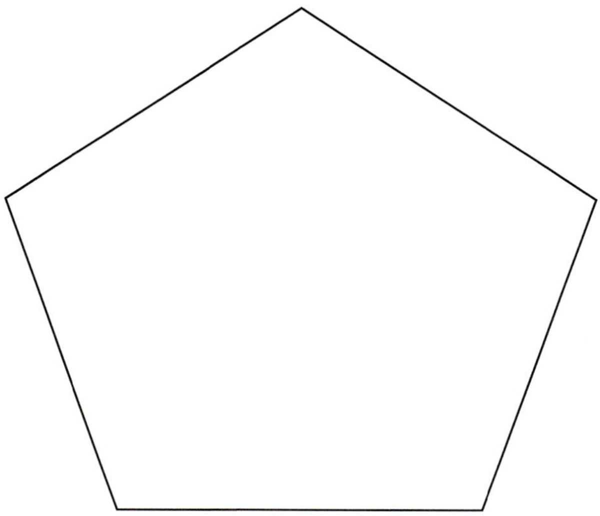

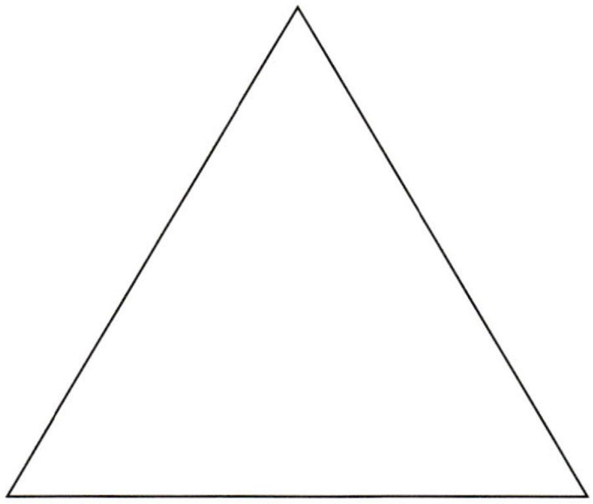

※ 아래 사진과 같은 패턴을 만들어보고, 나만의 증가하는 패턴을 가진 입체카드를 구상해 봅시다.

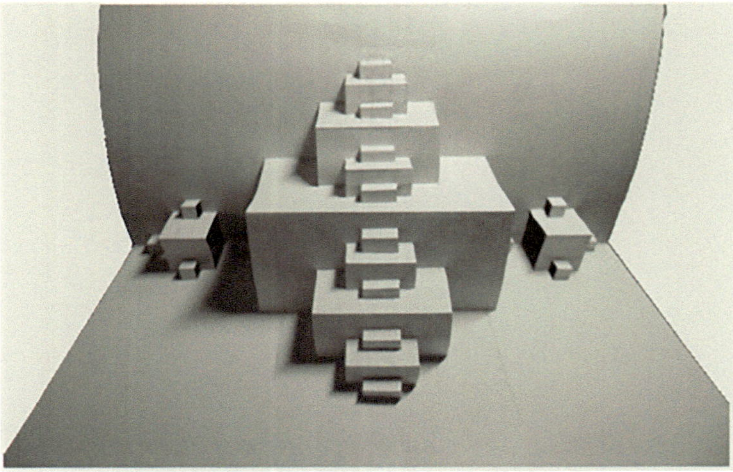

1) 사진의 입체카드는 어떤 패턴을 갖고 있을까요?

2) 다음의 영상을 참고하여 사진과 같은 입체카드를 만들어보세요.

https://youtu.be/QclTcFq-dys

다. 두 개의 현상 속에 있는 패턴 만들기

1) 아래 그림은 대부분 학교에서 쉽게 볼 수 있는 어떤 기구의 일부입니다. 각 부분의 그림을 보고 어떤 기구인지 상상하여 그려보세요.

여러분의 그림과 위 사진은 얼마나 유사한가요? 사진만 보고 전체의 모습을 그려보는 것은 많은 상상력이 필요합니다. 첫 번째 사진만 보고 여러분들은 바로 어떠한 기구인지 알아내기 어렵습니다. 두, 세 번째 사진까지 보아야 이것이 놀이터에 있는 그네일지도 모른다는 생각을 할 수 있습니다.

하지만 이 그네가 어떤 모양이며 몇 개가 있는지는 힌트만 보아서는 알기 어렵습니다. 여러분들이 알고 있는 그네의 특징을 생각하며 그림의 위치를 대략적으로 파악하고 그린다면 원본의 형태와 비슷하게 표현할 수 있을 것입니다.

2) 학교 정원의 동상 사진들을 보고 어떤 동상일지 그려보세요

첫 번째 그림은 풀에 가려 자세히 볼 수 없고 극히 일부분이라 어떤 동물인지 추측하기 쉽지 않았을 것입니다. 하지만 피부에 무늬가 있는 동물이고 서 있다는 것을 생각할 수는 있습니다. 두 번째 그림을 통해 입 모양을 보고 풀을 먹는 초식동물이라는 것을 알 수 있습니다. 마지막 세 번째 그림의 긴 목을 보면 많은 학생들이 기린이라는 답을 찾을 수 있을 것입니다.

라. 대칭되거나 회전하는 패턴 만들기

※ 대칭되거나 회전하는 패턴을 이용해 그림을 완성해보세요.

1) 아래 정사각형 도형 안에의 선 ①은 도형 안에 오른쪽 상단에 점을 찍고, 왼쪽 상단에서 1cm 아래에 점을 찍고 선 ②는 선 ①의 끝나는 지점에서 아래의 변에서 1cm 떨어진 지점에 점을 찍고 두 점 사이를 이었습니다. 선 ③은 선 ②가 끝나는 지점에서 오른쪽 변 끝나는 지점에서 1cm 떨어진 지점에 선을 이었습니다. 위와 같은 패턴으로 선으로 이어진 회전 그림을 그려보세요.

2) 위 그림의 특징을 찾아 적어보세요.

3) 자신이 새로운 패턴을 만들어 보고 이 패턴에 의해 그림을 그려봅시다.

패턴의 규칙

하나되기

제 Ⅴ 장

1. 하나되기가 필요한 이유

가. 기왕이와 영희의 고민

나. 하나되기의 좋은 점

여러분들은 다음 중 어떤 사람이 되고 싶습니까? 한 가지를 골라보세요.

- 모든 친구들이 좋아하는 인기쟁이
- 풍부한 감성으로 글을 적는 베스트셀러 작가
- 기존 물건의 단점을 보완해, 새로운 제품을 만드는 발명가
- 참신한 표현으로 시를 쓰는 시인
- 동물들의 행동을 이해하고, 치료해주는 수의사

각자 되고 싶은 사람이 있나요? 하나를 선택하지 못하겠다구요?

하나되기를 익힌다면, 여러분은 한 가지를 고를 필요가 없습니다. 하나되기를 통해서 위 모든 것을 해 낼 수 있기 때문이죠. 믿기지가 않는다구요?

그럼 차근차근 하나되기의 비밀을 여러분에게만 살짝 공개하겠습니다.

2. 하나되기란?

가. 하나되기란?

하나되기란 과연 무엇일까요? 이름에서 알 수 있듯이, 내가 아닌, 다른 대상과 하나되어서 세상을 바라보는 눈을 갖게 되는 것을 하나되기 라고 합니다.

아직은 하나되기가 낯설다구요? 걱정하지마세요. 지금부터 선생님이 우리 주변의 '하나되기' 사례를 소개해주겠습니다. 하나되기는 이미 우리 주변의 인기쟁이 친구들부터 베스트셀러 작가, 시인, 발명가에 이르기까지 각 분야의 성공한 사람들이 사용하고 있답니다. 그들이 각각 하나되기를 어떻게 사용했는지 궁금하나요? 지금 바로 만나봅시다.

나. 우리주변의 하나되기

옆 사진의 인물을 본 적 있나요? 위인전을 통해 읽은 친구들도 있을 거예요. 네, 바로 '제인 구달' 박사님의 사진입니다. 제인 구달 박사님은 침팬지 연구원으로, 평생 침팬지를 관찰하며 많은 사실을 발견했어요. 침팬지는 성격이 포악해 접근이 쉽지 않았던 탓에, 침팬지에 관한 연구가 많지 않았지요.
그렇다면 제인 구달 박사님은 어떻게 침팬지를 관찰할 수 있었을까요?

박사님은 침팬지를 관찰하기 위해, 약 10여 년간 침팬지들과 먹고 자며 생활하셨습니다. 처음에 침팬지들이 제인 구달 박사님을 경계하며 공격적인 모습을 보였지만, 시간이 흐르면서 침팬지들은 제인 구달 박사님에게 장난을 치기도 하고, 먹이를 나눠주는 모습을 보이는 등 제인 구달 박사님을 사람이 아닌, 자신과 같은 침팬지로 대하며 무리의 일원으로 받아들입니다.

훗날 제인구달은 이런 이야기를 합니다.

"어느 순간 나 스스로도 내가 침팬지라고 생각하게 되었다. 함께 생활하며 생각을 이해하게 되고, 많은 것들을 발견할 수 있었다 " 라고 말이죠.

맞습니다. 제인구달 박사님은 침팬지와 하나가 되어, 관찰을 한 것입니다.
우리가 앞에서 말한 '하나되기'를 동물에 적용한 대표 사례입니다.

여러분은 제인구달 박사님처럼, 다른 대상과 하나가 되어 본 경험이 있나요?
자신의 경험을 적어보세요.

이번에는 '하나되기'가 사용된 또 다른 예를 소개해드리겠습니다. 이번에는 시를 한 편을 소개하겠습니다.

다들 위의 음식을 아시나요?

맞습니다. 바로 간장게장입니다.

간장게장을 먹어 본 적 있나요? 간장게장은 참게를 통째로 간장에 담가 맛이 속살까지 스며들게 한 음식입니다. 간장게장 등딱지에 붙은 내장과 게살에 밥을 비벼서 먹으면 달콤하면서도 짭짤하고 또 고소한 맛이 일품이지요. 그 맛이 너무나 훌륭해서 사람들은 간장게장을 '밥도둑'이라고 부르기도 한답니다.

이러한 맛있는 반찬도 '하나되기'를 이용하여 관찰하면 멋진 시의 소재가 되기도 합니다. 일상생활에서 자주 보던 간장게장이라는 반찬을 주제로 쓴 시라니 궁금하지 않나요? 어떤 시인지 궁금하죠?

시의 제목은 〈스며드는 것〉입니다. 간장게장을 주제로 쓴 시인데 한번 같이 낭독해 봅시다

스며드는 것

안도현

꽃게가 간장 속에
반쯤 몸을 담그고 엎드려 있다
등판에 간장이 울컥울컥 쏟아질 때
꽃게는 뱃속의 알을 껴안으려고
꿈틀거리다가 더 낮게
더 바닥 쪽으로 웅크렸으리라

버둥거렸으리라 버둥거리다가
어찌할 수 없어서
살 속에 스며드는 것을
한때의 어스름을
꽃게는 천천히 받아들였으리라
껍질이 먹먹해지기 전에
가만히 알들에게 말했으리라

저녁이야
불 끄고 잘 시간이야

어떤가요? 더 이상 간장게장을 못 먹을 것 같다고요? 일반적으로 간장게장을 볼 때 '꽃게가 그냥 통 안에서 엎드려 있거나 뒤집혀있구나!' 정도로 생각을 합니다. 하지만 "바닥 쪽으로 웅크렸으리라"라는 표현은 내가 꽃게의 입장이 되어 보지 않고서는 나올 수 없는 표현이지요. 시인은 꽃게와 하나가 되어 이러한 예술적인 표현을 할 수 있었습니다. '하나되기'를 통해 평범한 사람들은 생각하지 못하는 기발하고 참신한 표현을 할 수 있게 되는 것입니다.

다음과 같은 자동차를 본 적이 있나요? 네, 캠핑카입니다.

최근 들어서 많은 사람들이 캠핑을 즐기면서 캠핑과 관련된 다양한 용품이 나오고 있습니다. 그중에서도 단연 돋보이는 캠핑용품은 바로 캠핑카입니다. 침대, 냉장고는 물론 화장실까지! 차 안에 없는 것이 없습니다. 캠핑카를 타면 전국 어디든지 갈 수 있고, 원하는 곳에서 캠핑할 수 있기 때문에 많은 사람들이 캠핑카의 매력에 흠뻑 빠져 있습니다. 이러한 캠핑카를 처음 만든 사람은 어떤 생각에서 만들게 되었을까요? 생각해 본 적 있나요?

캠핑카를 처음 떠 올린 사람은, 집과 '하나되기'를 해보았을 것입니다. 사물의 입장 즉, 집이 되어서 '아, 내가 집이 되어 보니, 움직일 수 없어 답답하구나' 불편함을 느꼈고, 움직이는 집에 대해 생각하게 되고 그에 따라 발명을 하다 보니 지금의 캠핑카처럼 움직이는 집이 나오게 된 것입니다. 그리고 집과 '하나되기'를 계속해나가면서 캠핑카의 부족한 점을 개선하고 고쳐나가면서 지금의 다양한 캠핑카가 나오게 된 것입니다.

위 그림은 무엇인가요? 맞습니다. 예쁜 식물입니다. 근데 이상한 점이 있지 않나요? 맞습니다. 식물의 뿌리가 흙이 아닌 물속에 잠겨있죠? 어떻게 이런 흙이 없는 화분을 만들게 되었을까요?

그것은 바로 식물들이 밖에서 추위와 더위 불안정한 강우량 때문에 고통을 받는 것에 대해 하나가 되어 느낀 결과 실내에서 LED 재배나 배양액을 이용한 재배, 수경재배 등 다양한 방법이 개발된 것입니다.

이처럼 여러 가지 분야에서 '하나되기'는 유용하게 쓰일 수 있는 생각의 기법입니다. 여러분도 반려동물과 대화를 하고 싶고, 예술적인 표현도 사용하고, 멋진 발명품도 만들고 싶나요? '하나되기'를 해보시기 바랍니다.

그럼 '하나되기'는 어떻게 해야 할까요?

3. 내가 만든 하나되기

누군가의 마음을 제대로 알지 못해 오해를 받은 적이 있나요? 친구의 말뜻은 그런 게 아닌데 내가 잘못이해를 하여 싸운적이 있지는 않나요? 다른 사람의 마음을 알기 위해서는 그 사람의 입장과 마음이 되어 보는 것이 중요합니다. 지금부터 하나되기를 잘 하기 위한 연습을 시작해봅시다.

가. 자세히보기

하나되기의 시작은 자세히 관찰하는 것으로부터 시작합니다. 1장에서 배운 내용을 떠올리며, 아래 사진을 자세히 살펴봅시다.

다음 두 그림을 보며, 관찰 할 수 있는 사실들을 적어보세요.

	사람	사물
바깥을 바라보기	· 어떤 행동을 하고 있나요? · 어떤 표정을 하고 있나요? · 주변 환경은 어떤가요?	· 크기는 어떤가요? · 어디에 사용하는 물건인가요? · 현재 상태는 어떤가요?
속을 바라보기	· 기분은 어때 보이나요? · 무슨 생각을 할 것 같나요?	

나. 뜯어보기

주변의 물건들을 자세히 바라보았나요? 이제는 자세히 바라보는 것을 넘어서 하나하나 분석하며 살펴보는 뜯어보기를 해야 할 차례입니다.

1) 등산하는 사람들

아래의 그림은 수현이네 가족들이 한 팀이 되어 등산하는 장면입니다. 사람들은 각자 다양한 장비를 가지고 서로 다른 곳을 바라보며 등산을 하고 있습니다. 여러 사람 중에서 다섯 명을 골라 그 사람들이 가진 도구, 표정 등에 주의하여 대화를 만들어 보세요.

(① 수 현) :

(②) :

(③) :

(④) :

(⑤) :

(⑥) :

(⑦) :

위의 그림 안의 인물들을 살펴보며 사람들을 분석해 보았나요? 인물들의 겉모습과 표정에서 무엇을 분석할 수 있었나요? 아마 다음과 같은 사실을 추측해 볼 수 있을 것입니다.

수현이는 무엇을 매고 있었나요?

아빠는 왜 손에 모자를 왜 들고 있었을까요? 모두가 모자를 쓰고 있는데 벗고 있다면 더위를 많이 타는 체질은 아닐까요?

삼촌은 시간을 보고 있어요. 시간을 중요시하는 사람이라면 철저하게 자기관리를 하는 사람은 아닐까요?

엄마는 가방의 매무새나 모자나 복장도 단정해 보이지요?

동생은 망원경을 가지고 있네요? 무엇을 보려고 하는 것일까요?

이처럼 사람들의 동작 하나하나, 소품 하나하나를 통해서 그 사람의 성격이나 특성을 분석할 수 있어요. 실제로 경찰들도 범인을 잡을 때, 사람들의 겉모습을 분석하여 사건 수사에 도움을 받기도 한답니다. 다음 예시글을 살펴보며 다른 친구들은 이 이야기를 어떻게 풀어나갔는지 살펴볼까요?

사촌 동생 : 형, 이모!! 저기를 봐보세요

엄마 : 응! 신기하구나! 호호

아빠 : 오우~ 신나겠는데? 다들 딴짓하지 말고 빨리 오렴

동생 : 엄마 잠시만요…. 망원경 좀 보고요

삼촌 : 지금이 00시 00분이구나 왕복하는데 도착시간을 맞추려면 서둘러야겠네.

형 : 저기 보지 말고, 빨리 걷자, 다들 빨리 오세요.

동생 : 기다려보세요. 그렇게 빨리 가면 여기에 있는 멋진 풍경을 못 보잖아요.

삼촌 : 형 말이 맞다. 시간이 없으니 빨리 올라가자꾸나.

아빠 : 날씨가 왜 이렇게 더워.

엄마 : 별로 덥지 않은데 당신은 왜 그렇게 더위를 타요?

아빠 : 나만 덥나? 너희들은 안 덥니?

수현 : 네 저희는 별로 덥지 않네요.

아빠 : 허허….

사람에 대해 분석할 때는 그 사람들에 대해서 알 수 있는 정보를 최대한 동원하여 분석하는 것이 중요합니다. 자세히 보기 단계에서 살펴보았던 얼굴 형태, 체형, 피부, 자세, 옷차림 등을 유심히 살펴보고 가족이나 친구 관계, 직업, 취미, 성향 등도 근거를 바탕으로 분석하는 것이 하나의 방법입니다.

2) 얼굴 그리기 (감정이입)

해맑게 웃고 있는 아기의 얼굴은 언제 보아도 항상 사랑스럽습니다. 아기가 이렇게 사랑스러운 표정을 짓게 된 상황을 상상하여 극본처럼 써봅시다. 또한 민호가 지금 처한 상황을 살펴보고 나라면 어떤 표정을 지을 것 같은지 그려봅시다.

표정	왼쪽의 표정을 짓게 된 상황

민호의 얼굴표정	왼쪽의 표정을 짓게 된 상황
	선생님: 자! 오늘 반가운 소식이 있어요. 오늘 서울에서 새로 전학온 친구를 소개할께요. 민호: (천사가 나타난 줄 알았어. 정말 예쁘고 주변이 빛이 나는 것 같아.) 선생님: 자! 자기 소개를 해볼까요 전학생: 안녕 나는 서울에서 온 한설이야. 만나서 반가워. 잘 지내보자. 선생님: 자! 한설이는 민호 옆에 앉으면 좋겠어요. 민호 어디있나요? 민호: (손든다) 한설: 짝꿍! 잘 부탁해

아기의 모습을 보며 표정을 짓게 된 상황에 대해 극본을 써 보았나요? 표정을 통해 우리는 상황에 대해 이해해 볼 수가 있습니다.

아래의 예시글과 자신의 글을 비교해 봅시다.

얼굴표정	왼쪽의 얼굴 표정을 짓게 된 상황
	엄마: 아가야...그만울렴 아기: 으아아~앙... 엄마: 우리 아기 배고프니? 엄마가 맘마 줄까? 아기: 앙~ 엄마: 자 어서 우리 아기 맘마먹자~ 아~

민호의 지금 상황을 그림으로 그려보았나요? 과연 민호는 어떤 표정을 짓고 있었을까요? 아래의 민호의 모습을 보고 내가 본 모습과 비교하여 봅시다.

민호의 표정	왼쪽의 표정을 짓게 된 상황
	선생님: 자! 오늘 반가운 소식이 있어요. 오늘 서울에서 새로 전학온 친구를 소개할께요. 민호: (천사가 나타난 줄 알았어. 정말 예쁘고 주변이 빛이나는 것 같아.) 선생님: 자! 자기 소개를 해볼까요 전학생: 안녕 나는 서울에서 온 한설이야. 만나서 반가워. 잘 지내보자. 선생님: 자! 한설이는 민호 옆에 앉으면 좋겠어요. 민호 어디있나요? 민호: (손든다) 한설: 짝꿍! 잘 부탁해

3) 동물의 생각 (의인화)

여러분들은 강아지나 고양이를 보면 어떠한 생각을 하나요? 반려동물의 마음을 알 수 있다면 좀 더 서로 마음을 주고받을 수 있지 않을까요? 내가 힘들 때 위로해주고 나의 마음을 조금이나마 나눌 수 있다면 얼마나 좋을까요. 그러기 위해서는 동물도 사람도 서로에 대해 이해하고 알려고 노력해야 합니다. 다음 동물의 사진을 보며 동물의 마음을 뜯어 봅시다.

강아지의 표정	표정을 짓게 된 상황

고양이의 표정	표정을 짓게 된 상황

4) 이야기를 꾸며봅시다

이번에는 여러분들이 배운 것을 활용하여 이야기를 만들어 볼까요?

아래에 있는 네 개의 그림의 순서를 배열해보고 인물들의 상황을 분석하여 빈칸에 써 보세요.

일이 일어난 순서 (　　　) - (　　　) - (　　　) - (　　　)

재미있는 이야기 한편이 금방 쓰여졌나요? 친구들이 만든 이야기도 한번 살펴볼까요? 여러분이 만든 이야기와 어떤 점이 다른가요?

일이 일어난 순서 (   ) - (   ) - (   ) - (   )

오늘 사장님이 직원들을 혼내셨어. 그래서 좀 우울해 창밖을 보았더니 어떤 아주머니와 아가가 무엇을 놀란 표정으로 바라보고 있었지. 무엇을 그렇게 보는가 싶어 오른쪽을 봤더니. 글쎄 어떤 어린아이가 나무에 매달리고 있었어. 나는 그 아이를 철없는 아이라 생각하고 다시 일했단다.

일이 일어난 순서 (   ) - (   ) - (   ) - (   )

남자아이와 남자아이의 엄마는 길을 가다 계단을 발견해서 올라갔었다. 계단에 올라가 보니 어떤 아저씨가 무언가를 발표하고 있었다. 남자아이는 너무 지루해서 나무에 올라가 놀았다. 그걸 본 아저씨는 "쯧쯧" 하면서 남자아이가 위험하게 논다고 생각했다.

다. 마음 만나보기

지금까지 여러분들은 다른 사람을 관찰하는 방법과 그의 상황 또 타인과의 관계까지 배워봤습니다. 이를 바탕으로 하여 여러분들은 다른 사람과 하나가 되는 경험을 할 수 있습니다. 왜냐하면 여러분들은 그들에 대해 이미 충분히 알고 있으니까요. 그렇다면 '하나되기' 사고는 어떤 상황에서 필요할까요? '하나되기'를 통해 문제해결을 한 이야기를 들려주겠습니다.

하나되기 사고를 통한 문제해결에 관한 이야기

미국의 오하이오주에 사는 알리사라는 여성은 자신이 키우는 강아지를 일주일간 집에 가두고 혼자 있게 하였어요.

강아지에게 먹이도 제때 주지 않고 방치한 혐의로 그녀는 기소되었지만 '1주일밖에 안 그랬는데?' 라며 반성하기는커녕 본인의 잘못을 인정하지 않았어요. 이에 판사 마이클은 알리사에게 자신의 잘못을 반성할 수 있도록 하나되기 사고에 기초를 둔 현명한 판결을 내렸어요.

첫째, 감옥에서 90일간 수감되어 있는 것,

둘째, 쓰레기더미에서 8시간을 보내며 강아지의 마음을 느껴보는 것이었어요.

알리사는 두 번째 안을 선택했고, 8시간 동안 쓰레기 더미에서 보내며 자신의 행동을 반성했어요. 알리사는 자신의 강아지가 더럽고, 냄새나는 지저분한 환경 속에서 얼마나 힘들었을지에 대해 깨닫게 되었어요.

그 후 알리사의 강아지는 건강을 되찾고, 새로운 가족에게 입양되어 행복하게 살았다고 합니다.

이 이야기에서 판사 마이클은 '하나되기'를 통해 강아지의 마음을 이해하였고, 강아지를 단지 동물이 아닌 사회적 약자로 보며 문제를 해결하고자 했습니다. 그래서 알리사에게 강아지의 마음을 느낄 수 있는 환경을 제공하는 판결을 내려 알리사가 뉘우치게 했습니다. '하나되기'적 사고가 없었다면 이러한 현명한 판결이 나오기는 어려웠을 겁니다.

위 사례처럼 '하나되기'를 잘할 수 있다면, 우리는 서로를 잘 이해할 수 있습니다.

그러면 이번에는 여러분들 교실 속에서 '하나되기'를 해볼까요?

미선이는 무슨 일이 있는지 교실 한구석에서 쭈그리고 앉아있습니다. 이러한 미선이 모습을 한참을 바라보다가 무작정 가서 미선이를 위로해주기보다는 미선이에게 무슨 일이 있었는지, 미선이의 마음은 어떠한지 생각해 보기로 했습니다.

1) 미선이가 되어 미선이의 마음을 떠올려보세요.

2) 위의 미선이의 마음을 기쁘게 해주기 위해 미선이의 마음 중 하나를 택해 아래의 빈칸을 완성해 봅시다.

- 내가 선택한 미선이의 마음은 무엇인가요?

- 왜 그 마음을 바꾸면 미선이가 기쁠까요?

- 미선이의 마음을 기쁘게 하려면 무엇을 바꾸어야 할까요?

- 미선이의 마음을 기쁘게 하려면 어떻게 바꾸어야 할까요?

'하나되기'는 다른 친구의 입장에서 상황을 바라볼 수 있도록 해줍니다.

내가 아닌 타인의 관점에서 상황을 본다면 좀 더 객관적으로 볼 수 있습니다. 이는 자신과 타인의 관계에서 좀 더 각각의 입장을 이해할 수 있다는 의미가 됩니다. 나의 입장만 알고 있을 때는 상대에 대해 이해하기가 어렵고, 오해가 생길 수 있습니다. 하지만 타인의 입장을 이해하고 볼 수 있다면 그들과 친해질 수 있고 타인의 마음을 얻을 수 있습니다. 나를 믿어주는 친구가 많아지고, 친구들에게 신뢰감을 얻을 수 있습니다.

라. 나도 훌륭한 시인

1) 다음 두 개의 시를 읽어보세요. 시에서 대상의 마음을 찾아볼까요? 왜 그러한 마음을 느꼈을지도 상황을 생각하며 상상해보세요.

월요일

이환천

토일요일
자기들이
미친 듯이
놀아놓고

내가뭐를
어쨌길래
뭐만하면
내탓이고

담쟁이

도종환

저것은 벽
어쩔 수 없는 벽이라고 우리가 느낄 때
그때
담쟁이는 말없이 그 벽을 오른다
물 한방울 없고 씨앗 한톨 살아남을 수 없는
저것은 절망의 벽이라고 말할 때
담쟁이는 서두르지 않고 앞으로 나아간다
한 뼘이라도 꼭 여럿이 함께 손을 잡고 올라간다
푸르게 절망을 다 덮을 때까지
바로 그 절망을 잡고 놓지 않는다
저것은 넘을 수 없는 벽이라고 고개를 떨구고 있을 때
담쟁이잎 하나는 담쟁이잎 수천 개를 이끌고
결국 그 벽을 넘는다.

2) 다음 제시어 중에 '하나되기'를 하고 싶은 대상을 한 가지 선정해 보고 O 쳐봅시다.

〈보 기〉

- 활활 타고 있는 초
- 아이들의 손에 쥐어 쥔 사탕
- 축구공
- 녹슨 자전거
- 상자에 담긴 초코파이와 혼자 떨어져서 포장지가 벗겨진 초코파이
- 교실에 있는 새
- 의자와 혼자 복도에 나와 있는 낡은 의자
- 날개가 부러진 독수리
- 추운 방을 따뜻하게 하는 난로
- 옛날 핸드폰
- 시간을 알려주는 자명종 시계
- 추수가 끝난 후 홀로 서 있는 허수아비
- 기름이 없는 자동차
- 버려진 학용품 등등….

3) 선정 대상과 하나되어 떠오르는 마음을 적어보세요.

떠오르는 마음	그렇게 생각한 이유

4) 3)에서 작성한 사물의 마음 중 도와주고 싶은 마음을 고르고, 그 상황을 머릿속으로 상상하며 그려지는 장면을 문장으로 써 보세요.

내가 선택한 대상

대상의 마음

5) 위에서 쓴 글을 시의 형식으로 고치기 위해서 행과 연을 나누어 보세요. 보기에 예시를 보면서 나누어 봅시다.

행을 나누는 것 / 로 표시

연을 나누는 것 // 로 표시

나는 빵이 좋다./ 나는 짜장면이 좋다/ 나는 불고기가 좋다.//

나는 맑은날이 좋다/ 나는 자동차가 좋다. / 나는 꽃이 좋다.//

6) 5)에서 수정한 글을 내가 표현하고 싶은 내용이 함축적으로 드러나도록 짧게 바꾸어 써 보세요.

7) 위의 글을 랩을 부르는 느낌이 나도록 고쳐 써 보고 한번 불러 보세요.

8) 노래로 적어본 글을 시로 적어 보세요.

마. 나는 만화가

영화 '토이 스토리'를 봤나요? '토이 스토리'에서는 사람이 없을 때 장난감들이 말을 하면서 대화를 합니다. 우리가 사용하는 물건들이 말을 한다면, 과연 무슨 말을 할까요? 여러분이 학교에서 신는 실내화는 여러분에게 무슨 말을 하고 싶을까요? 사각사각 글씨를 쓰게 해주는 연필은 여러분에게 무슨 말을 할까요? 다음 만화를 살펴봅시다.

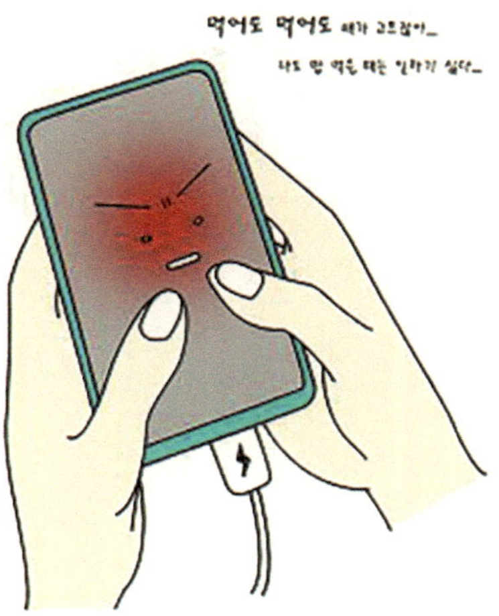

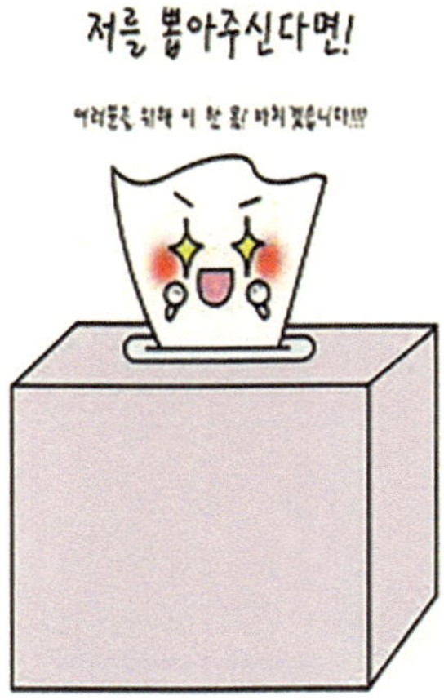

다음 그림을 보며, 물건과 하나되어 앞의 예시처럼 만화를 그려보세요.

바. 나는 발명가

생체모방이란 생명을 뜻하는 'bios'와 모방이나 흉내를 의미하는 'mimesis' 의 두 개의 그리스 단어에서 따온 단어에서 왔습니다. 자연에서 볼 수 있는 디자인적 요소들이나 생물체의 특성들 연구 및 모방을 통해 인류의 과제를 해결하는 데 도움을 주는 과학기술이라고 할 수 있습니다. 현재 과학 및 기계공학에도 다양한 부분에서 생체모방의 기술이 활용되고 있습니다. 이번에는 잠자리의 특징을 살펴보고 잠자리의 마음을 생각하여 새로운 비행체를 디자인하는 것에 초점을 맞추어 활동해봅시다.

1. 다음 사진에서 잠자리의 특징을 찾아보며 잠자리의 마음에 대해 살펴보세요.

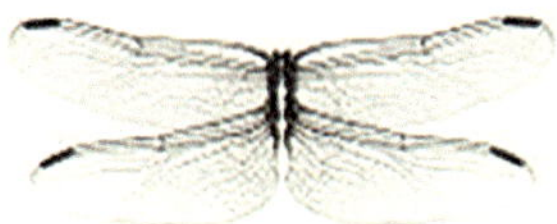

잠자리의 날개짓
→ 4개의 날개가 따로 움직임

잠자리의 탈피
→ 새로운 모습으로 바뀜

〈잠자리의 모습〉

잠자리의 눈
→ 육각형의 낱눈이 모여됨

잠자리의 다리
→ 날카로운 사냥무기

2. 위의 잠자리 마음 중 세 가지를 선택해보고 새로운 비행체를 디자인하기 위해 왜, 무엇을, 어떻게 바꾸면 좋을지 생각해 보세요.

가. 첫 번째 마음

대상의 마음	
왜	
무엇을	
어떻게	

나. 두 번째 마음

대상의 마음	
왜	
무엇을	
어떻게	

다. 세 번째 마음

대상의 마음	
왜	
무엇을	
어떻게	

3. 위에서 선택한 잠자리의 마음을 조합하여 새로운 비행체를 만들어 보세요.

<table>
<tr><th colspan="2">〈상상 설계도〉</th></tr>
<tr><td rowspan="2">잠자리의 바꿀 부분1</td><td>대상의 이름</td></tr>
<tr><td rowspan="3"></td></tr>
<tr><td>잠자리의 바꿀 부분2</td></tr>
<tr><td>잠자리의 바꿀 부분3</td></tr>
</table>

하나된다는 것은 내가 대상의 입장에서 생각하는 것을 뛰어넘어 대상과 일체화가 된다는 의미입니다. 내가 직접 그 대상이 되어 마음을 이해해봄으로써 대상의 삶을 이해하는 것입니다. 사람과의 관계에 있어서도 내가 그 사람의 입장이 되어서 하나가 된다는 것은 그 사람 자체가 되어 보는 것입니다.

선생님이 앞부분에서 말한 인기 많은 친구의 비밀, 이제 알겠나요?

여러분들도 친구들을 자세히 관찰하고 분석할 수 있다면, 그 친구들의 숨겨진 마음까지도 이해할 수 있습니다. 그래서 친구들의 속상한 마음, 서운한 마음까지도 이해하고 배려하면, 그 친구들 역시 여러분들에게 마음을 열고 다가오게 될 겁니다.

생택쥐페리가 쓴 『어린 왕자』에서 왕자가 이러한 말을 합니다.

“세상에서 가장 어렵지만 중요한 일은 사람의 마음을 이해하는 것입니다”

하지만 걱정하지 마세요.

여러분들은 이제 친구들을 이해하기 위해 무엇을 어떻게 해야 하는지 알고 있으니까요.

다른 시각으로 생각하기

제 VI 장

1. 거꾸로 생각하면 문제가 풀려요.

가. 어려운 문제는 다른 관점으로 풀어볼까요?

다현이와 민솔이의 고민을 들으니 선생님이 힌트를 주지 않을 수가 없네요. 평소에 라면을 안 좋아하는 친구들도 있을 수 있으니 마트의 라면 코너를 촬영한 사진을 힌트로 줄게요. 여러분도 함께 RTA 라면을 찾아보세요.

잠깐, 혹시 너무 답답한 마음에 스마트폰으로 RTA라면을 검색하는 친구들은 아래 그림처럼 다양한 '다르게 생각하기' 방법으로 RTA라면을 찾아보는 건 어떨까요?

여러분이 생각한 RTA라면은 무엇인가요?

나. 유명한 기업들은 어떻게 역발상을 사용했을까?

여러분은 '역발상'이라는 말을 들어보았나요? 역발상이라는 단어를 처음 들었다면 어렵게 느껴질 수도 있습니다. 하지만 앞에 나왔던 RTA라면과 같은 '다르게 생각하기'와 비슷한 개념이라고 생각하면 쉽게 느껴질 거예요. 역발상이 여전히 낯설게 느껴진다면 서점과 관련된 이야기를 읽으며 친숙하게 느껴지길 바랍니다.

예전의 서점은 '책을 파는 공간'이었는데 요즘의 서점은 역발상 경영을 통해 '책을 체험하는 공간'으로 달라져 새로운 모습이 되었어요. 사람들이 서점에서 책과 관련된 문구, 음반, 액세서리 등을 책과 함께 구입하게 되어 서점의 매출은 증가했습니다.

(출처: 알라딘 공식 페이스북 https://www.facebook.com/aladin/)

다른 역발상 아이디어로 변신한 서점도 있습니다. 여러분은 사람들이 구입한 대부분의 책을 한두 번 정도 읽고 책장에 꽂아 둔 채로 보관한다는 사실을 알고 있나요? 이 사실을 알아차린 직원의 건의로 변화가 시작되었답니다. 책을 '판매'하는 공간인 서점에서 거꾸로 책을 '구입'하는 공간으로서 달라지게 되었죠. 그 서점이 바로 중고 서점입니다.

여러분도 이와 같은 역발상을 경험 해 본 적이 있나요? 자신의 경험담이나 알고 있는 이야기를 알려주세요.

다. 오래된 아이디어를 다른 관점으로 바라보면 새 아이디어가!

멋진 신사의 모습을 그린 그림입니다. 그런데 자세히 보니 이 그림은 특이한 점들이 있습니다. 그림 속에서 발견한 것들을 찾아 하나씩 적어봅시다.

혹시 서로 비슷하지만 조금씩 다른 얼굴들을 발견했나요? 제시된 그림에는 서로 다른 얼굴들이 10개나 숨겨져 있습니다. 모두 다 찾기는 쉽지 않으니 너무 실망할 필요는 없어요.

그렇다면 앞에 나온 그림은 어떻게 만들어졌을까요? 지금으로부터 200여년 전 프랑스에 트럼프 카드를 좋아했던 친구가 살았어요. 아이는 카드에 등장하는 잭(J), 여왕(Q), 왕(K)의 캐릭터를 따라 그리다가 자신만의 캐릭터를 만들게 되었는데, 그 그림이 바로 앞에 제시된 그림이에요.

200여년 전 프랑스에 살았던 친구에게 영감을 주었던 트럼프 카드와 그 친구가 새로운 아이디어로 그린 그림에는 우리가 앞서 살펴본 'RTA라면'과 '서점'이야기를 통해 배운 '뒤집어 생각하기'를 적용했다는 공통점이 있습니다. 그리고 이 방법을 이용하여 아이는 자신만의 캐릭터를 만들었죠.

여러분은 평소 좋아하는 캐릭터가 있나요? 거꾸로 생각하기를 적용하며 캐릭터를 변화시켜 나만의 캐릭터를 만들어 보는 것은 어때요?

2. 다른 관점으로 바라보기

가. 장소 바꾸기

민솔이는 인터넷을 하다가 재미있는 사진을 발견했습니다. "다현아 이것 좀 봐, 엄청 웃기지?" 어떤 캐릭터의 사진을 배경만 바꿔서 여기저기에 합성해 놓으니 정말 재미있는 사진들이 되었습니다.

배경을 어떻게 그리느냐에 따라 같은 인물이라도 180도 다른 상황으로 분위기가 바뀝니다. 인물의 상황에 어울리게 다양한 배경을 그려 넣어 보세요.

민솔이는 그림을 그리다가 갑자기 좋은 생각이 떠올랐습니다.

"다현아, 사람 뿐만 아니라, 물체도 다른 장소에 가져다 놓으면 새로운 아이디어를 얻을 수 있지 않을까?"

바람개비 그림을 통해 연습해 봅시다. 바람이 부는 언덕 위에 바람개비가 놓여 있으면 바람이 불 때마다 빙글빙글 돌아가며 전기를 생산하는 풍력발전기를 상상할 수 있죠?

어느 장소에 있느냐에 따라 얼마나 다양한 쓰임새를 발견할 수 있을까요? 주변의 공간이나 장소를 관찰해보고, 사진을 찍어서 아래에 붙여 봅시다. 그리고 필요한 공간에 아래의 바람개비 스티커를 붙이고, 추가로 그림을 그려 새로운 용도를 발견해 봅시다. 전혀 어울릴 것 같지 않은 공간에 활용해보면 더욱 재미있을 겁니다.

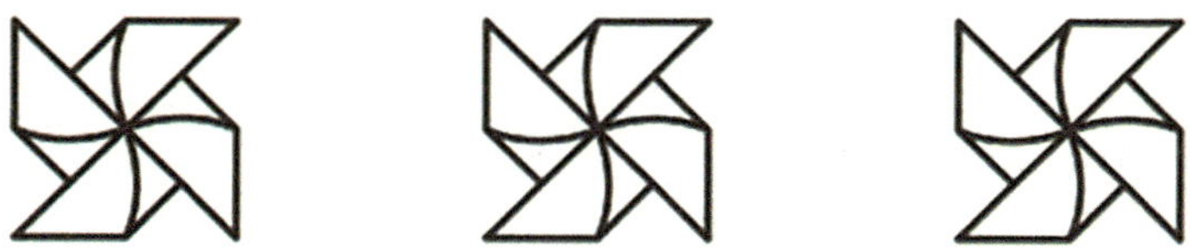

나. 관점 옮기기

1) 부정을 긍정으로 바꾸기

서울대학교 기계항공 공학부의 여재익 교수팀은 로켓이나 화약의 '비정상 연소 현상'을 연구했어요. 대부분의 사람들이 이것을 연구하는 이유는 연구를 통해 비정상 연소라는 '오류' 현상을 없애거나 줄이려고 하는 것이 목적입니다. 그러나 여재익 교수팀은 이 현상을 오히려 긍정적인 관점으로 해석하여, 바늘이 없어 아프지 않은 주사기를 개발했답니다. 고무막으로 막힌 용기 위쪽의 물 부분에 레이저를 쏘면, 순식간에 거품이 생겼다가 터지면서 대기압 기준으로 10,000배의 압력이 발생해 고무막을 밀고 그 힘으로 머리카락 두께정도의 미세한 구멍을 통해 약물이 분사되도록 한 것입니다.

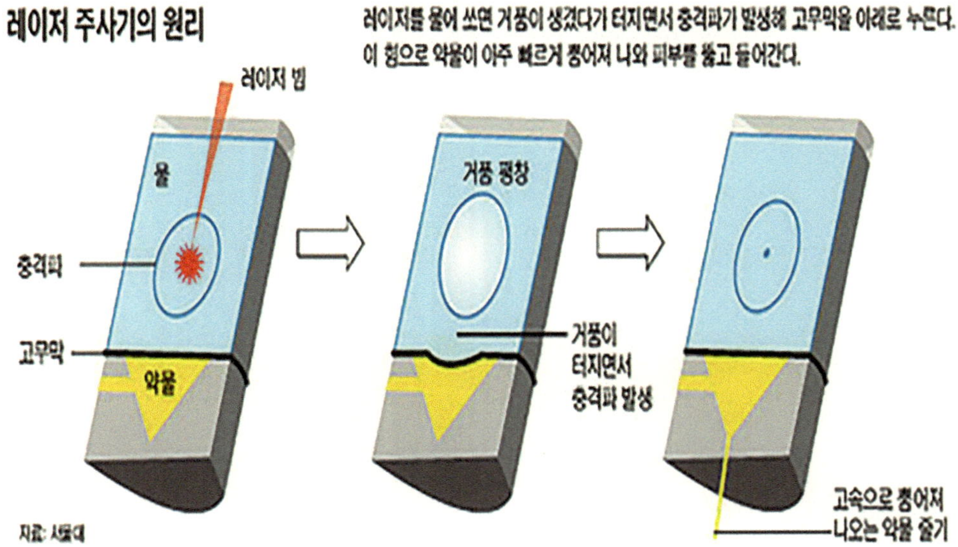

부정적인 현상을 새롭게 바라보고, 긍정적으로 이용해서, 이미 있는 기술도 새롭게 응용하는 자세! 멋지지 않나요?

여러분 주변의 부정적인 현상들은 무엇이 있을까요?

긍정적으로 바꾸어 볼까요?

2) 주된 관점으로부터 벗어나기

오늘은 이야기는 우리 선생님에 관한 간단한 퀴즈로 시작해 봅시다.

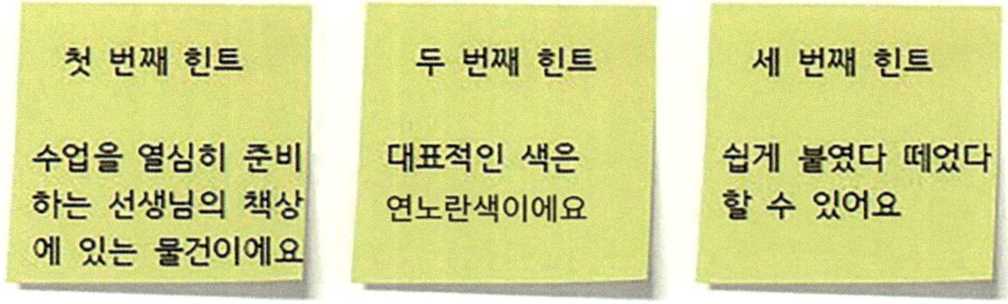

정답은 바로 포스트잇(Post-it)이에요. 다양한 색상과 모양을 가진 포스트잇은 사무실에서 일하는 어른들에게는 꼭 필요한 필수품이 되었습니다. 그런데 이 제품은 일부러 만들기 보다는 우연하게 만들어진 제품이라고 합니다. 우리가 교실에서 사용하는 풀과 같은 접착제가 처음 만들어질 때는 좀 더 강력한 접착력을 가질 수 있도록 연구했어요. 하지만 포스트잇은 접착력이 그렇게 강하지 않았죠?

그런데 한 연구원이 쉽게 붙였다 떼었다 할 수 있는 포스트잇의 성질을 이해하고 책갈피로 사용하기 시작했습니다. 그리고 포스트잇에 메모를 하며 책 뿐만이 아니라 벽에도 붙이며 접착 메모지로 활용하는데 아이디어를 제공했다는 이야기가 있어요.

여러분도 혹시 이런 경험이 있나요? 우리가 당연히 생각하는 고정관념에서 벗어나서 생각하는 것과 비슷한 역발상 방법이 있습니다. '주된 관점으로부터 벗어나기'란 역발상 방법이에요. 고정관념은 사물이 갖는 독특한 특성을 무시한 채 특정한 생각에 가두어 버린다는 의미입니다.

"접착제는 강해야 해!"

주된 관점

"접착제가 꼭 강해야 해?"

새로운 관점

"고정관념은 자신의 생각을 가두는데 비해
역발상은 이 고정관념에서 벗어나는 겁니다."

그러면 우리도 혹시 포스트잇의 독특한 특징을 알아보면 새로운 포스트잇의 역할을 찾을 수 있지 않을까요? '역발상' 생각법을 활용해 봅시다. 먼저 제시된 사진을 자세히 관찰하며 포스트잇의 독특한 특징부터 찾아봅시다. 사진으로 부족하다면 마을 주변의 문구점에 가면 다양한 포스트잇 제품을 만날 수 있답니다.

(출처: 포스트잇 공식 페이스북 https://www.facebook.com/pg/postitkr/)

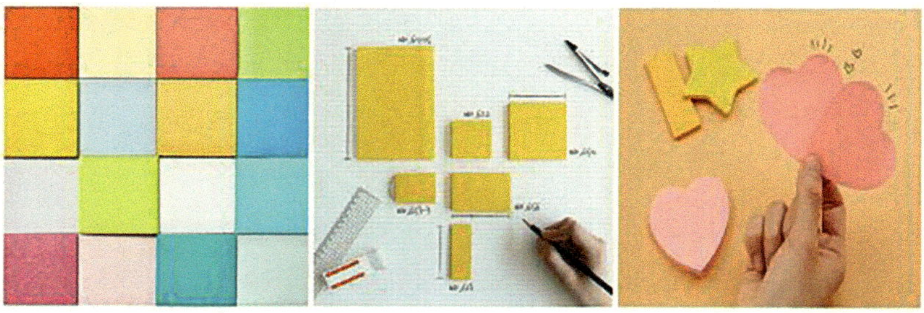

다음으로 여러분이 찾은 포스트잇의 독특한 특징을 활용해 새로운 관점을 찾아보세요

독특한 특징		새로운 관점	주된 관점을 벗어나서 좋은 점
	→		
	→		
	→		

선생님이 찾은 특징은 다음과 같아요. 알록달록한 색과 잘 떨어지는 접착력이 포스트잇만의 독특한 특징이라는 점을 활용해 포스트잇을 물감으로 생각해봤습니다. 그리고 이것을 통해 예술 영상을 만들 수 있습니다.

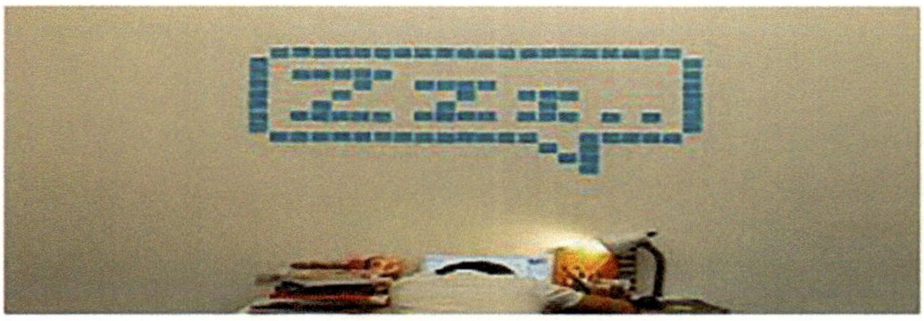

출처: 유튜버 bunliu

포스트잇 아트

영상을 재미있게 보았나요? 그럼 영상을 제작한 유튜버(Youtuber)에 대해서 생각해봅시다. 2019년 교육부와 한국직업능력개발원에서 실시한 설문조사에 따르면 초등학생 장래희망 설문조사에서 유튜버와 같은 '콘텐츠 크리에이터'가 3위를 차지했고 최근 조사에서도 꾸준히 상위권을 기록했다고 합니다.

그래서 이번에는 '유튜버가 되고 싶은 나'라는 설정을 통해 부모님이 가진 유튜버에 대한 주된 관점을 새로운 관점으로 바꾸기 미션을 해결해 보아요. 부모님에게 알리고 싶은 유튜버의 좋은 점을 생각해 보세요.

독특한 특징	새로운 관점	주된 관점을 벗어나서 좋은 점

위의 아이디어를 통해 부모님을 설득하기 위한 나의 온 마음을 담은 편지를 최선을 다해 써보세요.

"하나의 사실이나 현상을 바라보는 주된 관점으로부터 벗어나 새로운 관점에서 생각하면 역발상이 가능합니다."

책상 위에 성냥개비 6개가 놓여 있습니다.

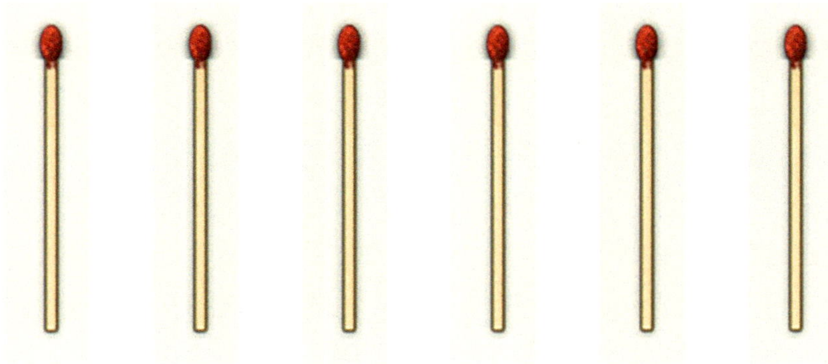

Q1. 성냥개비를 겹치거나 부러뜨리지 말고 정삼각형 4개를 만들어 보세요.

아마도 성냥개비를 부러뜨려 이어붙이지 않는 이상, 6개의 성냥개비로 정삼각형 4개를 만드는 것은 쉬운 일이 아닐 겁니다. 하지만, 이 문제에는 분명히 답이 있습니다. 어떻게 하면 답을 찾을 수 있을까요? 답을 찾는 방법은 역발상입니다.

힌트! "땅 위에 집을 짓듯이"

성냥개비 그림과 종이의 네모칸은 실제 성냥개비와 어떤 점이 다를까요? 평면을 입체의 공간으로 바꾸면 답은 의외로 쉽게 보입니다. 이처럼 새로운 시각으로 세상을 보면 보이지 않던 것을 보고, 찾을 수 없던 답을 찾을 수 있습니다.

새로운 시각이 거꾸로 가는 시계의 새로운 시간을 만들 수 있었던 것처럼, 성냥개비 6개로 4개의 정삼각형을 만들 수도 있습니다. 단, 새로운 시각으로 사물을 바라보고 곰곰이 생각해보아야 합니다. 여러분의 생각을 활짝 열고 문제를 풀어봅시다.

Q2. 성냥개비 5개로 원을 만드세요.

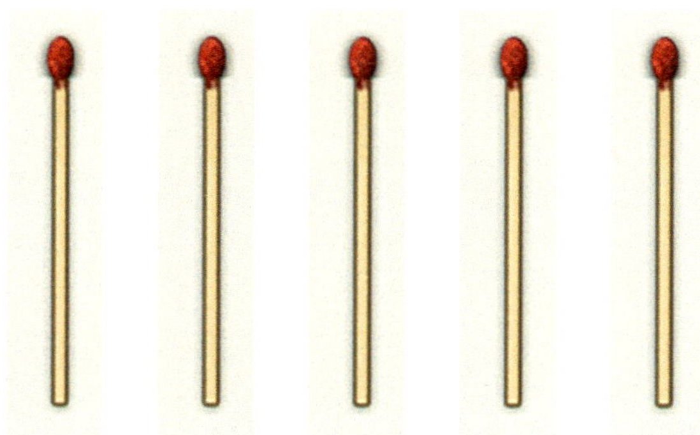

힌트! "'원'은 다양합니다."

다. 바꾸기

1) 다른 원리로 바꾸기

요즘 주변을 보면 킥보드를 타는 사람들이 많이 보입니다. 길을 가다보면 친구들이 타고 다니는 어린이용 킥보드 뿐만 아니라 자전거, 전동킥보드 등 다양한 방식의 이동수단을 사용하며 이동하는 사람들을 어렵지 않게 찾을 수 있습니다. 그럼 사람들이 이용하는 새로운 이동수단은 어떤 종류가 있는지 살펴볼까요?

어린이 킥보드

전동 킥보드

자전거

전동휠

세그웨이

스쿠터

출처: 1 마이크로킥보드 코리아 공식 사이트 http://microscooters.co.kr/
2 샤오미 홈페이지 https://www.mi.com/kr
3 삼천리자전거 공식 온라인 스토어 https://www.sambamall.com/
4~5 세그웨이 공식 사이트 http://kr.segway.com/
6 베스파 코리아 공식 사이트 https://www.vespa.com/

위에 제시된 이동수단은 비슷한 것 같으면서도 각자 다른 특징들을 갖고 있어요. 자신만의 기준을 세워 분류하여 봅시다.

혹시 이동수단의 작동원리를 기준으로 하여 분류하는 것을 생각해 보았나요? '사람의 힘', '모터', '기름', '전기'와 같은 단어를 사용해서 이동수단을 분류할 수 있습니다. 제시된 이동수단은 사람들의 이동을 편리하게 돕기 위해 만들어졌다는 공통점을 있지만 작동원리가 다르다는 차이도 있습니다.

앞에서 살펴본 것처럼 이동수단의 작동원리별로 구분하여 빈칸에 기록해 볼까요? 혹시 위에서 언급된 예 외에도 여러분이 생각하는 작동원리가 적용된 이동수단이나 평소 자신이 상상한 이동수단의 작동원리를 써도 됩니다. 자유롭게 생각해 보세요.

기존 원리		바뀐 원리	좋은 점
	→		
	→		
	→		
	→		

이번에는 새로운 물건으로 '다른 원리로 바꾸기'를 배워 봅시다. 제시된 사진을 살펴보며 '돌려서 심을 나오게 하는 색연필'의 작동원리는 무엇인지 아래의 빈칸에 적어보세요.

출처: 지구화학 공식 사이트 http://colorpencil.co.kr/

색연필 = [ ] 로 [ ] 한다.

그렇다면 색연필의 용도에만 집중해서 심을 나오게 하는 다른 방식은 무엇이 있는지 찾아봅시다. 주변의 필기도구들을 보며 생각해보고 빈 칸을 작성해 보세요.

심이 나오게 하는 방법

[ ] = [ ] 로 심이 나오게 한다.

= 로 심이 나오게 한다.

= 로 심이 나오게 한다.

앞의 형식을 이용해서 다른 원리로 심이 나오는 색연필을 생각해 보세요.

나만의 색연필 = 로 한다.

나만의 색연필을 그림으로 그려 보세요.

2) 다른 성분으로 바꾸기

바꾸기 방법 중에는 '다른 성분으로 바꾸는 방법'이 있습니다. 사용하던 재료를 다른 것으로 바꿔본다는 발명 기법 중 한 가지에요. 아래 그림을 보고 스티커(부록-페이지)를 붙여 보세요.

기존 물건		바뀐 물건	좋은 점
	→		
	→		
	→		

출처 1 서울우유 공식 사이트 http://www.seoulmilk.co.kr/
2 컬러컵 공식 사이트 http://colorcup.co.kr/
3 리훈 공식 사이트 https://rihoon.co.kr/
4 여주세라믹 공식 사이트 http://www.yeojucm.co.kr/
5 오닉스 공식 사이트 https://www.boox.com/ko
6 오뚜기몰 공식 사이트 https://www.ottogimall.co.kr/

쉽게 해결하였나요? 다른 성분으로 바꾸기는 음식에도 많이 적용되고 있습니다. 요리의 재료, 맛 등을 풍부하게 변화시켜 만든 음식은 우리에게 행복을 줍니다. 여러분이 좋아하는 음식 중 떡볶이를 선택해서 아이디어를 떠올려 보세요.

기존 떡볶이	바뀐 떡볶이	좋은 점

출처: 1, 2, 4 뻐꾸기 공식 사이트 http://cuckoofoodshop.com/
3 죠스떡볶이 공식 사이트 http://www.jawsfood.co.kr/

바꾸기와 같은 역발상 방법은 실제로 많은 요리 전문가들이 새로운 요리를 개발할 때 활용한다고 합니다. 이번에는 여러분이 생활 속에서 바꿔볼 만한 것이 있는지 찾아볼까요?

잠시 책 읽기를 멈추고 주변을 한 번 둘러보세요. 필통 속, 책상 위, 내 방, 우리집 전체를 살펴봅시다. 여러분에게 소중한 물건은 무엇인가요? 나에게 소중한 물건을 선택했으면 역발상 아이디어를 통해 자유롭게 상상력을 발휘하며 여러분만의 발명을 마음껏 시도해 보세요.

라. 제거하기와 간소화하기

1) 제거하기

역발상의 방법 중에는 사물의 특징을 관찰하여 '대상에 포함된 구성성분을 제거하는 방법'이 있습니다. 더 시원하기를 바라고, 더 편하고 싶은 사람들의 마음은 '인공바람'과 관련된제품을 만들었습니다. 그리고 이는 제거하기와 특히 관련이 깊습니다.

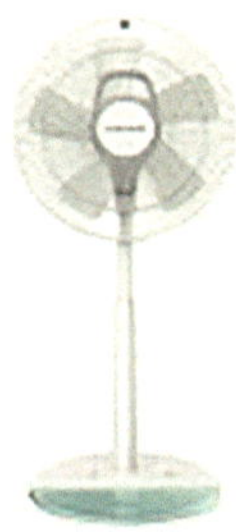

출처: 1 아띠팩토리 공식 사이트 http://attyfactory.co.kr/
2 3 삼성전자 공식 사이트 https://www.samsung.com/

부채질을 하여 더위를 식히는 것은 우리 몸을 직접 움직이는 일이라 시간이 지나면 다시 열이 나고 힘이 들게 됩니다. 사람이 힘들게 바람을 만드는 대신에 지속적으로 시원한 바람을 만들어 내는 첫 발명품이 선풍기입니다. 그리고 선풍기가 발전하여 탄생한 것이 에어컨입니다.

아래의 사진을 통해 선풍기의 발전단계를 살펴봅시다. 첫 번째 사진은 '푼카'라는 도구로 큰 모양의 부채가 연상되는 선풍기입니다.

출처: 1 AMUSINGPLANET https://www.amusingplanet.com
2 히트조명 공식 사이트 http://led24.co.kr
3 삼성전자 공식 사이트 https://www.samsung.com

QR코드를 통해 푼카의 실제 작동 모습을 살펴보면 이해가 더 잘 될 겁니다. 앞에 소개된 3가지 선풍기들의 공통점은 무엇일까요? 힌트를 주겠습니다. 첫 번째 힌트! 모양이 조금씩 달라요. 두 번째 힌트! 위치가 달라요.
정답은 무엇일까요? 정답은 바로 날개입니다.

푼카의 작동 모습

옆의 선풍기는 어떤가요? 이 선풍기는 '선풍기는 날개로 바람을 만든다.'라는 아이디어에서 날개를 제거해버리고 오직 바람을 만들어 낸다는 선풍기 고유의 기능에만 집중해 만들어진 발명품입니다. 실제로 이 선풍기의 등장은 '선풍기=날개'라는 고정관념을 가진 많은 사람들에게 놀라운 충격을 주었습니다.

출처: 다이슨 공식몰 https://www.dyson.co.kr/

제거하기를 적용한 새로운 선풍기를 보니 여러분은 어느 부분에 눈길이 가나요? 만약 이 선풍기의 광고기획자라면 어떤 점을 강조해 홍보할지 사람들의 마음을 사로잡을 광고의 문구를 만들어 봅시다.

그럼 이번에는 새로운 물건으로 제거하기를 알아볼까요? 제시된 사진을 살펴보고 나무집게의 용도는 무엇인지 아래의 빈칸에 적어보세요.

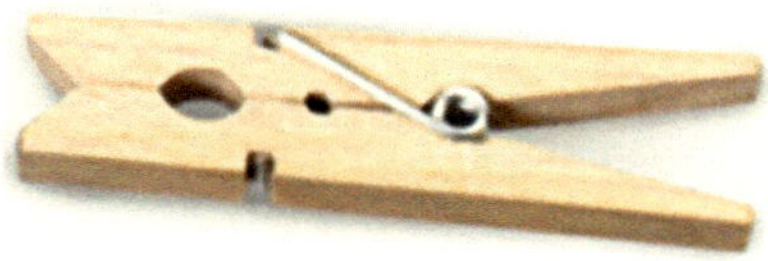

집게 = [ ] 로 [ ] 한다.

정답을 찾기 전에 힌트 2가지를 주려고 합니다. 먼저 집게는 언제 사용할까요? 이 질문에 대한 답이 첫 번째 힌트입니다. 다음은 집게를 자세히 보세요. 가는 철로 연결된 부분을 발견했나요? 철로 된 부분은 집게가 하는 일과 무슨 관련이 있을까요? 이 질문에 대한 답이 두 번째 힌트입니다.

그렇다면 이제 집게의 용도에만 집중해 보세요. 물체를 집는 다른 방식은 무엇이 있는지 생각해 봅시다.

물체를 집는 방법들

[ ] = [ ] 로 물체를 집는다.

[ ] = [ ] 로 물체를 집는다.

앞의 형식을 이용해서 다른 방법으로 물체를 집는 집게를 생각해보세요.

나만의 집게 = [ ] 로 [ ] 한다.

나만의 집게를 그림으로 그려 보세요.

2) 간소화하기

사물의 특징을 관찰하고 대상에 포함된 것을 간소화하는 방법이 있습니다. 어떤 경우에는 가장 필요한 것 하나만 남겨놓고 나머지를 없애 간소화시키면 더욱 효과적일 때가 있습니다.

예를 들면 스티브 잡스로 유명한 애플사의 아이폰 디자인의 지향점이 그렇기도 하죠. 현재 아이폰의 디자인은 예전에 있던 홈버튼도 사라지고 화면 터치 방식으로 버튼을 모두 없앤 단계까지 왔습니다.

우리 주변의 물건들 중에서는 무엇을 간소화하면 좋을지 한 번 생각해볼까요?

두 가지 시계 사진 중 오른쪽 시계는 왼쪽 시계와 비교 했을 때 무엇을 간소화한 것일까요?

시계의 구성요소를 분석해봅시다.

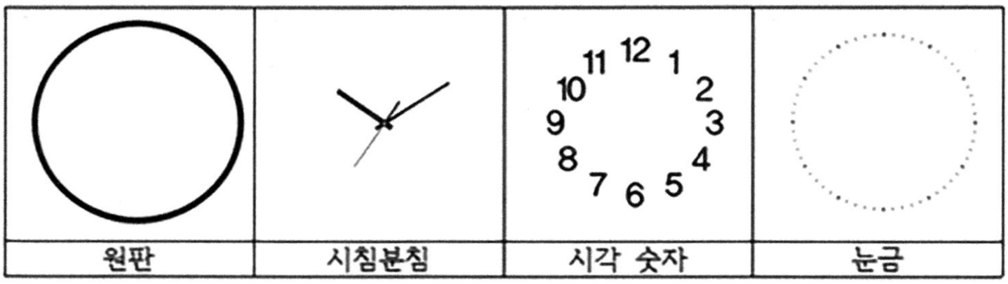

이번에는 조금 더 시계의 구성요소를 간소화해봅시다. 가장 간소화된 시계를 만들려면 어떻게 디자인을 해야 할까요? 단, 시간을 나타내는 시계의 가장 중요한 기능은 빠뜨리지 않도록 합시다.

왼쪽 시계 - ( ) = 오른쪽 시계

그러면 주변에서 볼 수 있는 여러 가지 물건들을 어떻게 간소화해보고 싶은가요? 아래에 제시된 스티커 중 마음에 드는 것을 선택하여 간소화 과정을 거쳐보거나, 여러분이 원하는 물건을 직접 촬영해 사진을 붙인 후 '역발상'을 해 봅시다.

  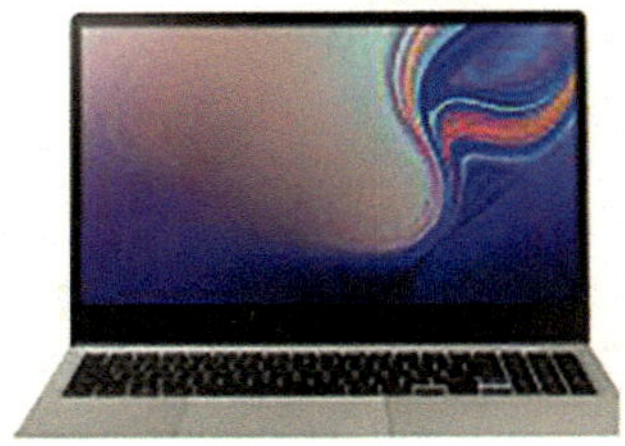

출처: 1 WMF 공식 사이트 https://www.wmf.co.kr
2 IRISH TWEEDS 공식 사이트 https://www.irishtweeds.com/
3 삼성전자 공식 사이트 https://www.samsung.com

첫 번째. 구성요소 분석하기

스티커나 사진 붙이기 = 구성요소를 분해해서 그림을 그려보세요.

두 번째. 간소화하기

\- =

세 번째. 나만의 (   ) 그림으로 그리기

마. 원래의 속성을 바꾸기

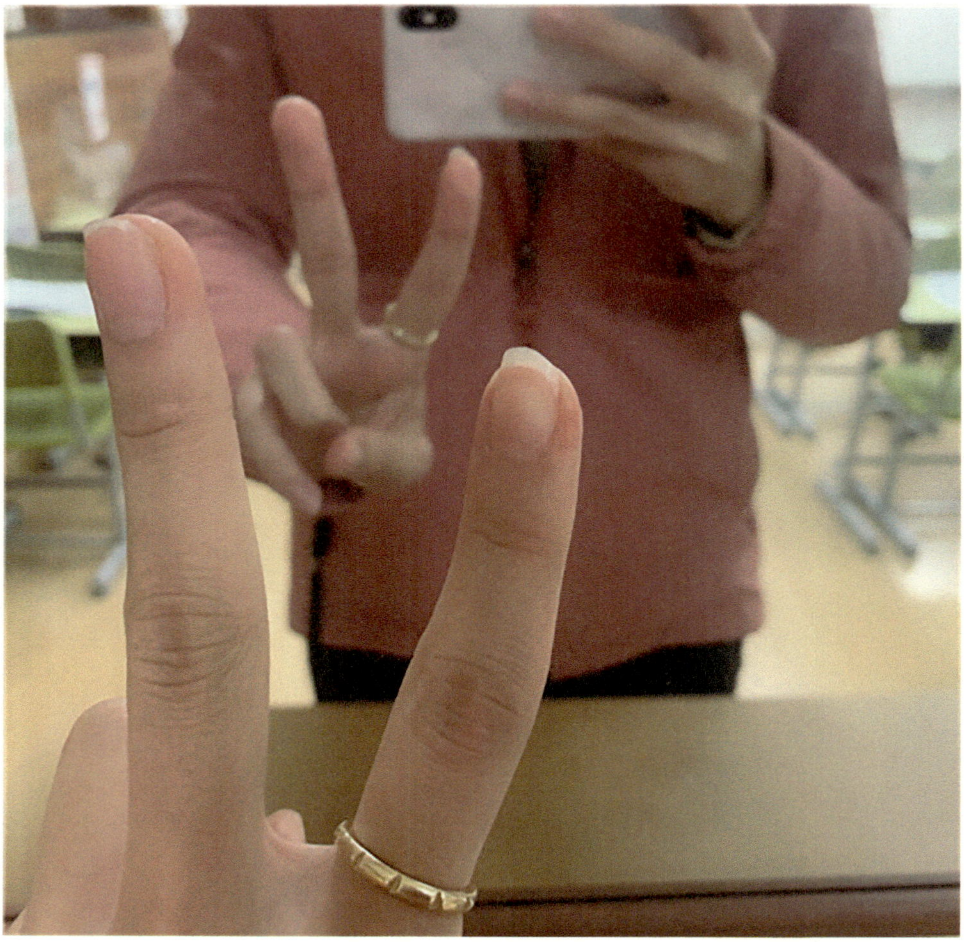

보통 거울은 비추어진 물체가 항상 좌우가 바뀝니다. 하지만 좌우가 바뀌지 않는 거울은 없을까요? 이렇게 물체가 고유하게 가지고 있는 성질(속성)을 다르게 생각하면 새로운 아이디어를 낼 수 있습니다.

자전거가 가지고 있는 성질들을 찾아서, 새로운 자전거를 만들어 봅시다.

1) 사물의 특징을 생각해낸 후
2) 해당하는 마음의 반대 개념 단어를 원래 마음 단어에 연이어 적어봅니다.
3) 반드시 그렇게 되어야 한다면 어떻게 될까요?

그 중에 가장 마음에 드는 새로운 성질은 무엇인가요? 동그라미 쳐보세요.

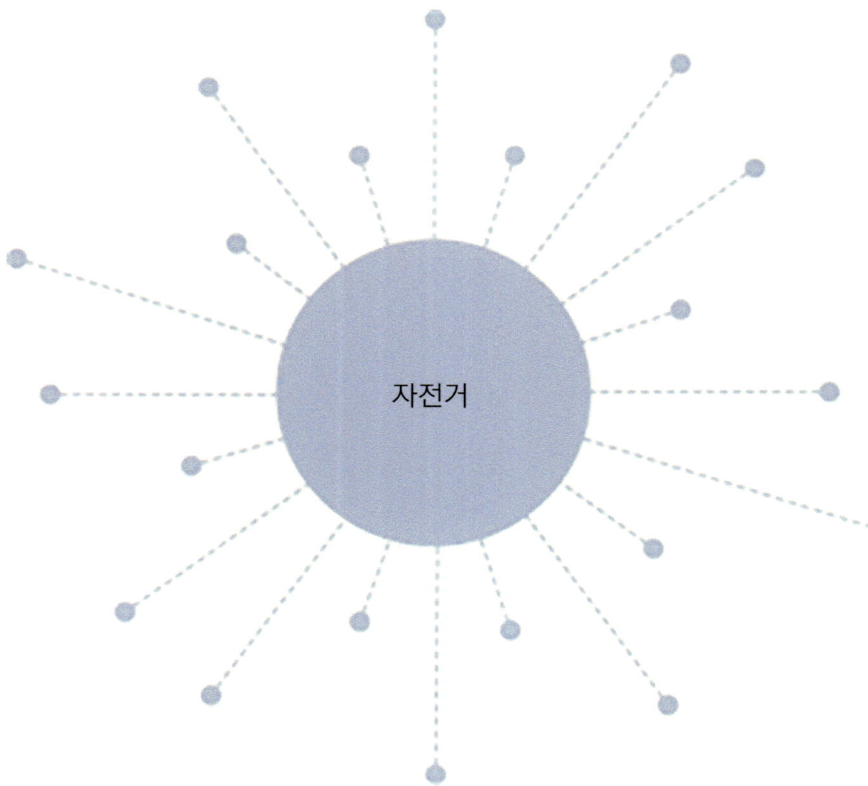

새로운 자전거 설계하기

새로운 반대되는 성질을 지닌 자전거는 어떻게 생겼을까요?
설계해보고, 개선된 자전거의 어떤 점이 좋을지 설명을 써보세요.

자전거

그림으로 구상하기

내가 디자인한 자전거에 대한 설명하기

바. 그리지 않고도 그려보기

은지의 아버지는 멋진 시인입니다. 어느 날 오후 은지는 아버지가 외출한 틈을 타 숙제를 미루고 집 안에서 혼자 놀고 있었습니다. 그러다 아버지가 일하시는 서재에 들어가게 되었고, 은지는 책상 위에서 아버지가 보시다 덮어둔 책을 보았는데 아마도 옛날 사람들이 쓴 시에 대한 내용인 것 같았습니다. 은지는 너무 어렵워 보이는 이 책을 덮으려다가 책의 가운데쯤에서 다음과 같은 글을 읽게 되었다.

송나라 휘종 황제는 그림을 몹시 좋아하는 임금이었다. 그는 곧잘 유명한 시 가운데 한두 구절을 골라 이를 화제로 내놓곤 했다. 한번은 "어지러운 산이 옛 절을 감추었네"란 제목이 출제되었다. *깊은 산 속의 옛 절을 그리되, 드러나게 그리면 안 된다는 주문이었다*. 화가들은 무수한 봉우리와 계곡, 그리고 그 구석에 보일 듯 말 듯 자리 잡은 퇴락한 절의 모습을 그리느라 여념이 없었다. 그런데 1등으로 뽑힌 그림은 화면 어디를 보아도 절을 찾을 수 없었다. 그 대신...

은지는 이 부분을 읽고 너무나 재미있게 잘 표현했다고 생각했습니다. 왕에게 가장 잘 그린 그림은 어떻게 그린 것인지 생각해보고 그 이유를 적어 보세요.

은지는 책이 너무 재미있게 느껴졌습니다. 그래서 은지는 책을 시간 가는 줄 모르고 계속 읽게 되었고, 은지가 읽은 책의 다음 장에는 다음 내용의 시가 실려 있었습니다.

**여린 초록 가지 끝에 붉은 빛 한 점,
설레는 봄빛은 굳이 많을 것도 없네**

위 구절은 주어진 시를 보고 그림으로 그리는 대회에서 출제된 주제라고 합니다. 많은 화가들이 이 시를 보고 '초록빛 가지 끝에 붉은 꽃잎'을 그렸는데 그 그림들은 모두 탈락을 했습니다. 1등을 한 화가는 화면 어디에도 붉은 빛을 표현하지 않았다고 하는데요. 과연 그 그림은 어떻게 그린 그림이었을까요? 여러분이 1등을 한 화가라고 생각하고 그림으로 나타내어 보세요.

사. 진짜 재미는 반전에서!

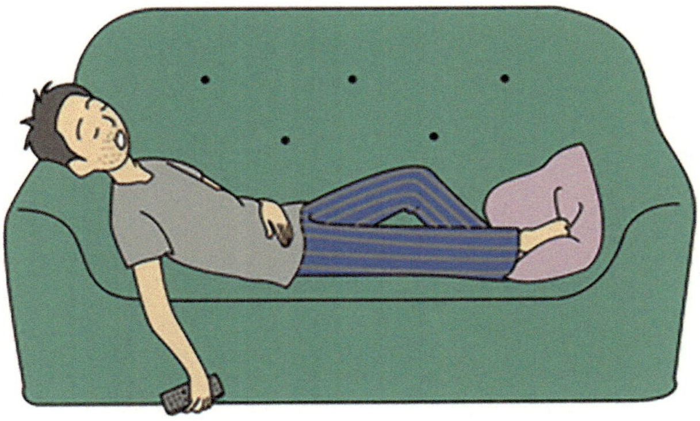

비오는 날

김용택

하루 종일 비가 서있고
하루 종일 나무가 서 있고
하루 종일 산이 서 있고
하루 종일 옥수수가 서 있고

하루 종일 우리 아빠 누워서 자네

'비오는 날'이라는 시에서 시인이 정말 하고 싶은 말은 무엇일까요?

정말 하고 싶은 말 또는 정말 강조하고 싶은 부분을 드러낼 때 쓰거나 혹은 전혀 새로운 기능을 깜짝 놀라게 드러내는 것에 반전을 사용할 수 있습니다.

제시된 QR코드를 활용해 반전으로 재미를 노린 이야기를 들어 봅시다.

어떤 반전이 있을까요

여러분은 가장 재미있게 들은 장면은 어떤 부분인가요?

그 이유는 무엇인가요?

아. 반전이 있는 시 쓰기

먼저 오늘 하루 여러분이 겪은 일 중에서 재미있었던 일을 몇 가지 떠올려봅시다. 언제, 어디서, 누구와, 어떤 일이 있었나요?

위의 이야기와 앞에서 배운 반전 기법을 사용해서 내가 겪은 경험을 더욱 재미있게 표현하는 반전이 있는 시를 써 보세요.

3. 내가 만든 다른 생각

가. 베스트셀러 상품 개발자

다음 두 사진은 어떤 광고의 한 장면입니다. 여러분은 두 사진을 보고 무엇이 떠오르나요? 내가 광고 문구를 만드는 '카피라이터'라고 생각하고 광고 문구를 만들어 봅시다.

출처: MY MODERN MET 공식 사이트 https://mymodernmet.com/

위의 사진을 보고 어떤 낱말이 떠오르는지 모두 적어보세요.

위에 쓴 낱말 중에 자신이 생각하기에 중요하다고 생각하는 낱말에 ○하고 이를 이용하여 위 사진에 어울리는 광고 문구를 만들어보세요.

나. 교실 리모델링하기

과거와 비교했을 때 요즘은 정말 많은 것이 빨리 바뀌고 있습니다. 주변을 둘러보면 쉽게 찾을 수 있는 자동차의 모습도 예전과 많이 달라진 모습이에요. 우리가 공부하는 교실을 살펴봅시다. 내가 만약 미래의 교실을 만든다면 어떻게 디자인해보고 싶나요? 새로운 교실에서는 친구들과 무엇을 하고 싶은지 생각해보면 도움이 될 것 같아요.

<table>
<tr><td></td><td></td></tr>
<tr><td>옛날 자동차
출처:키즈현대(https://kids.hyundai.com)</td><td>옛날 교실
출처:에듀넷(http://www.edunet.net)</td></tr>
<tr><td></td><td></td></tr>
<tr><td>요즘 자동차
출처:키즈현대(https://kids.hyundai.com)</td><td>요즘 교실</td></tr>
<tr><td></td><td>?</td></tr>
<tr><td>미래의 자동차
출처:키즈현대(https://kids.hyundai.com)</td><td>미래의 교실</td></tr>
</table>

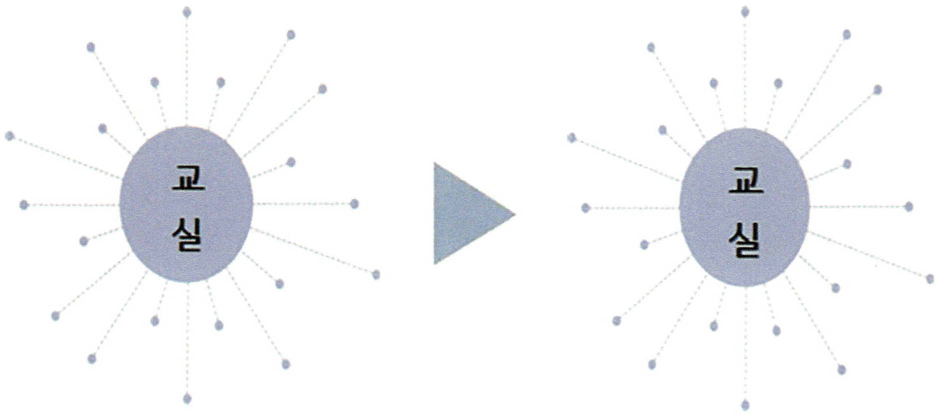

'내가 생각하는 새로운 교실'을 설명하기

자, 이렇게 교실을 변신시키면 정말 재미있겠네요. 자꾸 가고 싶은 공간이 될 것 같아요. 교실 사진에 여러분의 아이디어를 첨가해서 변신한 교실을 그려보세요.

내가 생각하는 새로운 교실로 리모델링 해보았나요? 여러분의 생각대로 교실이 새로운 모습과 형태로 바뀌는 날이 올 겁니다. 미래의 교실에서는 얼마나 재미있게 공부를 할 수 있을까요?

역발상으로 새로운 생각을 만들 수 있다고 합니다. 역발상은 대상의 입장에서 생각하고, 그 관점을 반대로 뒤집고, 반대의 개념과 연결하고, 반전을 주고, 변신시키는 것입니다. 이렇게 관점을 바꾸기만 한다면 얼마든지 전혀 생각지도 못한 아이디어가 새로 탄생합니다.

지금까지 함께 훈련하느라 수고하셨습니다. 재미있는 창의성 훈련들을 통해 여러분은 창조자로 거듭나게 되었습니다. 그리고 여러 친구들과 함께한다면 훨씬 더 효과적일 거에요. 1장부터 6장까지의 여정이 여러분의 즐거운 사고에 도움이 되었기를 바랍니다.

참고문헌

제1장 관찰

미셸 루트번스타인 외, 생각의 탄생(박종성 역), 에코의 서재, 2007.

에이미 E.허먼, 우아한 관찰주의자(문희경 역). 청림출판, 2017.

이재은, 스마트폰을 끄세요. 15분간 두 그림을 잘 보세요. 무엇을 발견했나요?, [WEEKLY BIZ], 2018.03.24.

갈릴레이가 그린 달의 표면(좌), 현대위성이 찍은 달의 표면(우)

한지숙, [역사 속 엔지니어] 천체과학의 천재, 갈릴레오 갈릴레이. [앰코인스토리] 2017.12.07.

EBS 다큐프라임, "동과 서" 특집 2부, "서양인은 보려하고, 동양인은 되려한다“

〈도판〉

구본창, 〈White06〉, 아카이벌 피그먼트 프린트, 34x43cm, 1999

롤스트릿, 〈미스터리 박스(Mistery Box)〉, 2012

르네 마그리트, 〈고정된 시간(Time Transfixed)〉, 캔버스에 유채, 147x98cm, 1938

르네 마그리트, 〈신뢰〈Good Faith)〉, 캔버스에 유채, 41x33cm, 1964-1965

미켈란젤로, 〈다비드(David)〉, 대리석 조각, 517×199cm, 1501-1504

리히텐슈타인, 〈우는 여자(Crying Girl)〉, 캔버스에 유채, 41x61cm, 1964

앤디워홀, 〈리노스 이스트팩(East Pak)〉, 가방 협업작품, 2018

앤디워홀, 〈마릴린 먼로(Marilyn Monroe)〉, 실크스크린, 1962

앤디워홀, 〈바나나(Banana)〉, The Velvet Underground & Nico Album Cover, 1967

앤디워홀, 〈캠밸수프(Campbell Soup)〉, 캔버스에 페인트, 51x41cm, 1968

앤디워홀, 〈코카콜라(Coca Cola)〉, 캔버스에 아크릴, 1962

에두아르 마네, 〈폴리베르제르의 바((A Bar at the Folies-Bergere)〉, 캔버스에 유채, 96x130cm, 1882

오거스터스 레오포드 에그, 〈여행친구(The Travelling Companions)〉, 캔버스에 유채, 65x78cm, 1862

장 프랑수아 드 투루아, 〈굴이 있는 점심식사(The Oyster Lunchoen)〉, 캔버스에 유채, 180x126cm, 1735
장 프랑수와 밀레, 〈이삭 줍는 여인들(The Gleaners)〉, 캔버스에 유채, 84x112cm, 1857
클로드 모네, 〈건초더미 연작(Meule)〉, 캔버스에 유채, 1890-1891

제2장 시각적 사고

최선영, 강호감 (2006). 초등학교 과학영재학급 학생선발을 위한 과학 창의적 문제해결력 검사도구 개발. 초등과학교육, 25(1), 27-38.
강호감 (1991). 두뇌의 기능분화에 따른 교수전략이 창의력 및 자연과 학업성취도에 미치는 영향. 박사학위 논문. 서울대학교대학원.
서재희 (2015). 창의적 문제해결력 신장을 위한 시각적 사고전략에 기초한 초등영재 프로그램 개발과 적용. 경인교육대학원.
Arnheim, R. (1997). *Visual Thinking.* University of California Press, Berkeley and Los Angeles, CA.
McKim, R. H. (1980). *Experiences in Visual Thinking(2nd ed.).* PWS Publishing Company, Boston, MA.
Michalko, M. (2001). *Cracking creativity: The secrets of creative genius.* NY : Ten Spped Press.
이제석 지음, 광고 천재 이제석, 학고재, 2014.
정주영 평전, 물막이 공사 사진
마크롤 스톤의디자인노트,https://www.fastcodesign.com/3056991/16-famous-designers-show-us-their-favorite-notebooks
졸라맨, 유니트픽쳐 http://www.dkunny.com/html/zola1-1.htm
파인드 아이콘, http://findicons.com
보스턴 미술관 교육법, https://www.mfa.org/
아사히야마 동물원, 영화 펭귄을 날게 하라 (2009)
EBS 다큐 오늘, 로봇을 꿈꾼 천재 레오나드로 다빈치
다음사이트, 다음 www.daum.net
내셔날 지오그래픽, http://www.natgeokorea.com/ 낙타의 그림자

한국학 중앙연구원, http://www.aks.ac.kr 울산의 반구대 암각화
무료 인포그래픽 사이트 http://www.freepik.com

제3장 단순하게 생각하기

달콤팩토리 외, 땅속 세계에서 살아남기, 미래엔아이세움, 2015.11.25.
마블 어벤져스, 월트 디즈니 스튜디오스 모션 픽처스, 2012.04.26.
피카소의 소 그림, 몬드리안 나무 연작
iKON, 사랑을 했다, 유튜브뮤직 재생
팀킴 인스타그램 공식 계정
e-hanja, 디지털 한자사전, 네이버 블로그
마당을 나온 암탉, 황선미(동화작가), 사계절, 2002.

제4장 패턴

안정현(2016), 초등 저학년 영재 아동의 패턴 능력 향상을 위한 프로그램 개발, 경인교육대학교 석사학위논문.
표트르 바르소니, 피카소가 모나리자를 그린다면?(이수원 역), 내인생의책, 2013.

제5장 하나되기

감성의 끝에 서라 저자 강신장, 황인원 (2014)
제인구달 https://images.app.goo.gl/ZxchzxkXtyXW9oPp8
간장게장 https://images.app.goo.gl/xPZghch8C44ubtJq5

제6장 다르게 생각하기

고성연, 영국의 크리에이터에게 묻다 좀 재미있게 살 수 없을까?, 열림원, 2013.
김용택, 「비 오는 날」, 실천문학사, 2003.
로버트 서튼, 역발상의 법칙, 황금가지, 2003.
박용후, 관점을 디자인하라, 프롬북스, 2013.
문영미, 디퍼런트, 살림출판사, 2011.
왕연중, 발명상식사전, 박문각, 2012.

임지영, 헌책방의 개념을 바꾼 마술램프, 시사in, 2013.
https://www.sisain.co.kr/news/articleView.html?idxno=17584
장혜정, 윤지현, 강성주(2014). 과학적 사례에 기반한 역발상적 사고 기법의 유형화. 현장과학교육, 8(3), 300-310.
조성흠, 농심, '너구리' 이름 뒤집은 'RtA' 신제품 출시, 연합뉴스, 2020.
https://www.yna.co.kr/view/AKR20200121099100030?input=1195m
이재웅, 통증없는 주사기에 로켓원리가 숨어있다?, 사이언스타임즈, 2011.
https://www.sciencetimes.co.kr/news/%ED%86%B5%EC%A6%9D%EC%97%86%EB%8A%94-%EC%A3%BC%EC%82%AC%EA%B8%B0%EC%97%90-%EB%A1%9C%EC%BC%93%EC%9B%90%EB%A6%AC%EA%B0%80-%EC%88%A8%EC%96%B4%EC%9E%88%EB%8B%A4/

찾아보기

부록

해설 – 관찰

관찰이란?	Q) 12쪽 예시: 그림 속의 사람들은 왜 서로 다른 숫자를 이야기했을까요? A) 자신이 보는 위치에 따라서 시각적으로만 관찰을 하고 관찰 결과를 자신의 입장에 따라 해석하였기 때문에 서로 다른 숫자를 이야기한 것이다.
	Q) 13쪽 예시: 부엌을 관찰할 때 사용하는 감각은 무엇이 있고, 어디에 사용할 수 있을까요? A) 시각, 청각, 후각, 촉각, 미각의 오감이 모두 사용된다. 부엌에 있는 물건의 종류들은 시각으로, 요리하는 소리는 청각으로, 완성된 요리의 냄새는 후각으로, 물건들이나 각 종 요리의 재료는 촉각으로, 요리의 맛은 미각으로 관찰할 수 있다.
	Q) 14쪽 예시: 어느 UFO가 앞에 있을까요? A) 사람마다 다르다. 글에서 설명한 내용은 확률적으로 동양사람과 서양 사람의 차이라는 의미이지 반드시 모든 사람에게 적용된다는 뜻은 아니다. 관찰은 개인의 지식이나 경험에 많은 영향을 받는다.
	Q) 15쪽 예시: 우리 주변에서 관찰을 도와주는 도구는 무엇이 있을까요? A) 망원경, 휴대폰 카메라, 돋보기 등 우리 주변의 관찰 도구들은 인간이 가진 감각의 한계로 탄생한 것들이다.
보는 것과 관찰하는 것은 다르다.	Q) 16쪽: 위 그림을 관찰해보고, 무엇을 관찰할 수 있는지 모두 써보세요. A) 전면에 크게 보이는 이삭 줍는 여인들 3명과 바닥에 떨어진 이삭들, 배경에 보이는 볏단과 집들의 목가적인 풍경들 그리고 그 뒤로 보이는 수확한 볏단을 싣고 가는 마차와 그 위에 흐릿하게 그려진 사람, 오른쪽 상단 부분에 보이는 말을 타고 있는 사람들 등이 있습니다.

관찰은 풀리지 않는 사건을 해결한다.	Q) 18쪽 예시: 위 그림에서 어느 쪽이 엄마일까요? 왜 그렇게 생각했나요? A) 그림만을 보고 생각한다면 어려울 수도 있습니다. 우리가 가지고 있는 엄마란 존재에 대한 지식을 총동원하여 생각해 보는 것이 중요합니다. 엄마는 항상 우리를 아껴주고 보호하려고 합니다. 다른 사람과 이야기를 하는 그 순간에도 엄마의 머릿속에 한 곳은 일어날지도 모르는 상황에 대해 대비를 하고 있을지도 모릅니다. '장난감을 가지고 놀다가 다치지는 않을까?','만약 그런 일이 생긴다면 빠르게 행동하려면 어떤 준비를 하고 있어야 할까?' 등의 생각들입니다. 자, 다시 한 번 관찰해 보도록 합시다.
	Q) 20쪽 예시: 어떻게 사과를 먹은 한 여자는 죽고 다른 여자는 죽지 않았을까? A) 칼의 한 면만 독이 묻어 있었다. 사과를 반으로 자를 경우 사과의 안쪽면 중에서 한쪽만 독이 묻게 된다. 자신은 사과 겉면만 먹는 척하고, 상대방은 사과를 반쪽을 모두 먹게 하면 된다. 이렇게 하면 만약 어느쪽 사과에 독이 묻어 있는지 헷갈릴 경우에도 자신이 독을 먹는 것을 방지할 수 있게 된다.
인간이 지닌 감각의 한계	Q) 21쪽 예시: 박쥐는 어떻게 어두운 동굴 속에서 부딪히지 않고 날아다닐까요? A) 박쥐는 초음파를 이용하여 동굴 속을 비행합니다. 코부분으로 초음파를 발사하고 메아리로 돌아오는 음파를 활용하여 거리와 방향을 감지할 수 있다고 합니다. 또한 박쥐는 공기의 흐름에 아주 민감한 날개를 가지고 있어서 동굴 속의 수많은 돌기둥을 잘 피해서 빠른 속도로 날아다닐 수 있다고 하네요.
	Q) 22쪽 예시: 인간의 감각 한계로 탄생한 발명품은 어떤 것들이 있을까요? A) 인류는 끊임없이 보이지 않는 세계를 탐구하려고 노력하였고, 지금도 그러한 노력이 계속되고 있습니다. 사람의 눈은 가시광선 영역만 볼 수 있어서 적외선이나 자외선을 볼 수는 없지요. 불꽃 감지기는 적외선이나 자외선 영역도 감지할 수 있어서 화재를 미연에 예방할 수 있습니다. 이외에도 음파 탐지기, 미세먼지 측정기 등 인간의 감각한계를 뛰어넘기 위해 만들어진 발명품은 무수히 많이 있습니다.

<table>
<tr>
<td rowspan="2">관찰
의
이론
의존성</td>
<td>Q) 23쪽: 위 그림에서 맥도널드 건물을 중심으로 동서남북의 방향은 어떻게 될까요?
A)
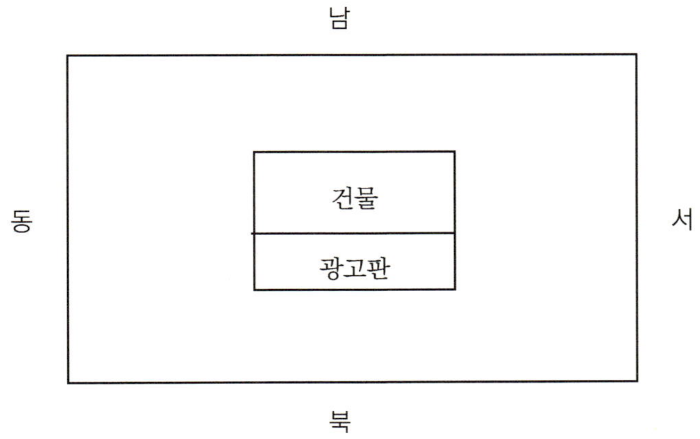
</td>
</tr>
<tr>
<td>Q) 25쪽 예시: 같은 그림이라도 다른 모습을 떠올리는 까닭은 무엇일까요?
A) 가지고 있는 지식이 다르기 때문입니다. 같은 '사슴'을 떠올릴 때도 머릿속에 떠오르는 사슴의 모습은 모두 다릅니다. 순록을 생각할 수도 있고, 루돌프 사슴을 생각할 수도 있습니다. 오리와 사슴도 마찬가지입니다. 어떤 사람은 오리에 대한 지식을 더 많이 가지고 있고, 다른 사람은 사슴에 대한 지식을 더 많이 가지고 있기도 하고 더 좋아하는 동물도 다르기도 하고 지식은 사람들마다 다르게 가지고 있기 때문에 다른 모습을 떠올릴 수밖에 없습니다.</td>
</tr>
<tr>
<td>평범한
일상
속에서
특징을
찾아
내기</td>
<td>Q) 27쪽 예시: 덩굴식물은 어떻게 벽을 타고 올라갈까?
A) 담쟁이 덩굴의 발판 끝을 현미경으로 자세히 관찰하면 미세한 털을 관찰할 수 있습니다. 이 작은 털을 벽 사이 틈으로 밀어 넣지요. 그런 다음 시멘트와 같은 접착물질을 분비하면 벽에 단단히 고정하는데 이때 털은 철근과 같은 역할을 하고, 접착물질을 콘크리트와 같은 역할을 하게 되어서 벽에 단단하게 고정되는 것입니다. 워낙 단단하게 고정되어 있어서 낡은 벽에 달라붙어 있는 담쟁이 덩굴을 뜯어 내려고 할 경우 벽이 떨어지는 경우도 있다고 하네요.</td>
</tr>
</table>

호기심으로 주변 세상을 눈여겨 관찰하기	Q) 29쪽: 벨크로는 어떻게 붙였다 떼었다 할 수 있을까요? A) 스위스의 게오르그 데 메스트랄(1907~1990)이 '벨크로'를 발명하였고, 프랑스어 '벨벳'과 '갈고리'를 의미하는 velour(블루아르)와 crochet(크로셰)를 합성하여 '벨크로'라는 이름을 만들었다고 합니다. 한 쪽 면에는 가시처럼 갈고리 모양을 하고 있는 테이프를 다른 면에는 원형고리 모양을 만든 테이프를 만들어서 서로 붙이면 갈고리가 원형고리에 들어가고 뗄 때는 갈고리가 빠져나오게 되는 원리입니다. 처음 발명 당시에는 부착력이 약하고 쉽게 닳았으나 1957년 재료를 면에서 나일론으로 바꾸고 적외선을 씌워 비로소 튼튼한 벨크로가 탄생하게 되었다고 합니다.
관점을 바꾸어 관찰하기	Q) 33쪽 예시: 같은 다비드의 얼굴인데 느낌이 다른 까닭은 무엇인가요? A) 다비드는 거인 골리앗을 상대한 전사입니다. 그의 표정은 단호한 결의에 찰 수 밖에 없었겠지요? 하지만 우리가 다비드의 얼굴에서 떠올리는 모습은 잘생긴 모습들 뿐입니다. 그것은 책이나 TV 등을 통해 한쪽에서만 바라보았기 때문입니다. 실제 박물관에서 얼굴 정면을 바라본다면 무서운 얼굴의 다비드상을 마주할지도 몰라요. 우리가 관찰할 때는 위치를 바꾸어서 관찰을 하면 숨겨진 사실들을 발견할 수도 있는 것입니다. 다비드의 눈동자 모양이 하트인 이유는 빛이 반사됐을 때 이글거리는 느낌을 표현하기 위해서라고 하네요.
	Q) 36쪽 예시: 자신 주변의 물건 중 하나를 골라 위치를 변화시키면서 자세히 관찰해 보세요. 이전에 보던 것과는 색다른 점은 무엇이 있나요? A) 생각하기 힘든 친구들은 지구본을 뒤집어 보세요. 우리가 그동안 바라보던 지구와는 어떤 점이 다를까요? 실제 지구는 위아래가 없어요. 하지만 우리가 가지고 있는 지식들이 많아서 지구의 위아래를 뒤집어서 생각하려고 하면 잘 되지 않는 것을 알 수 있을 거에요. 지구본을 뒤집어보고 색다른 모습들을 발견해 보세요.

사실 정보 관찰하기

38쪽 예시

구 분	관찰한 사실 정보
1	벽난로에서 나오는 기차 기관차가 벽난로에서 나와 바닥에서 몇십 센티미터쯤 위에 매달려 있다.
2	벽난로 위에 촛대 2개가 있는데 초는 없다.
3	기차가 연기를 내뿜고 있다.
4	거울이 있고, 촛대와 시계를 비추고 있다.
5	시계에 초침이 없다.
6	기차가 통과하고 있는 벽난로 부분은 막혀 있다.
7	마룻바닥의 개수는 15개이다.
8	거울의 테두리는 금색이나 노란색이다.
9	기차의 그림자는 왼쪽 아래 방향을 향하고 있다.
10	뒤쪽 나무 벽면에 사각형 여러 개로 이루어진 나무무늬가 있다.

39쪽 예시

40쪽 예시

구 분	비슷한 부분	서로 다른 부분
1	옷과 모자가 비슷하다.	왼쪽 여자는 맨손이고 오른쪽 여자는 장갑을 착용한 점이 다르다
2	머리 모양새가 비슷하다	머리 색깔이 다른 것 같다
3	앉아 있다는 사실은 같다	한 사람은 자고 있고, 한 사람은 책을 읽고 있다
4	뒤쪽에 커튼이 있다는 것이 비슷하다	한 쪽 커튼은 그냥 내려와 있는데 한 쪽 커튼은 비스듬하게 한쪽이 올라가 있다
5	뒤쪽 창문에 붉은색 테두리가 비슷하다	앞쪽 소파 위에 한쪽은 바구니가 있고 다른 쪽은 꽃이 놓여 있다는 점이 다르다

오감을 통하여 관찰하기

42쪽 예시

눈으로만 관찰한 정보	오감으로 관찰한 정보
노란색 머리의 여자가 한가운데에 서 있고 입을 다물고 있다.	작품에 연기가 많은 것처럼 보이는데 통풍이 되지 않고, 음식 냄새가 날 것 같다.
뒤편에서 연기가 나고 있다.	사람들이 많아서 시끄러울 것 같다.
테이블 위에 와인과 과일이 있다.	오렌지는 매끌매끌하고 많이 익어서 향기가 날 것 같다.
사람들이 많이 모여 있다.	여자의 얼굴이 발개진 것으로 보아 실내의 온도는 높을 것 같다.
왼쪽 윗부분에 사람 다리가 있다.	여자의 뒷모습이 비추어지는 것으로 보아 여자의 뒤는 유리일 것 같다.
샹들리에 조명이 있다.	꽃병에 물이 담긴 것으로 보아 꽃은 생화일 것 같고 향기가 날 것 같다
여자는 목걸이를 하고 꽃장식이 달린 옷을 입고 있다.	왼쪽 윗부분은 광대의 다리 같고, 쌍안경으로 구경을 하는 사람으로 보아 음악소리도 들릴 것 같다.
오른쪽 끝에 콧수염이 달린 남자의 모습이 보인다.	정면의 여자와 오른쪽 남자의 복장을 보니 바깥은 가을이나 겨울일 것 같다.
꽃병에 물이 담겨 있다.	여자가 입고 있는 옷은 매끄러운 촉감을 주는 털로 만들어졌을 것 같다.
2층으로 된 장소가 있다.	녹색 술병의 녹색 그림자가 바닥에 비추는 것으로 보아 테이블은 대리석 같은 재질일 것이다.

<table>
<tr><td>오감을 통하여 관찰하기</td><td>43쪽 예시
① 사람들이 많이 모여 있어서 시끄러울 것 같다
② 굴껍질을 바닥에 마구 버려 냄새가 심하게 날 것 같다
③ 샴페인 냄새가 홀 안에 가득 퍼져 있어서 머리가 아플 것 같다
④ 굴을 까주는 사람은 하인들인 것 같고 받아먹는 사람들은 귀족인 것 같다
⑤ 그림 한가운데 어느 곳에선가 날아간 샴페인 뚜껑이 보인다

44쪽 예시
① 샴페인을 높은 곳에서 따라 잔 속에 거품이 나고 있다
② 뒤에 붉은색 옷을 입고 잇는 사람은 벌써 샴페인에 취한 얼굴이다
③ 가운데 쟁반을 들고 있는 하인의 눈빛은 샴페인 뚜껑을 향하고 있다
④ 식탁에는 먹고버린 굴껍질과 미처 보지 못했던 빵들이 널려 있다
⑤ 귀족들의 옷은 화려한 반면 하인의 옷은 수수하고 단추도 풀어져 있다</td></tr>
<tr><td rowspan="2">주변을 눈여겨 관찰하기</td><td>Q) 45쪽 예시: 빠르게 달리는 자동차를 관찰하고, 기억할 수 있는 모든 것을 적어 봅시다.
A) 위험한 장소에서 무리하게 관찰하지 않도록 해야 합니다. 안전한 장소(버스 정류장 등)에서 지나가는 자동차를 관찰해 봅시다. 혼자서 하는 것보다는 친구들과 같이 해보는 것도 좋습니다. 만약 여건이 어렵다면 인터넷에서 지나가는 자동차 동영상을 활용해보는 방법도 좋습니다. 화면을 멈추어 놓고, 각 자 관찰한 것이 맞는지 확인할 수도 있는 거니까요.</td></tr>
<tr><td>Q) 46쪽 예시: 오감으로 관찰했을 때 그동안 무심코 봐왔던 나무에 숨겨진 모습들은 어떠한 것들이 있었나요?
A) 일상속에서 익숙해진 물건들도 새로운 마음과 시각으로 관찰하는 것이 중요합니다. 세상에 완전히 똑같은 사람은 없듯이 나무도 마찬가지입니다. 같은 종류의 나무라도 어디가 다른지 혹은 다른 나무의 종류라면 무엇이 다른지 관찰해 봅시다. 한 번에 모든 것을 관찰하기 힘들다면 매일매일 조금씩 특정한 부분을 관찰해 보는 것도 좋은 방법입니다.</td></tr>
</table>

주변을 눈여겨 관찰하기

Q) 47쪽 예시: 새로운 마음으로 오감을 총동원하여 땅콩을 관찰하여 보세요. 관찰한 특징은 어떤 것들이 있나요?

A) 정해진 답은 없습니다. 최대한 많이 관찰한 것들을 적어보고, 남들과 다른 생각도 자신 있게 말해보도록 합시다.

48-49쪽

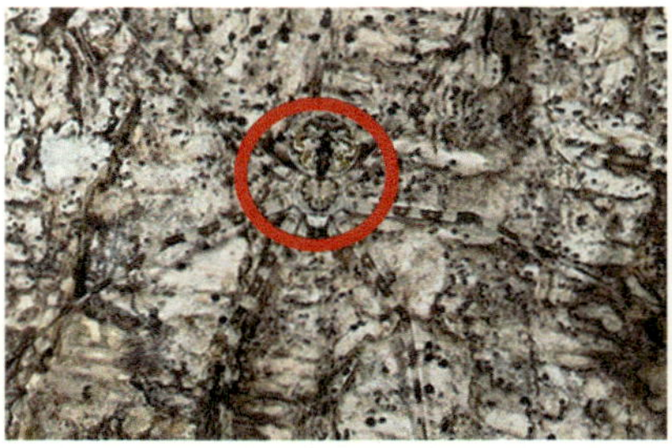

거미

앵무새

늑대

기린

Q) 51쪽 예시: 상자를 열지 않고 상자의 물건이 무엇인지 알 수 있는 관찰 방법은 무엇이 있을까요?

A) 시각, 미각, 촉각 등에 제한을 받는 쉽지 않은 관찰이다. 흔들어 보기, 냄새 맡아보기, 굴려보기, 찌그러뜨려 윤곽 살피기, 자석 갖다 대보기, 떨어뜨려 보기, 무게 측정하기 등의 방법들을 생각해 볼 수 있다.

해설 – 시각적 사고

천재는 시각적으로 생각한다.	Q) 56쪽 예시: 에디슨과 아인슈타인의 노트에서 주로 사용한 도형 또는 기호는 무엇인지찾아 그려 보세요. A) 사각형과 선 등 간단한 기호와 도형을 사용해 메모를 남겼다. Q) 56쪽 예시: 각각의 노트는 무엇을 위한 노트라고 생각이 드나요? A) 무엇에 대해 설명했는지 알기는 어렵지만 생각의 대가들은 생각을 위와 같은 방식으로 남기길 즐겼다. 이후, 이에 대한 답은 추후 연구로 질문자에게 맡긴다. 참고로, 에디슨은 이와 같은 메모를 약 50만장 남겼다고 하고 이는 데이터베이스화되어 있다.
	Q) 57쪽 예시: 레오나르드 다빈치와 마크 롤스톤의 노트에서 주로 사용한 도형 또는 기호는 무엇인지 찾아 그려 보세요. A) 원과 사각형, 화살표 등 간단한 기호와 도형을 사용해 메모를 남겼다. Q) 57쪽 예시: 각각의 노트는 무엇을 위한 노트라고 생각이 드나요? A) 무엇에 대해 설명했는지 알기는 어렵지만 생각의 대가들은 생각을 위와 같은 방식으로 남기길 즐겼다. 이후, 이에 대한 답은 추후 연구로 질문자에게 맡긴다
시각적 사고 기본 요소 그리기	Q) 63쪽 예시: 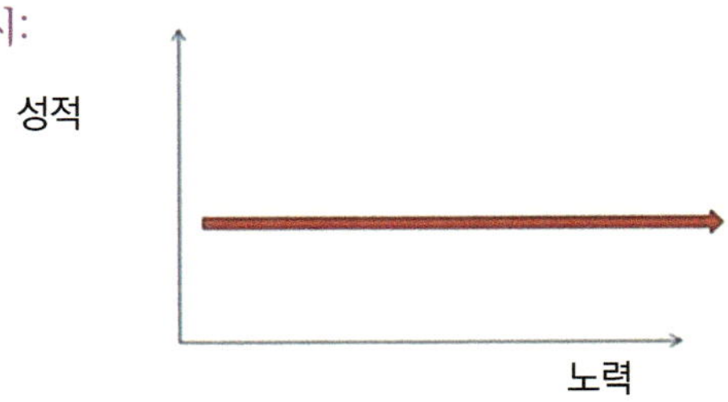
그림 문자로 표현된 시각적 사고	Q) 67쪽 예시: 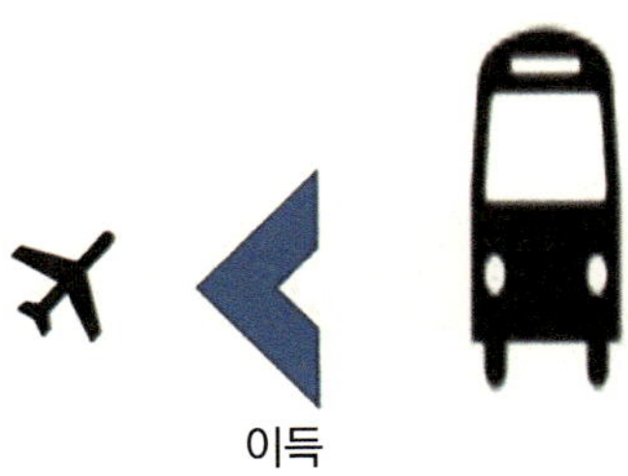

<table>
<tr>
<td rowspan="4">흐름 속에 시각적 사고</td>
<td>Q) 70쪽 예시: 자신의 스마트폰(다른 물건도 상관없음)을 6가지 각도(위, 아래, 왼쪽, 오른쪽, 앞, 뒤)에서 관찰하고 각 시각에 따라 관찰한 것을 적어 보세요.
A)
<table>
<tr><td>〈위〉 구멍 2개가 보인다.</td><td>〈아래〉 구멍 3개가 보인다. 그중 한 개는 넓적한 구멍이다.</td></tr>
<tr><td>〈왼쪽〉 위아래 길게 2개로 구분된다.</td><td>〈오른쪽〉 긴 버튼 1개, 짧은 버튼 1개가 보인다.</td></tr>
<tr><td>〈앞〉 직사각형이고 위에 작은 원이 보인다.</td><td>〈위〉 직사각형 모양이고 위에 작은 직사각형이 있고, 그 안에 원이 4개가 보인다.</td></tr>
</table>
※ 자신의 핸드폰을 보이는 그대로 적으면 됩니다.</td>
</tr>
<tr>
<td>Q) 71쪽 예시: 주어진 2가지 물체(수박, 시계)를 관찰하고 같은 점과 다른 점을 각각 찾아보기
A) 같은점: 둥근 모양이다. 자꾸 보고 싶어진다. 다른 집 갈 때 선물로 사용할 수 있다. 등
다른점: 하나는 생물이고, 다른 하나는 그렇지 않다. 하나는 두드리면 소리가 나고, 다른 하나는 바늘이 움직일 때 소리가 난다. 하나는 맛이 있고 다른 하나는 맛이 없다. 수박은 구(입체)모양이고, 시계는 원(평 면)이다. 등</td>
</tr>
<tr>
<td>Q) 72쪽 예시: 다음 겉모습을 보고 분류하기
A) 공통점: 동물이다. 움직인다. 등
차이점: 털이 있는 동물과 아닌 동물, 발의 개수가 다르다. 날개가 있는 동물과 없는 동물 등을 차이점이라고 생각한다.
내가 사용한 분류 기준은 (발의 개수)이다.
가. 발이 없는 경우: 지렁이, 달팽이, 뱀
나. 발이 두 개인 경우: 닭, 참새
다. 발이 여러 개인 경우: 개, 메뚜기, 모기, 사슴벌레, 토끼, 도롱뇽, 거미</td>
</tr>
<tr>
<td>Q) 73쪽 예시: 위 광고 속 숨어있는 의미는 무엇일까요?
A) 엄마와 딸 사이에 가로막은 그 무엇이 있다. 다름 아닌 아이의 손에 쥔 스마트폰이 그 역할을 하고 있다. 우리는 편안함을 얻었지만 무엇을 잃고 있는가?</td>
</tr>
</table>

<table>
<tr><td rowspan="3">상상
하기</td><td colspan="2">Q) 74쪽 예시:
 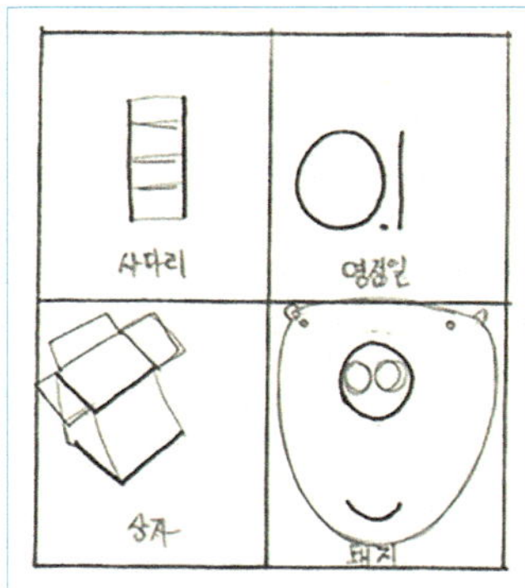
</td></tr>
<tr><td colspan="2">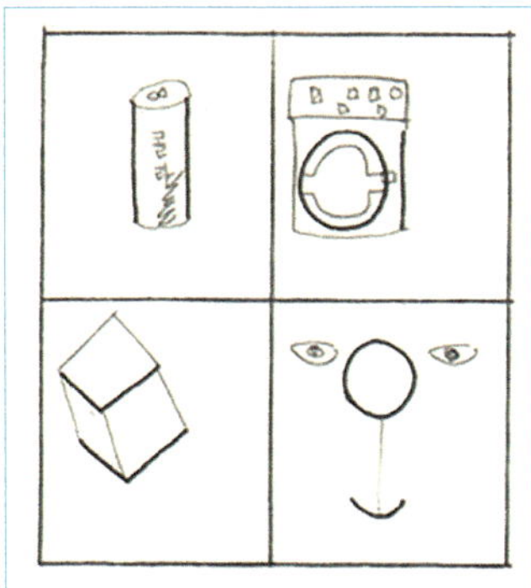 </td></tr>
<tr><td>Q) 75쪽 예시:
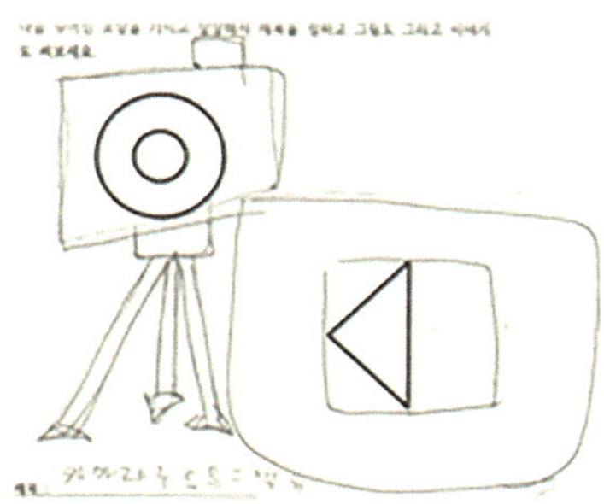
제목: 카메라와 유튜브</td><td>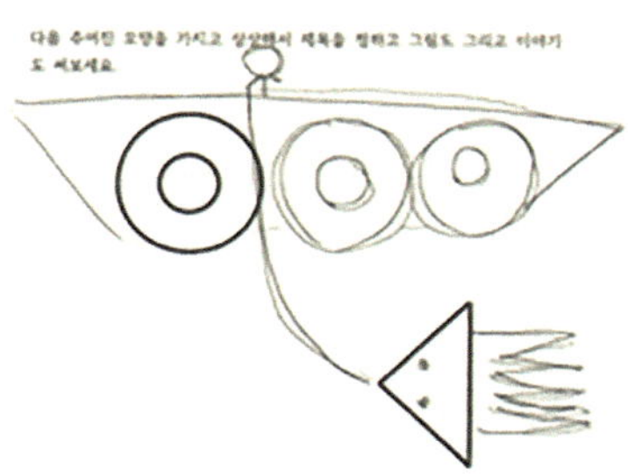
제목: 어부와 오징어</td></tr>
</table>

<table>
<tr>
<td rowspan="2">상상
하기</td>
<td colspan="2">Q) 75쪽 예시:</td>
</tr>
<tr>
<td colspan="2">
<table>
<tr>
<td>
제목: 눈사람과 크리스마스</td>
<td>
제목: 먹이사슬</td>
</tr>
</table>
Q) 83쪽 예시:

<table>
<tr><th>그림 A</th><th></th><th>그림 B</th></tr>
<tr><td>물의 흐름</td><td>▶</td><td>전기</td></tr>
<tr><td>수조</td><td>▶</td><td>건전지</td></tr>
<tr><td>물레방아</td><td>▶</td><td>전구</td></tr>
<tr><td>수조의 높이</td><td>▶</td><td>전압</td></tr>
</table>
</td>
</tr>
<tr>
<td>글과
이야기
를
시각적
으로
표현해
보기</td>
<td colspan="2">Q) 95쪽 예시:

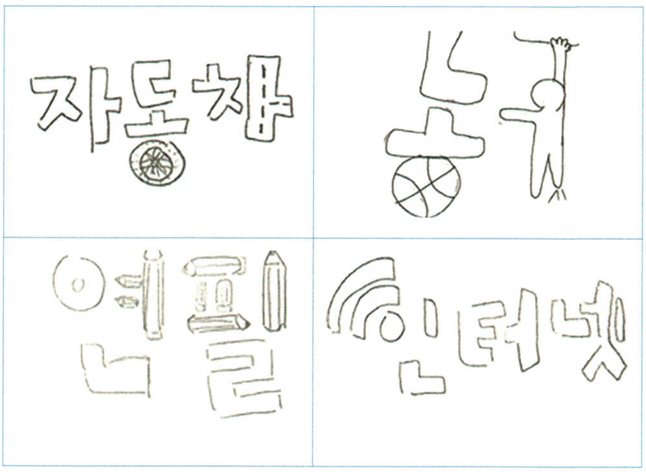

</td>
</tr>
</table>

글과 이야기를 시각적으로 표현해 보기	Q) 96쪽 예시:  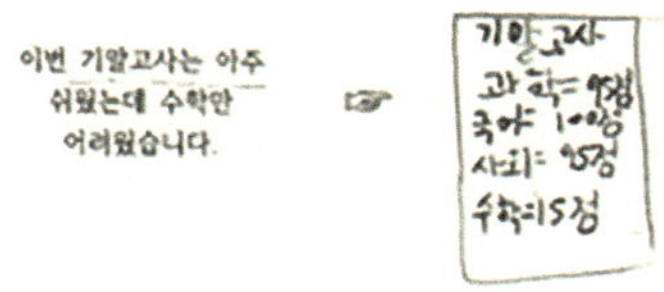   Q) 98쪽 예시: 
음악을 시각적으로 나타내기	Q) 99쪽 예시: 정답은 정해진 것이 없습니다. 분명한 것은 아기가 칭얼대는 소리와 쇠 긁는 소리의 표현이 같을 수는 없습니다. 소리는 어떤 식으로 선을 그려 표현할 수 있을까요? 119차 소리  문 두드리는 소리 

여러 가지 그림을 보고 따라 그리기	Q) 101쪽 예시: 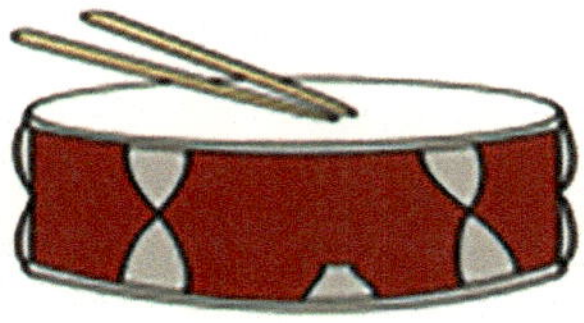	드럼그리기
		커피컵 그리기
	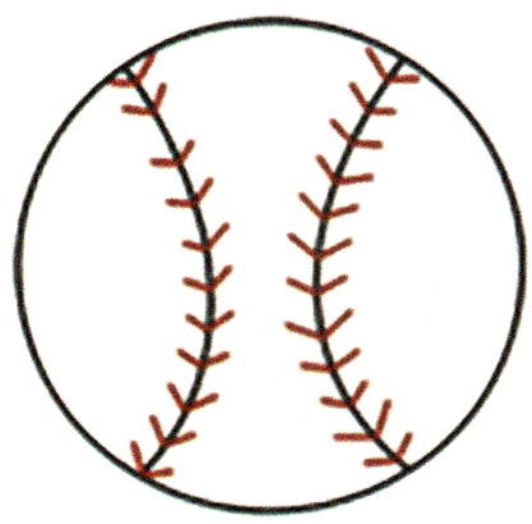	야구공 그리기
	Q) 102쪽 예시:  2단계  3단계	

<table>
<tr>
<td rowspan="2">여러
가지
그림
을
보고
따라
그리기</td>
<td>Q) 106쪽 예시:
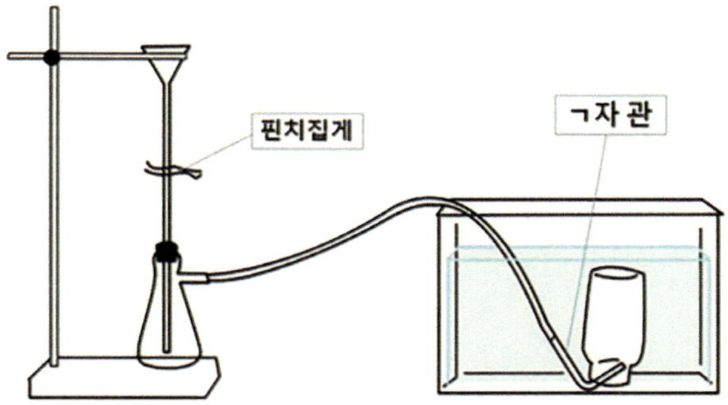

Q) 107쪽 예시:
</td>
</tr>
<tr>
<td>Q) 107쪽 예시: 약화로 표현했을 때 사진보다 좋은 점은 무엇일까요?
A) 좋은 점
1. 그림보다 정확하게 실험 과정-결과를 표현할 수 있다.
2. 지금 해본 실험 이외의 다른 실험을 그림을 그려 설계해볼 수 있다.
3. 실험 내용을 정리할 때 유용하게 쓸 수 있다. 등</td>
</tr>
</table>

해설 – 단순하게 생각하기

복잡한 많은 정보를 쉽게 이해하기 위한 단순화

126쪽 예시:

시간	장소	필요 준비물
7:00	집	여행가방, 3시간
10:00	호텔	체크인
10:30	낙산사	주차비용 4000원 입장료 10,000원
13:00	낙산항	점심식사
14:00	설악해수욕장으로 이동	차로 10분
14:10	설악해수욕장	해수욕 물품
18:00	식당	저녁식사
19:00	호텔로 이동	이동 후 휴식

128쪽 예시 :

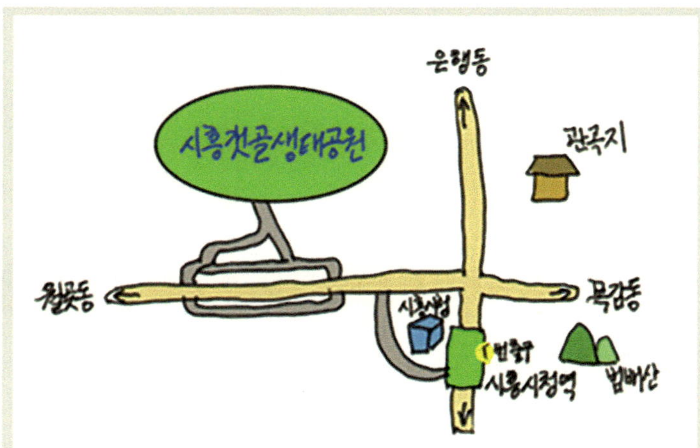

지하철 서해선을 타고 시흥시청 역에서 내려서 1번 출구로 나와
5번 버스로 갈아타고 갯골생태공원에서 내리면 도착할 수 있어

복잡한 많은 정보를 쉽게 이해하기 위한 단순화	131쪽 예시: 속옷을 입는다. ▼ 티셔츠를 입는다. ▼ 바지를 입는다. ▼ 양말을 신는다. ▼ 바깥 날씨가 쌀쌀한가? 아니오 → 옷 입기 완료 네▼ 외투를 입는다. ▼ 옷 입기 완료

복잡한 많은 정보를 쉽게 이해하기 위한 단순화

133쪽 예시:

구석기	신석기	청동기	철기
70만년 전	B.C 8000	B.C 10	B.C 2
뗀석기 사냥·채집·어로	간석기 목축·농경	반달돌칼 벼농사 시작	단단하고 날카로운 무기 발달. 여러 나라 발생

역사적 인물의 일생을 연표로 나타내기 이순신 장군 예시

1545	1576	1592	1597	1598
이순신 장군 출생	병과 합격	임진왜란 발생. 거북선 활약으로 사천해전 승리	명량해전 에서 대승 을 거둠	노량해전 중 전사

내가 살아온 일생을 연표로 나타내기 예시

2002년	2003년	2004년	2005년	2006년	2007년	2008년	2009년	2010년	2011년
8월9일 태어남	가족들과 함께 첫돌잔치를함	동생 지언이가 태어남	아파트로 이사감	감기가 심해져 병원에 입원함	유치원에 입학함	강아지를 키우게 됨	초등학교에 입학함	남자친구가 생김	중간고사 시험에서 백점을 맞음

<table>
<tr>
<td rowspan="2">실제로 접할 수 없는 정보의 단순화.</td>
<td>135쪽 예시:
예시) 화산폭발실험
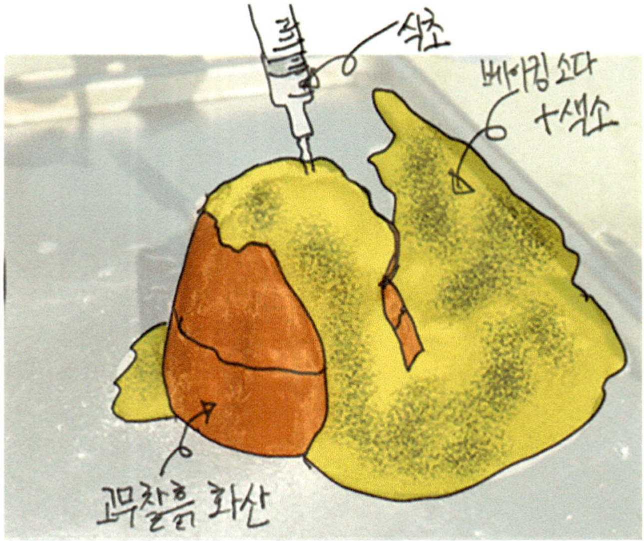
</td>
</tr>
<tr>
<td>136쪽 예시:
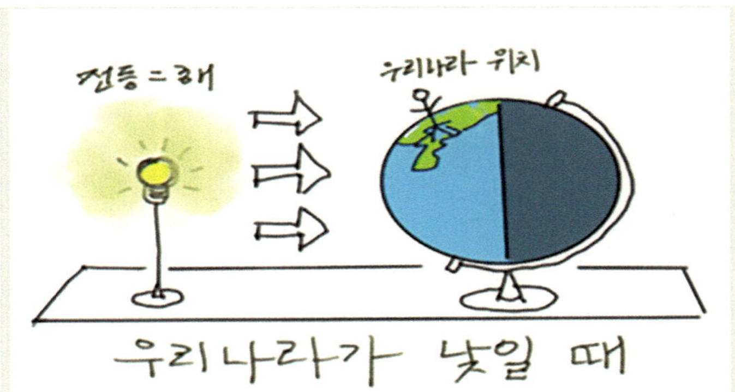

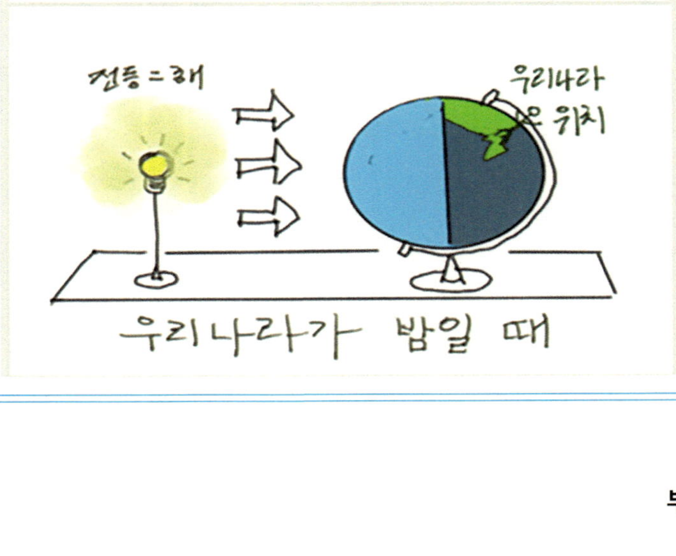
</td>
</tr>
</table>

선택 을 쉽게 해주는 단순화	138쪽 예시: **마당을 나온 암탉 서평** **알을 품어 병아리의 탄생을 보겠다는 소망을 간직하고 양계장을 빠져나온 '잎싹'. 자신의 꿈과 삶을 꿋꿋하게 지키는 잎싹은 가시덤불 속에서 알을 발견하고, 알을 품어 아기 청둥오리 '초록이'를 아들처럼 보살핀다. 독자는 독특하고 개성적인 등장인물의 다양한 삶을 통해 '나는 누구인가' 생각하고 반성하게 될 것이다.**
	139쪽 예시: TV 프로그램 : 놀면 뭐하니 프로그램평 평소 스케줄 없는 날 "놀면 뭐하니?"라고 말하는 유재석에게 카메라를 맡기면서 시작된 릴레이 카메라. 수많은 사람을 거치며 카메라에 담긴 의외의 인물들과 다양한 이야기
	141쪽 예시: **내가 좋아하는 가수** 아이돌: **BTS, 트와이스** 발라드: **산들, 장범준** 댄스: **환불원정대, 싹쓰리** 트로트: **임영웅, 영탁**
효과 적인 표현 을 위한 단순화	143쪽 예시: **학교폭력이 발생하여 친구들과 이야기를 해 보면 대부분 가해학생들은 장난이라고 이야기합니다. 하지만 피해자학생은 상처를 받고 울고 있습니다. 그 상처는 평생 지워지지 않을 것입니다. 친구의 마음에 상처를 주는 '학교폭력' 더 이상 장난이 될 수 없습니다.** ▶ **'학교폭력은 중대한 범죄입니다.'** **요즘, 공짜폰, 최저가 판매라며 홍보하는 매장들이 많이 있다. 하지만 정작 매장을 방문해 보면, 일정 기간, 보통 24개월 이상 고가의 요금제를 사용해야하는 약정을 들어 비싼 요금을 핸드폰 가격만큼 내도록 유도한다. 나는 고객을 속이여 핸드폰을 팔지 않겠다.** ▶ **'가장 싼 매장은 아닐지 몰라도 가장 정직하게 팔겠습니다.'**

<table>
<tr>
<td>효과
적인
표현
을
위한
단순화</td>
<td>

152쪽 예시:

- 아침에 일어나서 야채와 과일을 넣어 갈아서 주스를 만들어 먹었다.
- 아침 등굣길에 친구를 만나 재밌게 이야기를 하였다.
- 학교에서 발표를 잘 해 칭찬을 받았다.
- 수학 수행평가를 보았는데, 점수가 낮아 속상했다.
- 점심시간에 친구와 싸웠다.
- 방과 후 수업에서 맛있는 요리를 만들었다.
- 학원에 갔는데 저번 주에 전학을 갔던 친한 친구를 만났다.
- 저녁에 엄마가 내가 좋아하는 김치찌개를 해주셨다.

▼

- 저녁에 엄마가 내가 좋아하는 김치찌개를 해주셨다.

▼

학교에 갔다가 집에 오니 엄마가 저녁식사를 준비하고 계셨다. 오늘 많은 일이 있었던 터라 정신도 없고 배도 많이 고팠다. 마침 내가 가장 좋아하는 음식인 김치찌개와 달걀말이를 준비해주시고 계신 엄마의 모습을 보니 기분이 한결 좋아졌다. '역시 엄마의 음식 솜씨는 알아줘야 해!' 가족과 함께 하는 완벽한 저녁식사였다.

153쪽 예시:

- 친구들과 점심시간마다 축구를 하는 것
- ○○○ 떡볶이
- 방과후 교실에서 배우는 코딩
- 요즘 읽고 있는 해리포터 시리즈
- 내가 좋아하는 가수 '트와이스'
- 집에서 아빠와 매일 하는 장기

▼

- 방과후 교실에서 배우는 코딩

▼

요즘 방과후 교실에서 코딩을 배우고 있다. 오늘은 엔트리 로봇이 미로를 탈출하는 게임을 만들어 보았다. 보기에는 쉬워 보였는데, 배경과 로봇, 그리고 로봇을 잡으러 오는 유령에 모두 움직임을 직접 입력해 주어야 해서 다소 복잡했다. 친구들과 선생님의 도움을 받아서 드디어 미로 탈출 게임을 완성했다. 집에 가서 다시 한번 만들어 봐야지. 정말 뿌듯한 하루이다.

</td>
</tr>
</table>

<table>
<tr><td rowspan="3">효과
적인
표현
을
위한
단순화</td><td>155쪽 예시:
</td></tr>
<tr><td>156쪽 예시:
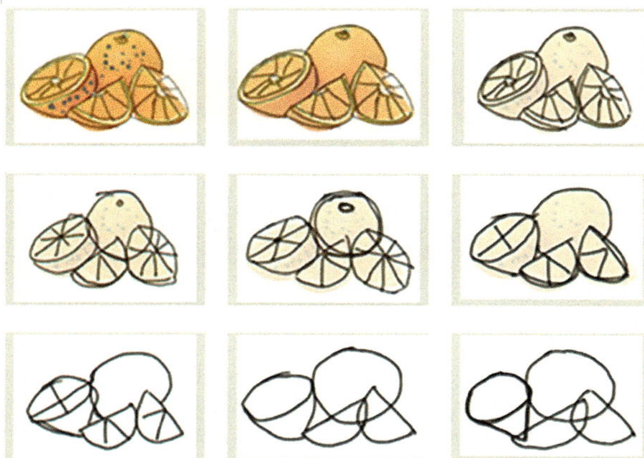</td></tr>
<tr><td>157쪽 예시:</td></tr>
</table>

픽토그램	뜻
	다리가 불편한 친구를 위한 경사로
	이 장소에 처음오는 여행객들을 위한 여행 안내소

효과적인 표현을 위한 단순화

158쪽 예시:

픽토그램	뜻
	아기가 자고 있으니 조용히 해주세요.
	미끄러우니 주의하세요!

160쪽 예시:

친구와 쉬는 시간에 젠가를 하고 있다. 이번에는 친구와 딱밤 맞기 내기를 한다. 담임선생님도 옆에서 누가 이기나 서서 보고 계신다. 친구들이 하나 둘 씩 우리 주변으로 모여들고 있다. 친구가 먼저 하나의 블록을 빼냈다. 멀쩡하다. 나 역시 하나를 빼냈다. 조금 흔들리긴 했지만 멀쩡하다. 역시 아직까진 괜찮다. 한 번, 한 번, 친구와 번갈아가며 게임을 계속한다. 몇 번의 주고 받음이 지났을까, 내가 빼기 위해 건드린 블록이 잘 빠지지 않는다. 큰 일이다. 마음을 가다듬고 한 번에 확 뺐다. 가슴이 떨린다. 젠가가 흔들린다. 젠가야. 이번만 버텨다오. 무너질거니, 버텨낼거니?!!!

▼

친구와 쉬는 시간에 젠가를 하고 있다. 이번에는 친구와 딱밤 맞기 내기를 한다. 친구가 먼저 하나의 블록을 빼냈다. 멀쩡하다. 나 역시 하나를 빼냈다. 조금 흔들리긴 했지만 멀쩡하다. 한 번, 한 번, 친구와 번갈아가며 게임을 계속한다. 내가 빼기 위해 건드린 블록이 잘 빠지지 않는다. 한 번에 확 뺐다. 젠가야.. 무너질거니, 버텨낼거니?!!!

▼

젠가가 흔들린다.. 젠가야.. 무너질거니 버텨낼거니

▼

무너질
거니

버텨낼
거니

효과적인 표현을 위한 단순화

162쪽 예시:

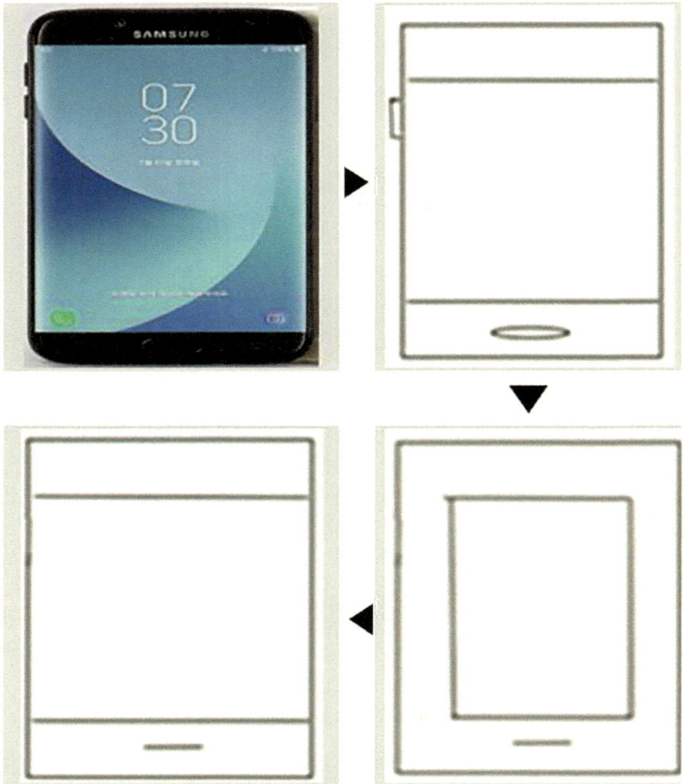

163쪽 예시:

패턴은 무엇인가?

Q) 168쪽: 53부터 100까지의 합을 구해보세요.

A)

53	54	55	…	98	99	100
+	+	+		+	+	+
100	99	98	…	55	54	53
‖	‖	‖		‖	‖	‖
153	153	153	…	153	153	153

구하고자 하는 수를 거꾸로 배열하여 한 번 더 더하면 각 위치에 있는 합은 같은 수가 나옵니다. 각 자리의 합 153은 총 48개가 있고, 처음 구하고자 하는 것의 두 배가 되었으니 계산의 결과는 다음과 같습니다.

$$(53+100) \times (100-53+1) \div 2 = 3672$$

Q) 168쪽: 54부터 98까지의 합을 구해보세요.

A)

54	55	56	…	96	97	98
+	+	+		+	+	+
98	97	96	…	56	55	54
‖	‖	‖		‖	‖	‖
152	152	152	…	152	152	152

구하고자 하는 수를 거꾸로 배열하여 한 번 더 더하면 각 위치에 있는 합은 같은 수가 나옵니다. 각 자리의 합 152은 총 45개가 있고, 처음 구하고자 하는 것의 두 배가 되었으니 계산의 결과는 다음과 같습니다.

$$(54+98) \times (98-54+1) \div 2 = 3420$$

170쪽 예시 :.

3단은 홀수와 짝수가 번갈아가며 있다., 끝자리가 0~9까지 다 있다.

4단은 모두 짝수로 구성되어 있다.

9단은 10의 자리는 0부터 올라가고, 1의자리는 9부터 내려간다.

<table>
<tr>
<td>패턴은 무엇인가?</td>
<td>Q) 172쪽: 6단, 7단, 9단의 패턴을 찾아보세요.
A) 6단
① 모두 3과 2로 나누어진다.
② 끝자리가 6, 2, 8, 4, 0 으로 반복 된다.
③ 십의 자리와 일의 자리를 더한 수는 3으로 나누어 떨어진다.
7단
① 일의 자리가 0부터 9까지 다 있다.
② 결과가 홀수와 짝수가 반복되어 있다.
③ 짝수를 곱하면 짝수가 되고 홀수를 곱하면 홀수가 된다.
9단
① 십의 자리는 1씩 늘어나고 1의 자리는 1씩 줄어든다.
② 십의 자리와 일의 자리를 더하면 9가 된다.
③ 짝수를 곱하면 짝수가 되고 홀수를 곱하면 홀수가 된다.</td>
</tr>
<tr>
<td rowspan="3">반복되는 패턴</td>
<td>Q) 178쪽 예시: 자신의 생활에서 반복되는 것들을 찾아보세요.
A) ① 아침마다 씻고 학교 가는 것
② 학교에서 다양한 활동하는 것</td>
</tr>
<tr>
<td>Q) 179쪽 예시: 부모님과 놀이공원에 간 기억과 2주 전 저녁 식사 메뉴 중 여러분들은 어느 것을 더 쉽게 기억할 수 있나요?
A) 부모님과 놀이동산에 간 것
Q) 179쪽 예시: 둘 중 더 기억이 잘 나는 것은 왜 그렇다고 생각하나요?
A) 저녁식사는 일상에서 반복이 되지만 부모님과 놀이동산에 간 것은 특별한 경험이기 때문이다.</td>
</tr>
<tr>
<td>Q) 179쪽 예시: 1년을 기준으로 매 월에 자신의 삶에서 반복이 되는 것들을 찾아 원그래프로 그려보세요.
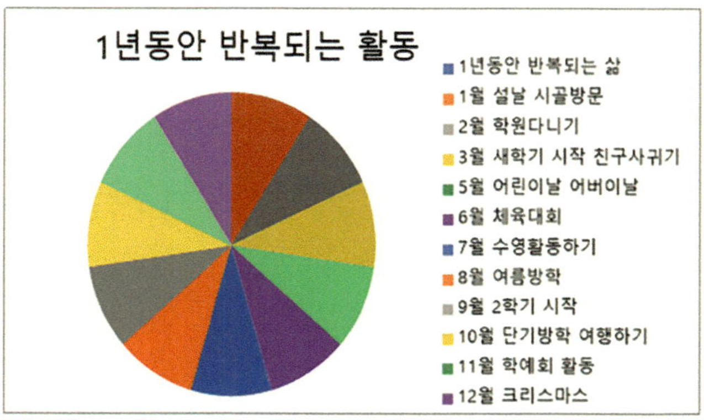
</td>
</tr>
</table>

반복 되는 패턴	180쪽 예시: 육각형 모양이 벌집이 반복되어 있어요. 모양의 길쭉한 꽃잎이 반복되어 있어요. 정삼각형의 구조물이 반복 배열돼요 동그란 점을 갖고 있는 육각형 모양이 반복되어 있어요. 바닷가 모래사장에 파도로 인해 생긴 무늬가 반복되어 있어요. 벽돌 사각형이 서로 엇갈려 층을 이루고 있어요.
	Q) 183쪽 예시: 다음 보도블록의 모습을 보고 물음에 답해 봅시다. 각각의 보도블록 속에 숨어있는 패턴 3가지를 찾아 설명해보세요. A) 정사각형 모양의 보도블록이 빈틈없이 붙어있다. 한 가지 색의 보도블록이 9개씩 붙어있다. 다른 색의 보도블록이 3개씩 엇갈려 층을 이루어졌다.
	Q) 184쪽: 다음 보도블록의 모습을 보고 물음에 답해 봅시다. 각각의 보도블록 속에 숨어있는 패턴 3가지를 찾아 설명해보세요. (붉은)색 → (노란)색 → (파랑)색 화살표 (30)초 → (2)초 → (10)초 (노란)색 → (파랑)색 → (노란)색 (2)초 → (20)초 → (2)초 Q) 184쪽 예시: 왜 그렇게 예상했는지 까닭을 써 보세요. A) 사람들은 30초 이상이 되면 지루함을 느낄 것이며, 경고등인 노란색은 2초 정도일 것이다. 다른 편에서도 똑같이 기다리므로 파랑 등과 빨간 등은 똑같이 30초일 것이다. 신호가 바뀔 때마다 노란색 경고등이 들어와야 한다

<table>
<tr><td rowspan="3">반복
되는
패턴</td><td>Q) 185쪽: 바둑돌을 위와 같이 놓으며 반복되는 패턴을 찾아보세요.
A) 바둑돌 7개를 기준으로 '흰색2 검은색1 흰색1 검은색2 흰색1개'가 반복된다.
Q) 185쪽: 가)에서 찾은 패턴으로 계속 바둑돌을 둔다면 100번째 바둑돌은 어떤 색일지 써 보세요.
A) - 색깔 : 흰색
- 이유 : 7×14=98이기 때문에 99번째는 흰색, 100번째도 흰색이 된다.
Q) 185쪽: 바둑돌로 여러분만의 패턴을 만들어 보고 그림으로 표현해보세요.
A) ○●○○●●○○○●●●○○○○●●●●○○</td></tr>
<tr><td>Q) 186쪽 예시: 위 노래에서 반복되는 구조를 찾아 적어보세요.
A) ① 문지기 문지기 문 열어라 열쇠 없어 못열겠네
② 어떤 대문에 들어갈까 ( )대문에 들어가</td></tr>
<tr><td>Q) 186쪽 예시: 만약 대문놀이 가사에 반복이 없었다면 놀이와 느낌이 어떻게 바뀔지 생각해 보세요.
A)
① 노래를 외우기가 어려워서 놀이가 잘 안되었을 것 같다.
② 리듬감이 사라져서 노래를 부르는데 흥이 나지 않을 것 같다.</td></tr>
<tr><td rowspan="2">증가
되고
변형
되는
패턴</td><td>Q) 188쪽 예시: 위 그림을 보고 설명할 내용을 적어보세요.
A) 회오리처럼 늘어나며 커지는 선과 그 선 안에 곡선으로 규칙적으로 연결되는 선이 있다. 정사각형이 일정 비율만큼 늘어나면서 반대편의 꼭짓점을 원으로 연결되어 있다.</td></tr>
<tr><td>Q) 189쪽 예시: 위 그림을 보고 설명할 내용을 적어보세요.
A) 큰 가지가 있고 이 가지에 중간 가지가 서로 반대편에 엇갈려 간다.
위로 올라갈수록 중간 가지의 크기는 점점 작아진다.
중간 가지에는 작은 가지가 서로 반대편에 엇갈려 있다
중간 가지의 붙어있는 작은 가지는 위로 올라갈수록 점점 더 작아진다.
작은 가지에 잎이 엇갈려 가며 있고 위로 올라갈수록 점점 더 작아진다.
모든 가지는 위로 올라갈수록 아래 방향으로 휘어져 있다.</td></tr>
</table>

<table>
<tr>
<td rowspan="3">증가
되고
변형
되는
패턴</td>
<td>Q) 190쪽 예시: 고사리에서 반복되는 기본 형태를 찾아 표현해보세요.
A)
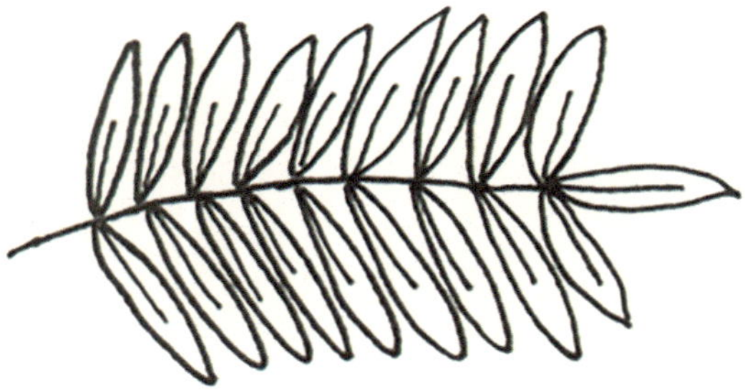</td>
</tr>
<tr>
<td>Q) 190쪽 예시: 고사리 줄기를 관찰하며 볼 수 있는 달라지면서 반복되는 규칙을 찾아 적어보세요.
A) 위로 올라갈수록 크기가 작아진다.
큰 가지에 작은 가지가 엇갈려 반복적으로 붙어있다.
모든 가지는 아래 방향으로 끝부분이 내려가 있다.

Q) 190쪽 예시: 우리 주변에서 증가되고 변형되는 패턴 찾아봅시다.
A) 구름, 빗방울, 창문, 자동차와 자동차 모형, 나뭇잎, 지도, a3, a4, a5 종이, 책, 솔방울, 각종 과일 등</td>
</tr>
<tr>
<td>Q) 191쪽: 우리 주변에서 증가되고 변형되는 패턴 찾아봅시다.
A) 천사와 악마

Q) 191쪽 예시: 그림을 자세히 관찰하고 반복 패턴에서 만들어 본 테셀레이션과 비교하여 어떤 점이 비슷하고 어떤 점이 다른지 찾아 적어보세요.
A)
<table>
<tr><th>공통점</th><th>차이점</th></tr>
<tr><td>천사와 악마가 가운데 한 점에서 각각 3개씩 모여 있다. 천사는 악마 옆에 둥근 원 모양으로 나열되어 있습니다.</td><td>밖으로 그려진 천사와 악마는 점점 같은 모양이지만 점점 크기가 줄어들고 있다.</td></tr>
</table>
</td>
</tr>
</table>

	Q) 192쪽: 위의 앵무조개 사진 속에서 나선 구조의 바깥쪽 가장 큰 반지름의 길이와 두 번째로 큰 반지름의 길이를 재어보세요.. A) 가장 큰 원의 반지름 길이: 3cm 두 번째로 큰 원의 반지름 길이: 1.8cm Q) 192쪽: 계산기를 사용하여 가장 큰 반지름의 길이를 두 번째로 큰 반지름의 길이로 나누어보세요. A) => 3 ÷ 1.8 = 1.6666… (참고) 세 번째로 큰 원의 반지름 길이: 1.1cm 두 번째와 세 번째 원의 반지름 길이의 관계 => 1.8 ÷ 1.1 = 1.6363…
증가되고 변형되는 패턴	Q) 193쪽: 황금나선은 어떤 패턴으로 증가하고 있는지 설명하여 써보세요. A) 황금나선은 중심으로부터 일정한 규칙으로 1/4 크기의 원을 늘려갈 때 원의 반지름 길이는 점점 길어지지만, 인접한 원과의 반지름 길이의 비가 황금비율과 유사하게 유지되는 것을 말한다. 이는 같은 비율을 유지하며 점점 커지기 때문에 증가하고 변형되는 패턴으로 볼 수 있다. Q) 193쪽: 숫자 속에 숨은 패턴을 찾아 글이나 식으로 설명해보세요. A) 연속된 두 수의 합이 다음에 올 수가 된다.
	Q) 194쪽: 서로 이웃한 두 수 중 큰 수를 작은 수로 나누어보세요. A) 2 ÷ 1 = 1.5 3 ÷ 2 = 1.666667 5 ÷ 3 = 1.6 8 ÷ 5 = 1.625 13 ÷ 8 = 1.615385 21 ÷ 13 = 1.619048
	Q) 194쪽: 두 수를 나눈 몫에 일정한 패턴이 있나요? 있다면 어떤 패턴이 있나요? A) 모두 1.6에 비슷하며 1.6보다 소수 둘째 자리에서 조금 큰 수이다. Q) 194쪽: 위의 피보나치 수열은 황금 나선과 어떤 공통점이 있나요? A) 황금나선의 반지름이 피보나치 수열로 되어 있다.

증가 되고 변형 되는 패턴	Q) 194쪽: 자와 컴퍼스를 사용하여 패턴에 따라 피보나치 수열 중 다음의 숫자들을 나선의 반지름으로 하는 황금나선을 그려봅시다. A) 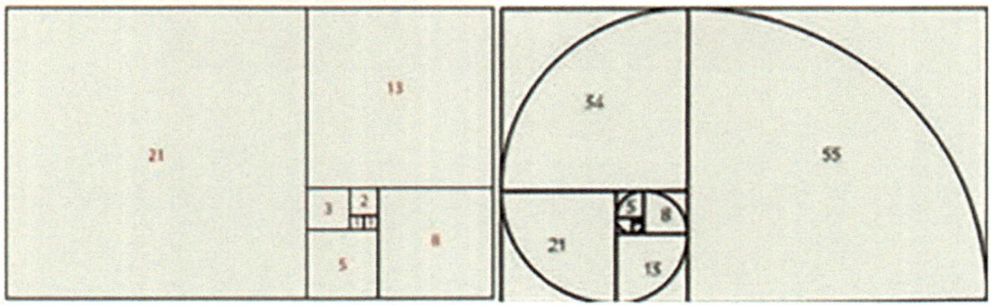
두 개의 현상 속에 숨어 있는 패턴	Q) 199쪽 예시: 서양의 어린이들이 즐겨듣던 신데렐라와 우리나라 어린이들이 즐겨 듣던 콩쥐 팥쥐 이야기 내용에는 유사한 점이 있습니다. 이 이야기의 유사한 점을 찾아보세요. A) 두 이야기 모두 자신이 원하는 이성을 만난다. 마법 같은 상황으로 도움을 받는다. 자신을 괴롭혔던 사람들을 결국은 용서한다. 착한 인물은 결국 복을 받는다. Q) 199쪽 예시: 지리적으로 멀리 떨어져 있던 우리나라와 서양의 어린이들은 유사한 구조의 이야기를 재미있게 보게 되었는지 생각해보세요. A) 우리나라와 서양에는 이와 유사한 구조의 이야기들이 실제로 많이 있을 것이다. 착하게 삶을 사는 인물들은 그래도 열심히 지낸 만큼 복을 받고, 피해를 주는 악한 인물은 벌을 받는 것이 통쾌하다. 두 이야기에서 요정, 두꺼비, 참새 등이 도움을 주는 것들은 아마 이들을 도와주는 조력자가 있었을 것임을 암시한다.
대칭 되거나 회전 하는 패턴	Q) 202쪽 예시: 여러분도 위 그림을 보고 공통점을 찾아 적어보세요. A) ① 모두 돌아간다. ② 회전을 해도 전체 모양이 바뀌지 않는다.
	Q) 205쪽 예시: 우리 주변에 대칭을 이루고 있는 것은 무엇이 있을까요? A) 앨리베이터 문, 바람개비, 대문, 풍력발전 날개, 비행기, 헬리콥터, 컵 등 Q) 205쪽 예시: 우리 주변에 대칭을 이루고 있는 것은 무엇이 있을까요? A) 토마토, 오디오, 스위스, 시흥시, 사진사, 일요일, eye, dad, sos, civic

<table>
<tr><td rowspan="2">나만의
반복이
되는
패턴을
만들어
보기</td><td>206쪽 예시:

※ 자유롭게 반복되는 패턴으로 사각형에 색을 칠하면 됩니다.</td></tr>
<tr><td>Q) 207쪽 예시: 위의 4가지 블록으로 하나의 일정한 모양과 무늬가 되도록 그려보세요.
A)

※ 정답은 없습니다만, 자신이 만든 패턴 사각형을 일정한 규칙으로 배열하면 됩니다.</td></tr>
<tr><td rowspan="2">증가
되고
변형
되는
패턴
만들기</td><td>Q) 208쪽 예시: 발견할 수 있는 패턴을 적어보세요.
A) 모두 앉아 있는 모나리자이다.
그림의 배경은 모두 바다이다.
모나리자의 오른손이 위로 왼손이 아래로 모으고 있다.</td></tr>
<tr><td>Q) 209쪽 예시: 여러분도 패턴의 변형을 통해 나만의 모나리자를 그려보세요.
A) 모나리자와 비슷한 풍의 그림을 변형하여 그리면 됩니다.</td></tr>
</table>

<table>
<tr><td rowspan="2">증가
되고
변형
되는
패턴
만들기</td><td></td></tr>
<tr><td>Q) 211쪽: 1단계에서 처음 검은 삼각형은 몇 개인가요?
A) 1개

Q) 211쪽: 2단계에서 검은 삼각형은 몇 개가 되나요?
A) 3개

Q) 211쪽: 3단계에서 검은 삼각형은 몇 개가 되나요?
A) 9개

Q) 211쪽: 4단계에서 검은 삼각형은 몇 개가 되나요?
A) 27개

Q) 211쪽: 각 단계마다 삼각형이 늘어나는 패턴은 무엇인지 설명해 보세요.
A) 삼각형의 수가 3배씩 늘어난다.

Q) 211쪽: 위에서 찾은 패턴에 따라 그려봅시다.
A) 교재에 있는 삼각형을 자로 그려 봅니다.

</td></tr>
</table>

증가 되고 변형 되는 패턴 만들기	Q) 212쪽: 아래의 정오각형에 대각선을 모두 그려보세요. 어떤 모양이 나오나요? A) 별 모양 Q) 212쪽: 자를 이용하여 한 대각선 위에 다른 대각선이 지나가는 점을 중심으로 긴 쪽의 길이와 짧은 쪽의 길이를 재보세요. A) 긴쪽 5.2cm, 짧은쪽 3.2cm Q) 212쪽: 긴 쪽 길이를 짧은 쪽 길이로 나눠보세요. 어떤 숫자가 나오나요? A) 5.2 ÷ 3.2 = 1.625 Q) 212쪽: 새로 만들어진 모양의 한 가운데에는 어떤 도형을 볼 수 있나요? A) 별 모양 Q) 212쪽: 새로 만들어진 도형에도 대각선을 그려보세요. A) 아래 그림 참조 Q) 212쪽: 똑같은 방법으로 대각선에서 긴 길이와 짧은 길이의 길이를 재보고 이를 나누어 보세요. 2÷1.2 = 1.666 (대략적으로 계산하면 됩니다.) 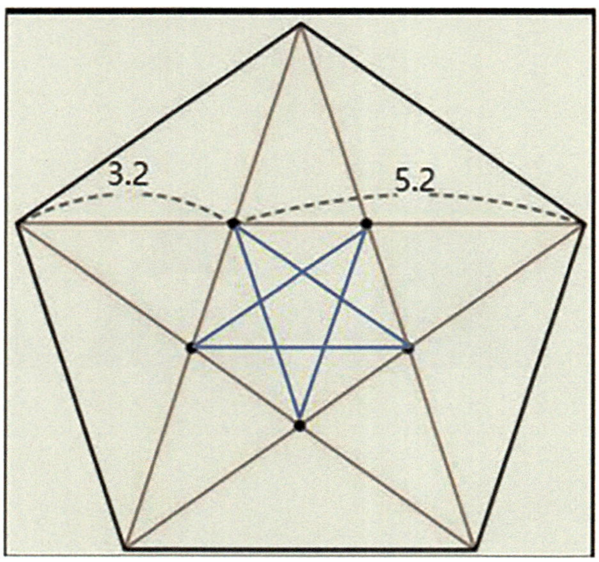

<table>
<tr>
<td rowspan="3">증가 되고 변형 되는 패턴 만들기</td>
<td>Q) 213쪽: 사진의 입체카드는 어떤 패턴을 갖고 있을까요?
A) 종이를 접고 일정 비율만큼 세로로 절반만큼 자른 후 자른 부분만 반대 방향으로 넘긴다. 이러한 과정을 접힌부분마다 한다.</td>
</tr>
<tr>
<td>Q) 218쪽 예시: 위 그림의 특징을 찾아 적어보세요.
A) 사각형 도형안에 삼각형이 규칙적으로 배열되어 있다.
점점 안쪽으로 가면서 삼각형의 크기가 규칙적으로 작아진다.
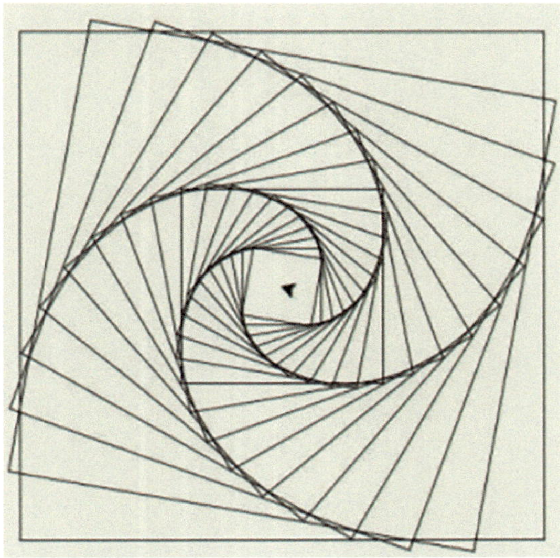</td>
</tr>
<tr>
<td>Q) 219쪽 예시: 자신이 새로운 패턴을 만들어 보고 이 패턴에 의해 그림을 그려봅시다.
A) ① 원주에 한점을 찍고 반지름 크기로 원주까지 선을 이어준다.
② 원주에서 만나는 선을 다시 중심을 잡고 같은 크기로 원을 그린다.
③ 계속해서 같은 방법으로 원을 연결하여 그려 나간다.
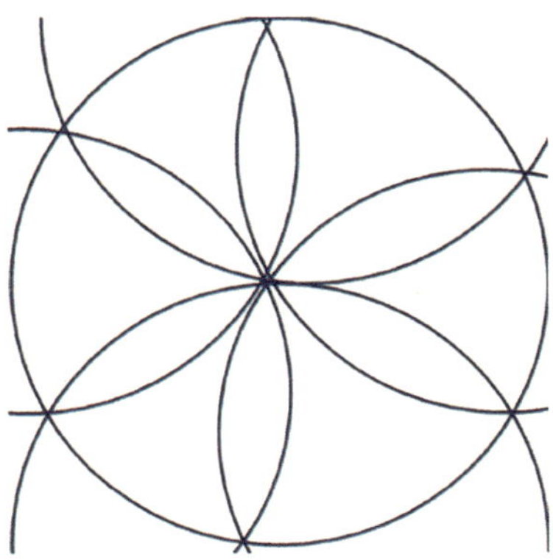
※ 정답은 없습니다. 다만 자신이 새로운 규칙을 만들고 이를 그려나가면 됩니다.</td>
</tr>
</table>

뜯어 보기	37쪽 예시 : 강아지의 표정 아휴~심심해. 우리 주인님은 왜 나랑 놀아주지 않고, 하루종일 핸드폰만 하는거야? 나는 나가서 산책도 하고 싶은데 가만히 앉아있으려니 너무 지루해 237쪽 예시 : 고양이의 표정 앗!? 주인님인가? 소리가 들린 것 같은데? 아니구나.. 주인님은 언제쯤 오실까? 오실 시간이 지난 것 같은데
	38쪽 예시 : 일이 일어난 순서 가-나-다-라 엄마와 함께 길을 가다가, 문득 어디선가 큰 연설하는 소리가 들리는 게 아니겠어? 가보니 사람이 너무 많아서 도대체 누가 말하는지 알수가 있어야지. 그래서 좀 더 잘 보고 싶어서 옆에 있는 나무에 올라 가서 무슨 소리를 하는지 들어봤어. 알고보니 우리나라 대통령께서 말하고 계신 게 아니겠어? 그때부터 나도 대통령이 되고 싶다는 꿈 을 키웠지. 그래서 결국 나는 국회의원 선거에 출마하게 되었고, 국회의원으로서 나라에 봉사하다가 이제는 은퇴를 했단다. 지나간 모든 일들이 꿈만 같구나
	239쪽 예시 : 다 - 라 - 가 - 나 239쪽 예시 : 가 - 다 - 나 - 라
	Q) 241쪽 예시: 미선이가 되어 미선이의 마음을 떠올려보세요. 불안하다. 슬퍼하다. 피곤해서 자고 있다., 혼났다., 친구와 헤어졌다., 사랑의 시련을 당했다. 등 자유롭게 자신의 생각을 적으면 됩니다.

<table>
<tr><td>뜯어
보기</td><td>Q) 241쪽 예시: 위에서 적어본 미선이의 마음을 기쁘게 해주기 위해 미선이의 마음 중 하나를 택해 아래의 빈칸을 완성해 봅시다.
A) 1. 내가 선택한 미선이의 마음
: 체육시간에 피구를 잘 하고싶다.
2. 왜 그 마음을 바꾸면 미선이가 기쁠까?
: 항상 피구에서 먼저 탈락해서 속상하다.
3. 미선이의 마음을 기쁘게 하려면 무엇을 바꾸어야 할까?
: 경기 규칙을 좀 바꾸면 될 것같다.
4. 미선이의 마음을 기쁘게 하려면 어떻게 바꾸어야 할까?
: 잘하는 친구와 못하는 친구가 한팀을 이루어 경기하는 짝피구를 한다.</td></tr>
<tr><td rowspan="2">나도
훌륭한
시인</td><td>Q) 245쪽 예시: 선정 대상과 하나되어 떠오르는 마음을 적어보세요.
<table>
<tr><td>뿌듯하다</td><td>사람들이 내 곁에와서 따뜻함을 느껴서 뿌듯하다</td></tr>
<tr><td>더워서 힘들다</td><td>계속 열을 내뿜으려니, 너무 덥고 힘들다</td></tr>
<tr><td>배고프다</td><td>계속해서 열을 냈더니, 끊임없이 배고프다</td></tr>
</table></td></tr>
<tr><td>Q) 246쪽 예시: 3)에서 작성한 사물의 마음 중 도와주고 싶은 마음을 고르고, 그 상황을 머릿속으로 상상하며 그려지는 장면을 문장으로 써 보세요.
A) 내가 찾은 사물 - 기름이 없는 자동차
사물의 마음
- 나는 기름이 없어 배고프다. 기름은 나에게 너무 소중하다.
- 나는 스스로 만들어 움직이고 싶다. 나는 기름을 만들고 싶다.
- 나는 움직이지 못하니 답답하다. 나는 마음껏 달리고 싶다.
- 기름은 나를 달리게 한다. 무엇이 나를 달리게 할까?
- 태양열로 하면 어떨까? 태양은 나를 달리게 한다.
- 태양열로 달려보자. 해뜨는 날 달려보자.
- 비가 오면 어떡하지? 구름이 해를 가리면 어떡하지?
- 물을 가지고 다니자. 물을 분해해 수소로 달리자
- 그럼 달릴 수 있다. 날씨에 상관없이 달릴 수 있다.</td></tr>
</table>

<table>
<tr>
<td rowspan="2">나도
훌륭한
시인</td>
<td>Q) 246쪽 예시: 위에서 쓴 글을 시의 형식으로 고치기 위해서 보기와 같이 행과 연을 나누어 보세요.
A) - 나는 기름이 없어 배고프다./ 기름은 나에게 너무 소중하다./
- 나는 스스로 만들어 움직이고 싶다./ 나는 기름을 만들고 싶다.//
- 나는 움직이지 못하니 답답하다./ 나는 마음껏 달리고 싶다./
- 기름은 나를 달리게 한다./ 무엇이 나를 달리게 할까?//
- 태양열로 하면 어떨까?/ 태양은 나를 달리게 한다./
- 태양열로 달려보자./ 해뜨는 날 달려보자.//
- 비가 오면 어떡하지?/ 구름이 해를 가리면 어떡하지?/
- 물을 가지고 다니자./ 물을 분해해 수소로 달리자//
- 그럼 달릴 수 있다./ 날씨에 상관없이 달릴 수 있다.//</td>
</tr>
<tr>
<td>Q) 247쪽 예시: 5)에서 수정한 글을 내가 표현하고 싶은 내용이 함축적으로 드러나도록 짧게 바꾸어 써 보세요.
A). -기름이 없어 배고파, 기름은 나에게 너무 소중해
-스스로 움직이고 싶어, 기름을 만들고 싶어
-움직이지 못하니 답답해, 마음껏 달리고 싶어
-기름은 나를 달리게 해, 무엇이 나를 달리게 할까?
-태양열로 하면 어떨까? 태양은 나를 달리게 해
-태양열로 달려보자. 해 뜨는 날 달려보자.
-비가 오면 어떡하지? 구름이 해를 가리면 어떡하지?
물을 가지고 다니자. 물로 수소로 달리자
Q) 247쪽 예시: 5)에서 수정한 글을 내가 표현하고 싶은 내용이 함축적으로 드러나도록 짧게 바꾸어 써 보세요. 발음하기 어려운 단어는 쉬운 단어로 바꿔볼까요?
A). 기름이 없어 배고파~ 기름은 나에게 너무 소중해~
스스로 움직이고 싶어~ 기름을 만들고 싶어~
움직이지 못하니 답답하지~ 마음껏 달리고 싶지~
무엇으로 움직일까? 태양열은 어떨까?
기름은 달리게 해, 태양은 달리게 해
태양열로 달려보자. 해뜨는 날 달려보자.
비가 오면 어떡하지? 구름이 가리면 어떡하지?
물을 가지고 다니자. 물로 수소로 달리자
매일 매일 달릴 수 있지. 날씨에 상관없이 달릴 수 있지.</td>
</tr>
</table>

나도 훌륭한 시인	Q) 248쪽 예시: 노래로 적어본 글을 시로 적어 보세요. A). 기름이 없어 배고픈 나 김※※ 기름이 없어 배고프지 기름은 너무 소중하지 스스로 달리고 싶어 기름을 만들고 싶어 못 움직이니 답답하지 못 달리니 답답하지 무엇이 달리게 할까? 태양이 달리게 할까? 기름은 달리게 해 태양은 달리게 해 태양열로 달려보자. 해뜨는 날 달려보자. 비가 내리면 어떡하지? 구름이 가리면 어떡하지? 물을 가지고 달리자. 물로 수소로 달리자 매일 매일 달릴 수 있지. 어떤 날도 달릴 수 있지. 나는 너무 신이 나지.
나는 만화가	Q) 250쪽 예시: 다음 그림을 보며, 물건과 하나되어 앞의 예시처럼 만화를 그려보세요.

나는 발명가

252쪽 예시

Q) 252쪽 예시: 새로운 잠자리에게 능력을 주기 위해 잠자리의 어려운 마음을 찾아 보고 해결방법을 고민합시다.

A).

잠자리의 마음	날개가 젖는다.
왜	비가 내리면 날개가 젖는다.
이유	비가 올 때 비행을 못한다.
해결방법	젖지 않는 날개를 만든다.

잠자리의 마음	배가 고플 것이다.
왜	먹지 않으면 배가 고프니까
이유	배가 고프면 에너지 생산이 힘이 든다.
해결방법	먹지 않아도 되는 잠자리를 만든다.

<table>
<tr>
<td>나는
발명가</td>
<td>
Q) 253쪽 예시: 위에서 생각한 잠자리의 마음을 해결방법을 조합하여 새로운 잠자리를 만들어 보세요
A).
<table>
<tr><td colspan="2">〈상상 설계도〉</td></tr>
<tr><td rowspan="2">잠자리의 바꿀 부분1
: 날개가 찢어지지 않도록</td><td>대상의 이름</td></tr>
<tr><td rowspan="2">〈슈퍼 잠자리〉
1. 잠자리의 날개가 찢어지지 않고 탄성력이 있는 소재로 만든다
2. 잠자리의 날개는 비에 젖지 않는 방수 물질로 만든다
3. 잠자리의 등에, 태양광 패널을 설치하여, 밥을 먹지 않아도 힘이 나도록 한다</td></tr>
<tr><td>잠자리의 바꿀 부분2
: 날개가 비에 젖지 않도록</td></tr>
<tr><td>잠자리의 바꿀 부분3
:배고프지 않도록</td><td></td></tr>
</table>
</td>
</tr>
</table>

<table>
<tr><td>어려운 문제는 다른 관점으로 풀어 볼까요?</td><td>
Q) 257쪽: 여러분이 생각한 RTA라면은 무엇인가요?
A)

너구리 라면을 뒤집어서 보면 영어로 RTA처럼 보여요.
</td></tr>
<tr><td>유명한 기업들은 어떻게 역발상을 사용했을까?</td><td>
259쪽 예시: 아래는 하나의 예시 자료로 이와 비슷한 사례를 찾으면 됩니다.
"1993년 에이스 침대의 광고 멘트. 가구 중의 가구인 침대를 가구가 아니다. 과학이다."라는 광고문구를 사용해 엄청난 수익을 올렸다.

</td></tr>
<tr><td>오래된 아이디어를 다른 관점으로 바라보면 새 아이디어가!</td><td>
260쪽 예시 :

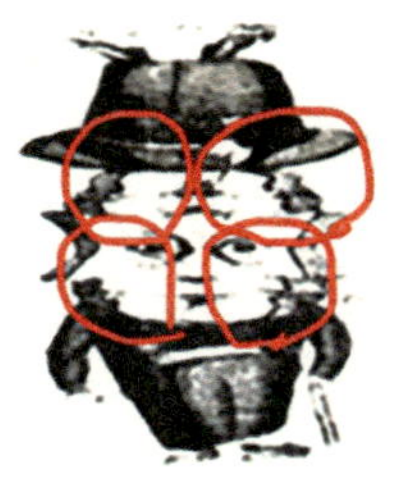		
1. 옆모습 얼굴 4개가 있다.	2. 앞모습의 얼굴이 상하 대칭으로 2개 있다.	3. 상하좌우 대칭이다.

</td></tr>
</table>

<table>
<tr>
<td>장소
바꾸기</td>
<td>

263쪽 예시: 아래는 하나의 예시로 상황에 맞게 그리면 됩니다.

264쪽 예시

1. 언덕 위에 바람에 의해 돌아가는 날개를 놓으면 바람으로 전기를 생산해 내는 풍력 발전기가 될 수 있다.

2. 컵에 바람개비 모양의 칼날을 합치면 음식을 갈아서 섞어주는 믹서기가 될 수 있다.

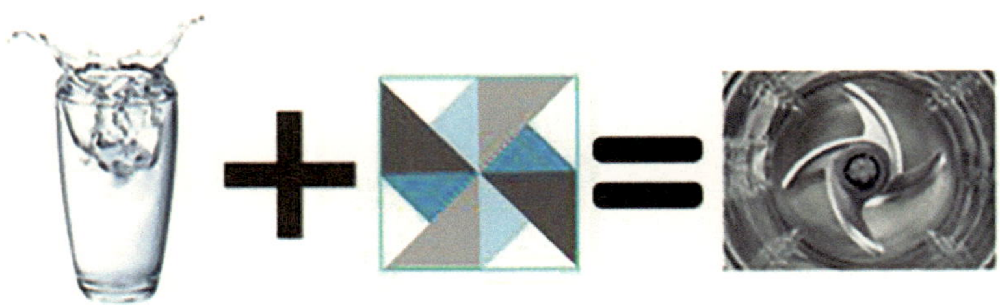

3. 천정에 바람개비 모양의 팬을 합치면 천정형 선풍기(실링팬)이 될 수 있다.

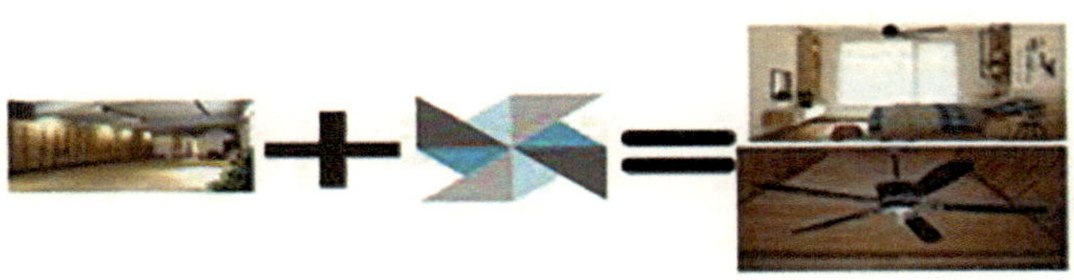

</td>
</tr>
</table>

관점 옮기기

266쪽 예시: 아래는 하나의 예시입니다.

어느 날 대규모 사과농장에 큰 태풍이 몰아쳐 사과의 90%가 낙과해버리는 일이 있었다. 대부분의 사과농민들은 농사를 망쳤다며 우울해 하고 있었으며, 실제로 많은 농민들이 예년에 비해 이익이 꽤 줄어들거나, 개중엔 적자가 난 농민도 있었다. 그러나 한 농민은 생각을 뒤집어 남은 10%의 사과를 '안 떨어지는 사과'라고 이름 붙여 학부모들에게 팔았으며, 예년보다 훨씬 뛰어난 흑자를 보았다. '90%나 떨어졌다'를 '10%는 떨어지지 않았다'로 뒤집은 것. 이것이 아오모리현에서 팔리는 합격사과의 기원이다.

268쪽 예시:

1. 종이로 이루어져 있다.

떼었다 붙였다 할 수 있다.

Q) 268: 다음으로 여러분이 찾은 포스트잇의 독특한 특징을 활용해 새로운 관점을 찾아보세요.

A) 하나의 예시로 다양하게 자신의 관점으로 적을 수 있습니다.

독특한 특징	새로운 관점	주된 관점을 벗어나서 좋은 점
종이로 이루어져 있다.	종이가 아닌 실리콘으로 만든다.	흔적 없이 떼었다 붙였다 할 수 있도록 한다. (그림:3m command) 
종이에 글씨를 쓴다	종이를 접는다	 종이접기 만들기 재료로 사용할 수 있다.
종이를 떼었다 붙였다 한다.	어떤 종이든 떼었다 붙였다 할 수 있게 만든다.	재접착 풀을 이용해 어떤 종이든지 재접착을 가능하게 만든다. 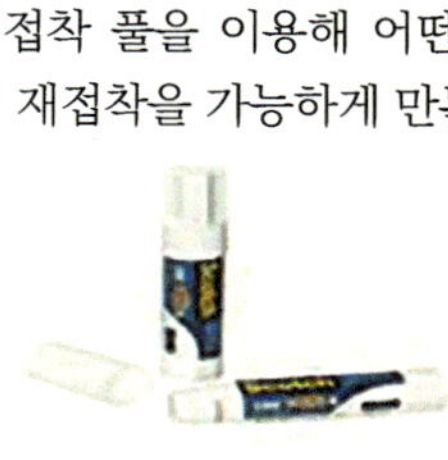

관점 옮기기

269쪽 예시 : 유튜버가 되고싶은 '나'가 되어 부모님 설득하기

독특한 특징		새로운 관점	주된 관점을 벗어나서 좋은 점
내가 원하는 것을 주제로 방송을 하며 직업이다.	➡	회사를 다니며 하기 싫은 일을 하지 않아도 되어서 즐거운 마음으로 나의 일을 할 수 있다.	자유롭게 생각을 다른 사람들과 공유하며 창의적인 삶을 살 수 있다.
방송장비와 인터넷만 있다면 언제 어디서든 자유롭게 일할 수 있다.	➡	처음에 장비만 구입하면 다음부터는 큰 돈이 들지 않는다	돈에 대한 스트레스가 적고 방송으로 생기는 수익으로 더욱 방송을 발전시킬 수 있는 가능성이 많다.

271쪽 예시: 6개의 성냥개비로 4개의 삼각형 만들기

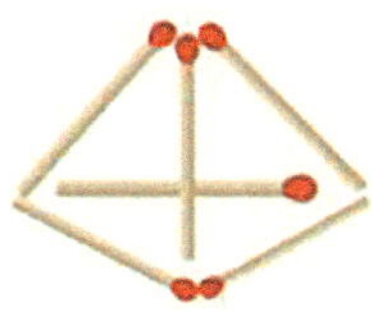

정4면체:

272쪽 예시: 5개의 성냥개비로 원 만들기

	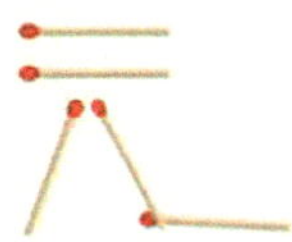
1) one(1)	(2) 으뜸 원(元)

바꾸기

274쪽 예시:

기준	사람의 힘으로 움직이는 이동수단	사람의 힘으로 움직이지 않는 이동수단
종류	어린이 킥보드,자전거	전동킥보드, 전동휠, 세그웨이, 스쿠터

기준	전기에너지로 움직이는 이동수단	전기에너지로 움직이지 않는 이동수단
종류	전동킥보드, 전동휠, 세그웨이	어린이 킥보드, 자전거, 스쿠터

275쪽 예시:

대체할 원리	대체된 원리	좋은 점
바퀴를 굴려서 균형을 잡는다.	자이로센서를 이용해 자동으로 균형을 잡는다.	균형을 잘 잡지 못하는 사람도 쉽게 배우고 탈 수 있다.
페달을 굴려서 앞으로 이동한다.	바람의 힘을 이용해 앞으로 나아간다.	힘을 들이지 않고 이동할 수 있다.
앉아서 페달을 굴린다.	누워서 페달을 굴린다.	엉덩이가 아프지 않다.
발로 페달을 밟는다.	팔로 굴릴수 있다.	다리가 불편한 사람도 자전거를 탈 수 있다.

275쪽 예시

색연필 = [ ]면 연필심이 나온다.

심이 나오게 하는 방법 칸을 2개로 줄여주세요.

예시) 샤프 = [뒤에서 눌러]서 심이 나오게 한다.

연필 = [깎아]서 심이 나오게 한다.

싸인펜 = [잉크가 번져]서 심이 나오게 한다.

바꾸기

Q) 276쪽 예시: 앞의 형식을 이용해서 다른 원리로 심이 나오는 색연필을 생각해 보세요.

A) 하나의 예시로 다음을 참고하여 자신의 생각을 작성하면 됩니다.

나만의 색연필 = [색깔별로 돌려]서 [심이 나오게] 한다.

Q) 276쪽 예시: 나만의 색연필을 그림으로 그려 보세요.

A)

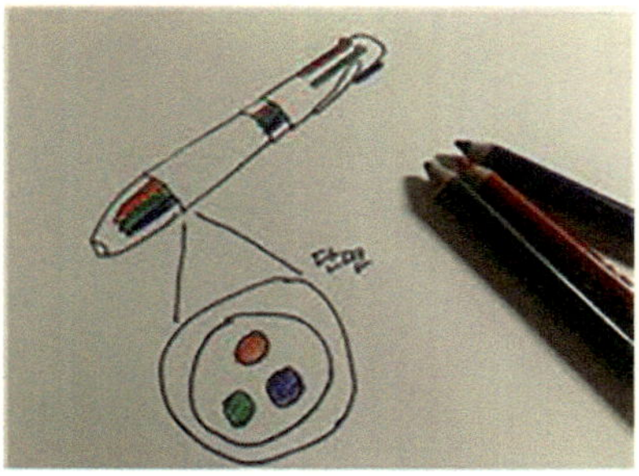

277쪽 예시

바꾸기

278쪽 예시

대체할 떡볶이		대체된 떡볶이	좋은 점
	→	스파게티 면 이나 쌀국수 떡볶이	라볶이와 다른 새로운 식감 제공
	→	하얀 떡볶이 궁중 떡볶이	다양한 색깔로 눈이 즐거운 떡볶이
	→	돈까스, 햄, 젤리 등 다양	창의적인 요리로 어린이들의 호기심 자극
	→	떡가래 떡볶이	원하는 크기로 잘라 먹는 재미

제거하기와 간소화하기

280쪽 예시:

날개가 없어 청소하기가 매우 편리

다이슨 AM은 날개가 없기때문에
안정망이 없어 매우 간편하게 청소를
할 수 있습니다.

281쪽 예시:

집게	=	2개의 나무조각, 동그랗게 말린 철의 탄성력	로	물건을 집는다	한다.

<table>
<tr>
<td rowspan="2">제거
하기와
간소화
하기</td>
<td>물체를 집는 방법에는 어떤 방법들이 있을까요?

물체를 집는
방법들

= 사람이 손잡이를 눌러서 공룡 입모양의 집게로 로 물체를 집는다.

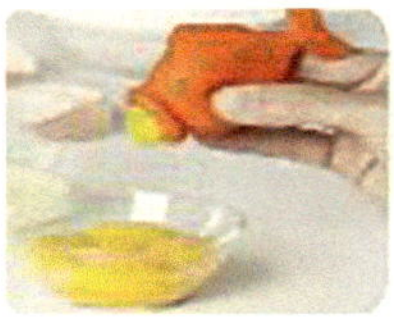
= 두 개의 플라스틱 집게를 연결하는 철의 탄성력의 힘으로 로 물체를 집는다.

282쪽 예시:
나만의 집게 = [스프링의 틈으]로 [털을 뽑는]다.

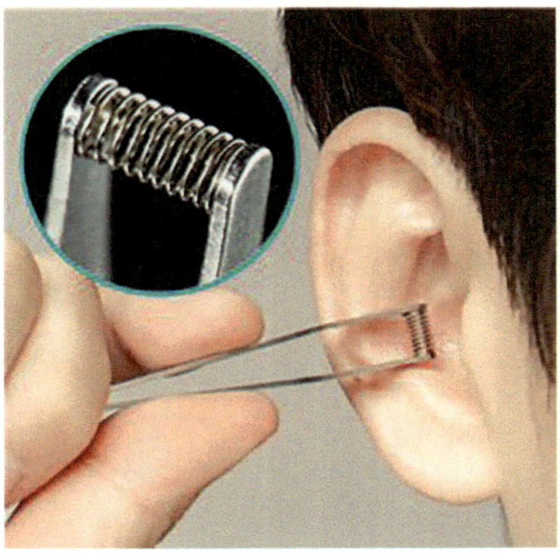</td>
</tr>
<tr>
<td>285쪽 예시:
왼쪽시계 - 눈금 = 오른쪽 시계

위 사진은 하나의 예시 작품으로 좀더 재미있게 디자인하면 됩니다.</td>
</tr>
</table>

<table>
<tr><td>제거
하기와
간소화
하기</td><td>289쪽 예시
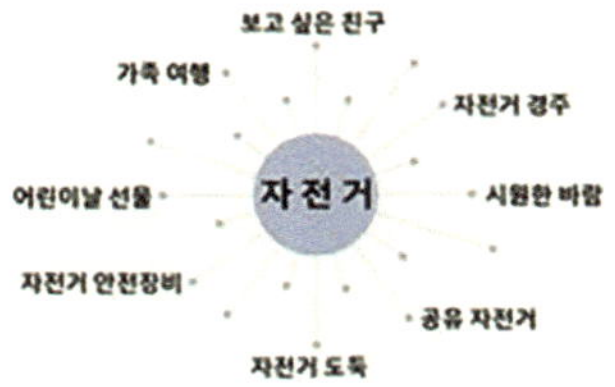

새로운 자전거</td></tr>
<tr><td>그리지
않고도
그려
보기</td><td>291쪽 예시:
깊은 산 속에 합장하며 기도하는 스님을 한 명 그린다. 절을 그리지는 않았지만, 스님이 기도하는 모습을 그림으로써, 산 속에 나무가 우거져서 보이지는 않지만 절이 있겠구나, 유추할 수 있다.
292쪽 예시:
초록빛 가지 끝에 아직 피지 않은 터질 듯한 꽃 봉우리를 그린다. 붉은 색은 들어가지 않았지만, 봄이 오고 있고, 곧 꽃이 필 것임을 보여주어 붉은 봄의 기운을 표현할 수 있다.</td></tr>
<tr><td>진짜
재미는
반전
에서!</td><td>294쪽 예시: 아래는 하나의 예시 정답으로 자신의 생각을 아래와 유사하게 조건에 맞게 작성하면 됩니다.

선생님이 적으신 친구들의 조퇴사유 마지막 장!
김민수 : 호흡장애
이진하 : 언어장애
재현이 : 풍(손가락이 저려서)

처음에 조퇴를 하게 되는 과정이 나와서, 조퇴를 아주 어렵게 하게 되거나, 조퇴를 못할 것 같았다. 그런데 결국 조퇴는 모두 했지만, 선생님이 조퇴를 시켜주신 이유가 새로워서 너무 웃겼다.</td></tr>
</table>

<table>
<tr><td>진짜
재미는
반전
에서</td><td>295쪽 예시: 시 아래는 하나의 예시 정답으로 자신의 생각을 아래와 유사 하게 조건에 맞게 작성하면 됩니다.

용기

넌 충분히 할 수 있어
사람들이 말했습니다

용기를 내야해
사람들이 말했습니다

그래서 나는 용기를
내었습니다

용기를 내서
이렇게 말했습니다
"나는 못해요"</td></tr>
<tr><td>베스트
셀러
상품
개발자</td><td>Q) 296쪽 예시: 위의 사진을 보고 어떤 낱말이 떠오르는지 모두 적어보세요.
A) 자동차, 동물, 사파리, 가까이에서 동물을 볼 수 있음.

Q) 296쪽 예시: 위에 쓴 낱말 중에 자신이 생각하기에 중요하다고 생각하는 낱말에 ○하고 이를 이용하여 위 사진에 어울리는 광고 문구를 만들어보세요.
A) 동물과 눈을 마주칠 정도로 가까이에서, 직접 사파리를 체험하세요! 손에 닿을 듯한, OO동물원</td></tr>
</table>

<table>
<tr>
<td>진짜
재미는
반전
에서</td>
<td>

297쪽 예시:

</td>
</tr>
<tr>
<td>베스트
셀러
상품
개발자</td>
<td>

298쪽 예시:

교실은 앞쪽에 칠판이 있고, 모두 선생님을 바라보는 모양으로 책상이 배치되어 있다. 이렇게 하면 서로 이야기 나누기도 어렵고, 뒤에 있는 친구들은 앞이 잘 보이지 않게 된다. 그래서 나는 선생님 책상이나 칠판, TV를 교실에 가운데에 두고, 친구들의 책상이 빙 둘러쳐 있었으면 좋겠다. 그리고 물건을 가지러 사물함까지 멀리 가지 않도록 책상 바로 옆에 사물함을 두면 편하게 물건을 꺼낼 수 있어서 좋을 것 같다. 그러면 공부시간이든, 쉬는 시간이든 자유롭게 친구들과 이야기할 수 있어서 편리하고 획기적인 교실로 변신할 수 있지 않을까?

</td>
</tr>
</table>

저자소개

강호감

KAIST부설 한국과학영재학교 설립위원 역임
경인교육대학교 과학영재교육원 원장 역임
한국생물올림피아드 위원장 역임
한국중등과학올림피아드 위원장 역임
현 경인교대 명예교수
영재교육연구소 소장

강명구 선생님

경인교육대학교 과학영재교육과 석사, 현재 화성 송라초 교사로 근무
2017~2019 경인교육대학교 부설 과학영재교육원 지도교사
2020 화성오산교육지원청 부설 영재교육원 지도교사

김남훈 선생님

경인교육대학원 과학영재교육 박사과정 재학중. 현재 시흥 송운초등학교 교사로 근무
2017-2019 경인교육대학교 부설 과학영재교육원 지도교사
2020 파주 통일초등학교 영재학급 지도교사

김성진 선생님

연세대학교 교육대학원 석사. 현재 화성 효행초등학교 교사로 근무
2017-2019 경인교육대학교 부설 과학영재교육원 지도교사
2017-2019 안양교육지원청 영재선발 및 면접위원

김한샘 선생님

경인교육대학교 과학영재교육과 석사, 현재 시흥 배곧해솔초 교사로 근무
2013~2019 경인교육대학교 부설 과학영재교육원 담임 및 지도교사
2018~2019 시흥 월곶초 영재학급 담임 및 지도교사

서재희 선생님

경인교육대학교 초등과학교육과 석사, 현재 안양 귀인초 교사로 근무
2006~2009 이천초 영재학급 담임 및 지도교사
2011~2019 경인교대부설 영재교육원 담임 및 지도교사
2020 귀인초 영재학급 지도교사
sbs영재발굴단 파일럿 프로그램 자문 등 영재교육지원활동

안태훈 선생님

경인교육대학교 과학영재교육과 석사, 현재 용인 한얼초 교사로 근무
2015 성남 불정초 영재학급 지도교사
2018~2019 경인교육대학교 부설 과학영재교육원 지도교사

유새로미 선생님

경인교육대학교 과학교육과 석사, 현재 화성 행정초 교사로 근무
2015-2020 경인교육대학교 부설 과학영재교육원 담임 및 지도교사

이시영선생님

경인교육대학교 과학교육과 석사, 현재 수원 중촌초등학교 교사로 근무
2012~2019 경인교육대학교 부설 과학영재교육원 담임및 지도교사
2014, 2015 영재교육 우수프로그램 경연대회 입상
2014 광명교육지원청 영재교육지도강사

이준원 선생님

경인교육대학교 과학영재교육과 석사, 현재 화성 상봉초 교사로 근무
2019 화성 대양초 SW영재학급 지도교사
2013~2020 경인교육대학교 부설 과학영재교육원 담임 및 지도교사

전경필 선생님

경인교육대학교 과학영재교육과 석사, 현재 광주 도수초 교사로 근무
2014~2019 경인교육대학교 부설 과학영재교육원 지도교사
2014~2015 성남 낙생초 영재학급 담임 및 지도교사
2014 성남교육지원청 부설 영재교육원 지도교사
2019 광주하남교육지원청 부설 영재교육원 지도교사
2018~2019 광주 도궁초 영재학급 담임 및 지도교사

조영석 선생님

경인교육대학교 과학영재교육과 석사, 현재 안양 남초 교사로 근무
2012~2019 경인교육대학교 부설 영재교육원 담임 및 지도교사
2018, 2020 고양교육지원청 부설 발명교육센터 지도교사

삽화가 김서리 선생님

경인교육대학교 미술교육과 졸업, 현재 인천광역시 초등교사로 근무
저서로 초등 영단어 학습서, 버그마왕과 엔트리 월드의 위기 등 삽화, 만화로 참여

창의·감성을 키우는영재교육

2021년 3월 16일 1판 1쇄 인쇄
2021년 3월 19일 1판 1쇄 발행

저 자 : 강호감 · 강명구 · 김남훈 · 김성진 · 김한샘 · 서재희
안태훈 · 유새로미 · 이시영 · 이준원 · 전경필 · 조영석
삽화가 : 김서리
발행자 : 김 재 호
발행처 : 휴 먼 북 스

서울시 중랑구 숙선옹주로 91, 411-1201
전화 070-8614-6569 / 팩스 070-8614-6569
e-mail : tytyp1@naver.com
등 록 : 2018년 9월 13일 제 2018-25 호

정 가 : 26,000원
ISBN 979-11-90177-23-8(93370)